高等院校会计与财务系列规划教材

会计学基础

（第二版）

李泽红　主　编

许淑景　副主编

科学出版社

北　京

内 容 简 介

本书以会计广义循环和狭义循环的理论为基础，按企业的实际业务循环进行实务设计，帮助学习者树立一个完整的会计观，掌握会计的基本理论、基本方法和基本技能，为后续学习打下坚实基础。本书除介绍会计循环外，还以一定的篇幅阐述了会计的产生与发展、会计学科体系的构成、会计在现代社会中的作用，以及会计工作组织、会计规范和会计职业道德建设等方面的内容。在本书编写过程中，吸收了我国新修订的《会计法》和《企业会计准则》等相关内容和精神，并介绍了国际通用的会计技术、会计基础工作规范和会计法规等。

本书不仅可作为普通高等院校会计学专业和其他经济管理类专业的会计学基础本科教材，也可供广大财会人员和其他经济管理人员参考。

图书在版编目（CIP）数据

会计学基础/李泽红主编．—2 版．—北京：科学出版社，2014
ISBN 978-7-03-040112-0

Ⅰ．①会… Ⅱ．①李… Ⅲ．①会计学-高等学校-教材 Ⅳ．①F230

中国版本图书馆 CIP 数据核字（2014）第 046442 号

责任编辑：李 娜 纪晓芬 / 责任校对：王万红
责任印制：吕春珉 / 封面设计：东方人华

科学出版社 出版
北京东黄城根北街 16 号
邮政编码：100717
http://www.sciencep.com

三河市骏杰印刷有限公司印刷
科学出版社发行 各地新华书店经销
*
2005 年 8 月第一版 2020 年 2 月第十次印刷
2014 年 3 月第二版 开本：B5（720×1000）
2020 年 2 月增订版 印张：17 3/4
字数：403 000

定价：45.00 元

（如有印装质量问题，我社负责调换〈骏杰〉）
销售部电话：010-62136230 编辑部电话：010-62135397-2021（HF02）

本书编写人员

主　编：李泽红

副主编：许淑景

参　编（按姓氏笔画排序）：

王新利　毛胜利　许海晏

张惠茹　林志宏　戴立新

增订版前言

会计工作是经济管理工作的重要组成部分，经济越发展，会计越重要。随着我国社会经济的迅速发展，资本市场不断壮大，要求会计与国际趋同，也促使我国会计理论研究和会计改革不断深化。会计工作的规范化以及国际化程度的提高，必然对会计人员的知识水平和业务素质提出更高的要求，也为高等院校的人才培养明确了新的目标。为了规范会计核算工作，提高会计信息质量，我国于 2017 年对《中华人民共和国会计法》进行了修订，对 2006 年颁布的会计准则体系也陆续进行了修订和补充。“营改增”后，原来的很多会计交易和事项的处理已不符合新的要求。为此，我们吸收了会计理论研究的最新成果，借鉴了同类教材的先进经验，以修订后的《中华人民共和国会计法》、会计准则及其应用指南，相关税法为依据重新编写了本书。

本书是高等院校会计专业的一门专业基础课，也是其他相关专业的一门重要专业基础课。本书的教学对象主要是各高校的低年级本科生。按教育部的要求，各专业均减少了本科生的培养学时，各门课程的学时数均进行了压缩，会计学基础课程也不例外。如何在较短时间内完成会计学基础的教学，使学生树立全面的“会计观”，牢固掌握会计的基本理论、基本方法和基本技能，为后续课程的学习奠定扎实的基础，这是摆在会计教育工作者面前的一个难题。本书在修订之后，以简短的篇幅完整、系统、详尽地介绍了会计的基本理论、基本方法和基本技能；针对教学对象的特点，不是就会计论会计，而是把会计的理论、方法和基本技能与企业的日常经济活动结合起来，坚持由浅入深、循序渐进的原则，注意会计的基本方法和基本技能的实务训练，力求做到内容新、观点准、通俗易懂、为教师讲授留出较多的发挥余地，并通过启发式教学帮助学生独立思考、真正理解教材的内容。

由于编者水平有限，书中难免存在不当之处，敬请广大读者批评指正。

编　者

2019 年 12 月

第一版前言

我国社会经济的迅速发展，资本市场的不断发展壮大，要求会计与国际接轨，并对会计工作提出了新的目标；计算机、通信技术和经济学、管理学等相关技术和学科的迅速发展，也对传统的会计理论、会计方法和会计程序提出了挑战。当前会计改革正在不断深入，新的会计法规、会计制度和会计具体准则陆续颁布，为规范会计核算工作、提高会计信息质量奠定了良好的法律基础，同时也对会计人员提高专业知识水平和业务素质提出了更高的要求。为了适应社会主义市场经济发展，反映出新技术及相关学科对会计学科的影响，适应会计改革的需要，使会计人员掌握我国会计改革的最新动向和会计处理方法的最新变化，我们编写了这本书。

本书是高等院校会计学专业的一门专业基础课，也是其他相关专业的一门重要的专业基础课。本书的教学对象主要是各高校的低年级本科生。按教育部的要求，各专业均减少了本科生的培养学时，各门课程的学时数均进行了压缩，会计学基础课程也不例外。如何在较短学时内完成会计学基础的教学，使学生树立全面的“会计观”，牢固掌握会计的基本理论、基本方法和基本技能，为后续课程的学习奠定扎实的基础，这是摆在会计教育工作者面前的一个难题。本书为解决这个问题，以较简练的篇幅，完整、系统、详尽地介绍了会计的基本理论、基本方法和基本操作技能；针对教学对象的特点，不是就会计论会计，而是把会计的理论、方法和程序与企业的日常经济活动结合起来，坚持由浅入深、循序渐进的原则，注意会计基本方法和基本技能的实务训练，力求做到内容新、观点准、通俗易懂，为教师讲授留出较多发挥的余地，并通过启发式教学，使学生独立思考，真正理解教材内容。

本书是由多年从事会计教学工作的教师和从事会计实际工作人员编写的。在编写过程中，以新的会计准则和会计制度为依据，按照会计改革的最新理论与实践，吸收国外先进的会计方法并结合我国会计工作的具体实践，总结多年的会计教学经验和国内会计学基础教材的精华，在充分考虑与国际惯例融合的同时注重体现中国特色。

由于我们水平有限，书中难免有不当之处，敬请读者批评指正。

编　者
2005 年 6 月

目　录

第一章　总　　论

学习内容与要求

随着社会经济的不断发展，会计越来越受到人们的重视。本章主要介绍会计的概念和特点，会计的产生和发展，会计的职能、目标与作用，会计对象、会计要素及会计学科体系。通过对本章的学习，要求学生对会计学的基本理论、基本方法和基本技能有一个总括的了解。

第一节　会计的概念和特点

一、会计的概念

会计是以货币为主要计量单位，采用一系列专门的方法和程序，对各企业、事业、机关团体的经济活动进行全面地、连续地、系统地核算和监督，以提供财务信息为主的经济信息系统。

中外会计界对于会计的概念从来没有统一过。什么是会计？这是一个基本概念问题。把握概念，应该抓住事物的本质、事物的全体、事物的内部联系，而不是事物的现象、事物的各个片面和它们的外部联系。由于对会计本质的认识不同，就出现了不同的会计概念。综合各种会计概念，主要有 3 种代表性的观点：管理工具论、管理活动论和信息系统论。

“管理工具论”把会计当作一种反映和监督经济活动的方法、工具或提供经济信息的规则与方法。按照该观点，会计是进行会计工作所必不可少的手段。会计不等于会计工作，会计是一套分类、记录、计量、汇总和分析与解释的方法体系，这个方法体系是人们长期从事会计工作的经验总结，用来开展实践活动，才表现为会计工作。如果承认会计是方法，那么，方法本身就不可能是管理而只能是服务于管理的工具。

“管理活动论”把会计当作一项有人参加的活动，即一项工作，这就是“管理活动论”的实质。“管理活动论”认为，所谓会计，是指会计工作，是说明会计作为一项活动或工作性质的。而会计这项活动或工作是指对能够用货币表现的经济事项，按照特定的方法或程序，予以分类、记录、计量、汇总、分析和评价。如果把会计当作一项活动或工作，那么说会计是一项管理活动是完全正确的。

1929 年经济危机爆发后，人们认为凌乱的会计实务对经济危机爆发起到了推波助澜的作用，政府与会计界都逐渐意识到应对财务会计提供的信息进行必要的规范。在此背景下，再加上科学技术的日新月异，导致了系统论、控制论等学科向会计学科的渗透和催化。1966 年，美国会计界出现了会计本质上“是一个以提供财务信息为主的信息系统”的观点。该观点一经提出，就在美国会计界引起了强烈的反响。信息系统论是把会计理解为一个经济信息系统，这一见解试图把会计工作和开展会计工作所运用的方法统一起来，而力求突出方法的作用、突出反映的职能、突出经济信息在现代管理中的作用，本书采用该观点对会计概念的界定。理解会计的概念，有必要结合会计的特点从以下几个方面来分析。

二、会计的特点

（一）会计以货币为主要计量单位

在实际工作中，计量单位有 3 种，即实物计量、劳动计量和货币计量。实物计量如千克、件、米、吨等，是为了核算各种不同物资的实物数量而采用的，它对于提供经济管理上所需要的实物指标、保护各种财产物资的安全完整是十分必要的。但是，实物计量只能总计同一类的物资，而不能反映不同的经济活动，因此，实物计量有一定的局限性。劳动计量如小时、工作日等，是为了核算经济活动中消耗工作时间的数量而采用的，它有助于确定某一工作过程中的劳动消耗。但是在商品经济条件下，以上两种计量单位不一致，不能对经济业务进行综合比较，不能满足会计进行全面、综合计算的要求，只有货币计量可以作为衡量所有财产物资、劳动消耗和收入成果的尺度。因此，会计在日常核算中是以货币为主要计量单位的，对会计交易或事项进行记账、算账和报账，必要时辅之以实物量度。

（二）会计对经济活动的反映具有全面性、连续性和系统性

企业、事业等单位的各种经济业务，也称会计交易或事项，是指需要通过会计来核算和监督的经济活动的具体交易或事项。所谓全面，是指对属于会计对象的全部经济业务都要进行反映，既不能遗漏，也不能任意取舍；所谓连续，是指会计核算时应该按照经济业务发生时间的先后顺序，不间断地进行记录；所谓系统，是指从开始记录经济业务到最后编制财务报告的整个核算过程中，要把会计资料进行系统化，通过分类、汇总、加工及整理等工序，取得经济核算的各项指标。

（三）会计采用一系列专门的方法和程序

会计的方法与其他学科的方法不同，具有其独特性，它包括会计核算的方法、会计分析的方法和会计检查的方法等。会计核算是会计最基本的环节，为会计分析和会计检查提供资料和依据；会计分析是建立在会计核算的基础之上的，没有准确的会计核算资料，就不可能有准确的会计分析结果；会计检查是对会计工作

质量的检验，是保证会计资料准确可靠的必要环节。从会计交易或事项发生到出具财务报告，会计有一套专门的组织核算程序。

（四）会计以合法的凭证作为记账的依据

凭证是各项经济业务已经执行或完成的书面证明。作为核算和监督经济活动过程的会计工作，必须严格根据各项经济业务所取得的合法凭证进行核算，以保证核算资料的真实准确。因此，会计人员必须十分重视和认真审核各种凭证，并以合法的凭证作为会计核算的依据。

三、会计的本质

会计的本质是以提供财务信息为主的一个信息系统。

系统是由两个以上要素组成、具有特定功能和特殊目标的统一体。如果把系统的功能进行抽象，则任何系统均可分为输入与输出两个部分。而具体到会计信息系统，可以认为输入的是会计数据，输出的是财务和其他的经济信息。

信息是指所传输和处理的对象，是各种事物的特征及其变化的反映。在企业的生产经营活动中同时产生“物流”、“资金流”和“信息流”，经济信息的产生和发出是不以人的意志为转移的，人们能否理解和接收生产经营活动不断发出的所有信息，并把它加工改造为对管理者有用的知识，则依赖于科学技术进步的程度和社会生产力的发展水平。信息有广义和狭义之分。广义信息包括尚未经过处理或仅仅开始处理有条件输入系统的数据，如原始凭证、原始记录和有待进一步分类、整理和汇总的账簿等。狭义的信息观点认为，初始信息只能产生数据，大量的数据要在系统中，根据一定的要求，运用科学的方法、程序和手段进行加工和整理，转化为合乎需要的、可供使用的数据，这种加工后的数据才是严格意义上的经济信息，如会计报表所提供的信息。我们所说的信息，是指狭义的信息，是严格意义上真正的信息。

财务信息，是指能够用货币表现的那一部分经济信息，也称货币信息。资金、成本和利润指标体系，都是财务信息系统输出的信息，只不过成本系统有其特殊性，因为它既同经济有关，又同技术有关，可以独立于财务信息系统之外。严格地说，财务信息应该是企业经营资金运动所产生和发出的货币信息，而会计信息系统就是提供由资金运动（价值运动）所生成和发出的货币信息的系统。当然，会计信息系统是以提供财务信息为主的，并不是说它仅能提供财务信息。

第二节　会计的产生与发展

一、会计的产生

在人类社会中，生产是最基本的实践活动。在漫长的进化过程中，人类要生存，社会要发展，就必须依靠生产活动来创造衣、食、住、行所需要的物质生活资料。如果生产的物品，在扣除消耗以后还有剩余，人类便可以扩大生产规模，创造更多的物质生活资料，这样社会才有可能向前发展。因此，人们在创造物质生活资料的生产过程活动中，必然要关心自己的生产成果和生产它们所消耗的生产资料之间的对比，即使在原始社会也不例外。为了合理安排生产，了解自己的生产消耗和生产成果，人们在生产过程中自然而然地开始了对耗费和成果进行计量、记录、计算和比较，从而就产生了融合于生产经营活动中的会计。会计起源于生产实践，随着生产的不断发展，其内容和形式也不断地变化和逐步完善起来。

在人类历史发展的最初阶段——原始社会，人们就非常关心生产活动中的劳动耗费和取得的劳动成果，就知道把生产活动过程记录下来。开始时，人们单凭头脑的记忆，当生产活动增多，单凭头脑记忆已不足以应对时，人们又创造出利用简单符号进行记录。我国上古时期，尚无文字，出现了“结绳记事”“刻木记数”等简单记录方式。公元前 1 000 年左右，古巴比伦的泥板、埃及的刻石、伊拉克的算板，都是最原始的经济计算和记录活动的体现，这可以说是会计的雏形，但还不能认为这些就是会计的产生。到原始社会末期，生产力有了发展，出现了剩余产品，劳动过程中需要计量和记录的内容多起来，生产者忙于生产，无暇兼顾会计工作。于是，会计从生产职能中分离出来，成为一项独立的、专门的管理工作。

据我国历史记载，早在 3 000 多年前的西周奴隶社会，就出现了“会计”一词。《周礼·天官》篇中指出，“会计，以参互考日成，以月要考月成，以岁会考岁成”。“参互”为十日成事之文书，相当于旬报；“月要”为一月成事之文书，相当于月报；“岁会”则是一年成事之文书，相当于年报。在这个时期，由于生产力不断发展，奴隶主收支活动日益频繁，因而西周王朝设立了专门管理钱粮赋税的官员——司会和单独的会计部门，掌管王朝全部会计账簿，定期对周王朝的收入和支出实行“月要”“岁会”，进行会计监督，考核王朝大小官吏管理地方的情况和他们经手的财务收支。此期会计出现了“官厅会计”和“民间会计”之分，“官厅会计”得到了发展，并具有了一定规模。

自春秋战国到秦代，用竹简木牍刻写的“籍书”或“簿书”已出现，用“入”“出”作为记账符号来反映各种经济收支事项，但“籍书”或“簿书”应用的专业化至西汉时代才取得显著进展。早期的会计是比较简单的，只是对财产物资的收支活动进行实物数量的记录和计算，与统计和其他核算是混在一起的。

二、会计的发展

随着商品经济的兴起，人们越加关心生产的经济效益，要求用尽量少的劳动耗费创造出尽量多的物质财富。为了综合核算，计算盈亏，商品生产者必须把各种不同的实物计量单位统一起来，计算各种财产物资的占用和耗费，并同劳动成果进行比较。这样，仅对实物数量进行记录和计算就不行了，必须利用货币形式（观念上的货币）来统一计量经济活动中可以度量的方面。在人类社会的会计发展史中，由以实物量度为主要计量单位，进展到以货币量度为主要计量单位，是古代会计向近代会计转变的开始，也是会计区别于统计和其他业务核算而具有自己特点的重要标志。

我国古代的会计核算，以货币为计量单位，一直处于一个缓慢的量变过程之中。在奴隶制时代，这个变化还微乎其微，自春秋战国时代封建生产关系产生之后，伴随着商品货币经济的发展，才开始有了一定的进步。秦始皇统一中国之后，币制的统一，使货币量度在会计核算中的运用迈出了关键的一步。到西汉，商业开始摆脱物物交换形式，商业经营一面是商品，另一面是货币，货币量度在会计核算中占据了统治地位，会计记录与统计记录开始有了一定的区别，部分属于统计核算的内容从会计核算内容中分离出来，开始把记录会计事项的简册称为“簿”或“簿书”或“计簿”，而把记录统计事项的简册称为“籍”。此期单式收付记账方法建立，“民间会计”得到了发展。

唐、宋两代是我国会计全面发展的时期。这一阶段，官厅会计有了比较健全的组织机构，如宋代的“会计司”；有了比较严格的会计制度，如记账制度、审计制度、财物保管、出纳制度；会计账簿和会计报表的设置也日益完备，由流水账（日记账）和誊清账（总清账）组成的账簿体系已初步形成；特别重要的是创建和运用了“四柱结算法”。所谓“四柱”，即“旧管”“新收”“开除”“实在”，其含义分别相当于近代会计中的“期初结存”“本期收入”“本期支出”“期末结存”。四柱之间的结算关系可用会计方程式表示为“旧管＋新收－开除＝实在”。在四柱中，每一柱都反映着经济活动的一个方面，各柱相互衔接形成的平衡公式，既可检查日常记账的正确性，又可系统、全面和综合地反映经济活动的全貌。这时，我国宋朝官府办理钱粮报销或移交手续时，一般都运用“四柱结算法”，编制会计报表称为“四柱清册”。这是我国近代会计的一个杰出的成就，它为我国通行多年的收付记账法奠定了理论基础。明、清两代，会计工作者又在“四柱结算法”原理的启发下，设计了“龙门账”的会计核算方法。它把全部经济业务划分为“进”“缴”“存”“该”四大类。所谓“进”指全部收入，“缴”指全部支出，“存”指全部资产，“该”指全部负债。四者之间的关系可用会计方程式表示为“进－缴＝存－该”。每年年终结账时，一方面，可以根据有关“进”与“缴”两类账目的记录编制“进缴表”，计算差额，确定盈亏；另一方面，还应根据有关“存”与“该”两类账目的记录编制“存该表”，计算差额，确定盈亏。两方面计算确定的盈亏数额应该相等。这种双轨计算盈亏并核对账目的方法被称为“合龙门”，“龙门账”因此而得名。“龙门账”中的“进缴表”相当于近代会计中的“损益表”，“存该表”相当于近代会计中的“资产负债表”。随后，商品货币经济又有了进一步的发展，资本主义经济关系开始萌芽，在民间商业界出现了“四脚账”，又称“天地合”。这种账要求对日常发生的一切账项，既要登记它的来账方面，又要登记它的去账方面，借以全面反映同一账项的来龙去脉，这表明中国的会计已由单式记账法向复式记账法过渡。我国的记账方法在世界上一度处于领先地位，但由于几千年的封建社会中，自给自足的自然经济始终占主导地位，阻碍了生产力的发展，也使会计的发展滞后，并逐渐落后于西方资本主义会计。随着资本主义经济进入中国，资本主义会计模式也随之输入，古老的中式会计才逐渐被西式会计代替。

在西方，会计的发展也经历了几次变革，从原始计量记录时代发展到单式簿记运用时代，随着资本主义经济的产生，又演进到复式簿记运用时代。早在 12 世纪、13 世纪意大利的威尼斯、热那亚、佛罗伦萨等城市，专做资金业的经纪人所用的银行账簿记录就采用借贷复式记账法记账，称为“威尼斯簿记法”。1494 年，意大利数学家卢卡·帕乔利的著作《算术·几何·比及比例概要》一书问世，其中的“计算和记录详论”（“簿记论”），系统地介绍了“威尼斯簿记法”，并结合数学原理从理论上做了阐述，这被公认为是复式簿记最早形成的文字记载，也是会计发展史上的一个重要里程碑，标志着近代会计的最终形成。随后，借贷复式记账法相继传至世界各国，并在实践中不断发展和完善，直至今日仍为世界绝大多数国家所采用。

从英国产业革命完成以后，到第二次世界大战以前，随着自由资本主义向垄断资本主义的过渡，社会化大生产和劳动分工、专业化的发展，导致企业组织大联合，资本趋向集中，已超过独资或合资的范围，股份公司代替了原来独资、合伙等组织形式，成为社会化大生产最有代表性的经营组织。股份公司的出现，使得企业经营权和所有权发生了分离。公司的股东一般不直接参与或控制企业生产经营活动，而是推选董事会作为代表，由董事会聘请经理人员来管理企业。这样，企业的经营者就有责任向股东、债权人、证券交易机构、政府管理机构、潜在投资人提供真实、准确的财务报告，反映公司经营状况，公开说明自身的经济实力。为了使外界阅读人能够看懂财务报表，财务报表的编制原则、所应用的会计术语和会计方法就必须是社会通行的、为一般人所接受的，传统会计中那种各行其是的做法已无法适应需要了。为此，会计界逐渐形成了一整套有关财务报表的规范和准则，称为“公认会计原则”。此外，要使报表阅读人能够信任企业的财务报表，就要求有与公司管理当局没有利益关系的第三方来验证企业的财务报表是否确实遵循了公认会计原则。为了迎合这种需要，1854 年在英国爱丁堡首创了“执业会计师制度”，这样使会计工作从只服务于某一会计主体，扩展到可以为所有的会计主体和所有的报表使用者服务。“公认会计原则”和“执业会计师制度”是现代会计的最基本的特征，奠定了现代会计理论的基础。随后世界上许多国家都制定了本国的会计准则，规范了本国的会计行为。但 20 世纪以来，跨国公司和国际资本市场迅速发展，各国的会计准则有统一协调的必要，于是1973年6月，由美国、澳大利亚、加拿大、法国等国的会计职业团体发起组成了会计准则的国际组织——国际会计准则委员会，形成了会计国际化的大趋势。

从会计产生到19世纪中期，对会计的基本要求仍然是记账、算账，反映财产的增减变化和财务收支，保护业主财产安全，防止盗窃。长期以来，人们往往把会计单纯地看作是一种经济管理的工具，会计长期处于“簿记”时代。20世纪前后，各主要资本主义国家经济迅速发展，生产规模随着市场的开拓不断扩大，卖方市场向买方市场转变，企业面临竞争，经营稍有考虑不周，就有被淘汰的危险。在这种情况下，为了提高经济效益，加强对经济活动过程的控制，企业管理当局对会计提出了更高的要求，不仅要求会计事后记账、算账，更重要的是进行事前的预测、决策，成本计算和分析，对经营过程全面控制。与此相适应，现代化的管理方法和技术渗透到会计领域，会计从“簿记”时代进入“会计”时代，并使传统的会计分化为财务会计和管理会计，丰富发展了会计的内容、职能和技术方法，把会计理论和会计方法推进到一个崭新的阶段。

20世纪50年代后，由于信息论、控制论、系统论、行为科学和电子计算机技术等被引入会计，会计控制成为会计工作的重要内容。会计控制要通过建立健全自己的信息系统，完成计量、记录和分类编报经济信息的任务，并以全面预算控制为准绳对经济信息进行审核、分析和评价，提出修改决策方案的意见及改进工作的具体措施。要适应这一需要又必须实现计量、记录、分类及编报的电算化和预测、分析、决策的电控化。随着现代社会经济的发展，传统财务会计已暴露出它的不足。于是，现代会计就在传统财务会计的基础上，通过变革而逐步形成了。

综上所述，现代会计是现代科技、现代经济控制理论与方法深入发展影响的产物，它是适应现代科技发展的要求及强化经济控制的需要而产生的。它起源于20世纪二三十年代，形成于50年代，并在60～80年代得到初步发展，当今正处于进一步发展的时期。

19世纪中叶，“西式会计”随着资本主义经济传入我国，改革了以单式记账为主的中式簿记，推动了近代会计的产生和发展，成为我国近代会计史上的第一次变革。新中国建立后，又全面引进前苏联的会计模式，建立了与高度计划经济体制相适应的会计制度，成为我国近代会计史上的第二次变革。1966～1976年10年间，由于错误路线干扰一度不重视会计核算，放弃了会计监督，使国民经济遭受了损失。1978年后，中国实行改革开放政策，现代会计新的理论与方法也被引进和利用。1981年，我国建立了注册会计师制度，1985年颁布《中华人民共和国会计法》（以下简称《会计法》），我国会计工作从此进入法治阶段；根据1993年12月29日第八届全国人民代表大会常务委员会第五次会议《关于修改〈中华人民共和国会计法〉的决定》修正；1999 年 10 月 31 日第九届全国人民代表大会常务委员会第十二次会议修订；2017 年 11 月 4 日第十二届全国人民代表大会常务委员会第三十次会议修正，主要对会计核算、会计监督、会计机构和会计人员、法律责任等做出了规定，新修订的会计法自 2018 年 1 月 1 日起施行，加强了会计的法制建设。为了适应我国社会主义市场经济的需要，1993 年 7 月 1 日我国实施了《企业会计准则》，1997 年以来陆续颁布了《企业具体会计准则》，特别是 2000 年年底颁布的《企业会计制度》，突破了原有的会计核算模式，建立了接近国际惯例的、具有我国特色的新的会计管理体系，开始了我国近代会计史上的第三次变革。2006 年 2 月 15 日，财政部颁布了《企业会计准则——基本准则》和 38 个具体准则，以更好地指导企业的会计工作，实现了我国会计与国际惯例的实质性趋同。之后，财政部于 2014 年和 2017 年又对会计准则体系进行了修订和补充完善，这一系列重大改革举措有力地促进了我国会计事业的迅速发展，使我国会计进入了一个崭新的发展时期。

第三节　会计的对象与会计要素

一、会计的对象

会计的对象是指会计核算和监督的内容，是会计的客体。企业、事业、机关团体的经济活动，在市场经济条件下，总表现为一定的资金运动。资金运动及其所反映的经济活动或业务活动就是会计核算和监督的内容，也就是会计的对象。

产品制造企业是国民经济的基层组织，是在国家的宏观指导下自主经营、自负盈亏的经济实体。它的主要经营活动是生产和销售产品，一方面为社会提供产品或劳务，一方面为投资者和企业自身创造利润，既满足国家经济发展的需要，又满足企业自身扩大再生产的需要。

产品制造企业要进行正常的生产经营活动，就必须拥有一定数量的厂房、机器设备、原材料、货币资金等经济资源，这些在会计中被称为“资产”。为了保证这些资产的安全完整、保值增值，会计必须对这些资产进行核算和监督。

企业所拥有的经济资源，有的是投资者投入的，有的是向银行等债权人借入的，他们对企业的资产具有一定的要求权，形成投资人和债权人的权益。为了正确处理企业与各方面的经济关系，保障他们的合法权益，会计也必须对权益进行核算和监督。

企业有了一定的经济资源，就要组织生产经营活动，用货币资金购买各种材料，由工人运用各种工具对材料进行加工生产，便发生各种生产费用，如材料消耗、固定资产折旧、支付工人工资等，生产出成品后又要进行销售，销售收入减去成本及相关费用后，形成利润（或亏损）。

企业取得盈利后，要按时、足额向国家交纳税金，净利润部分属于所有者的权益，会计制度规定在提取公积金和公益金后，向投资者分配利润。上交国家的税金和国家以所有者身份取得的利润，成为履行国家管理职能及发展国民经济的重要资金源泉；提取的公积金和公益金，主要用于企业的自我积累、自我发展。企业在经营中发生的各种费用、取得的各种收入、财务成果的形成及分配都是会计核算和监督的内容。

另外，企业在生产经营活动中还会发生其他一些经济活动，如申请银行借款，偿还到期贷款，扩股增资、减资等也是会计核算和监督的内容。

商品流通企业是国民经济中组织商品交换的基层组织，是在国家的宏观指导下自主经营、自负盈亏的经济实体。它主要从事商品购销业务。其经营过程与产品制造企业的区别主要是没有生产过程，因而形成自己独特的资金运动形式。在采购过程中，企业为了购进商品要支付商品价款、运输费、装卸费用等，要与供应单位等发生货币结算业务、商品验收入库等。待销售期间，企业要支付商品保管、存储费用。在销售过程中，企业为了销售商品要支付运输、包装、广告宣传等销售费用。商品销售后，企业为了收回货款要与购买单位发生货币结算业务等。商品销售取得营业收入，在补偿全部劳动耗费后，剩余部分构成企业盈利。企业盈利要按规定上交税金，提取公积金和公益金，在投资者之间分配利润。商品流通企业中财产物资的增减变化，购、销、存过程中发生的各项费用，以及营业收入、财务成果的形成和分配都是会计核算和监督的内容。另外，商品流通企业除上述经营活动外，还有与财政、税务、银行、其他单位和职工个人发生款项的上交下拨、存贷和结算等经济活动，这些也是会计核算和监督的内容。

事业单位、机关团体的活动不是为了盈利，是非营利性单位。它们虽然不从事产品的生产和流通，但为了完成国家赋予的各项任务，也要有财务收支活动，即每年取得一定的财政资金，用来购置各种物资设备、支付职工的劳动报酬及其他费用。有的事业单位除了国家预算资金的收支外，还会有预算外资金的收支。预算资金和预算外资金的收入和支出，就构成了事业单位、机关团体的资金运动。由此可见，在行政事业单位中，会计对象是行政事业单位的财务收支活动及由此形成的公有财产，即预算资金的运动。

二、会计要素

企业与行政事业单位是不同性质的单位，其经济活动的具体内容是不同的，会计对象的表现形式也不一样。为了便于确认、计量和报告，并适应不同单位的需要，有效地提供各种类型的会计信息，客观上需要对会计对象进行适当地分类。会计要素就是对会计对象的内容所做的最基本的分类后项目，是会计对象的具体化，会计要素作为反映企业财务状况和经营成果的基本单位，是会计报表的基本构件。企业的会计要素包括资产、负债、所有者权益、收入、费用和利润。这 6 大会计要素可以划分为反映财务状况的会计要素和反映经营成果的会计要素两大类。

（一）反映财务状况的会计要素

反映财务状况的会计要素也称资产负债表要素，包括资产、负债和所有者权益。

1. 资产

资产是指企业过去的交易或者事项形成的、由企业拥有或者控制的、预期会给企业带来经济利益的资源。

企业过去的交易或者事项包括购买、生产、建造行为或其他交易或者事项。预期在未来发生的交易或事项不形成资产。由企业拥有或者控制是指企业享有某项资源的所有权，或者虽然不享有某项资源的所有权，但该资源能被企业所控制。预期会给企业带来经济利益是指直接或者间接导致现金和现金等价物流入企业的潜力。

（1）资产的特征

根据资产的定义，资产具有以下几个方面的特征。

1）资产预期会给企业带来经济利益，是指资产具有直接或间接导致现金或现金等价物流入企业的潜能，这种潜能可以来自于企业日常的生产经营活动，也可以是非日常的生产经营活动；带来的经济利益可以是现金或者现金等价物，或者是可以转化为现金或现金等价物的其他资产，或者表现为现金或现金等价物流出的减少。

2）资产是企业拥有或控制的资源，具体是指企业享有某项资源的所有权，或者虽然不享有某项资源的所有权，但该资源被企业所控制，如融资租入的固定资产。反之，企业既不拥有也不控制的资产所带来的经济利益，不能作为企业的资产予以确认。

3）资产应当是企业过去交易或事项形成的，过去交易或事项包括购买、生产、建造或其他交易或事项才能产生资产，企业预期在未来发生的交易或事项不形成资产。

（2）资产的确认条件

将一项资源确认为企业的资产，首先应当符合资产的定义。除此之外，还必须同时满足以下两个条件。

1）与该资源有关的经济利益很可能流入企业。资产实质上是未来的经济利益，它包括各种财产、债权和其他权利。作为资产的资源，单独地或与其他资源结合在一起，具有直接或间接地为企业创造现金流入或减少现金流出的能力。资产具有为企业服务的潜能或某种特定的权利，如货币资金可以作为购买力使用，应收账款有要求债务人付款的权利，原材料与固定资产结合起来可以生产产品等。

2）该资源的成本或者价值能够可靠地计量。货币计量是会计核算的前提，不能以货币计量的资源，会计核算就无法确认其为资产而加以处理。例如，国家划拨企业无偿使用的土地，由于其不能以货币来计量，因此就不能作为企业的资产处理。

符合资产定义和资产确认条件的项目，应当列入资产负债表；符合资产定义，但不符合资产确认条件的项目，不应当列入资产负债表。

（3）资产的分类

资产按其流动性可以分为流动资产和非流动资产。

1）流动资产，是指预计在一个正常营业周期中变现、出售和耗用，或者主要为交易目的而持有，或者预计在资产负债表日起 1 年内（含 1 年）变现的资产，以及自资产负债表日起 1 年内交换其他资产或清偿负债的能力不受限制的现金或现金等价物，主要包括现金、银行存款、交易性金融资产、应收及预付款项、存货等。

① 货币资金，是指企业处于货币形态的资产，包括库存现金、银行存款和其他货币资金。

② 交易性金融资产，是指企业为了近期内出售而持有的金融资产，如企业以赚取差价为目的从二级市场购入的股票、债券、基金等。

③ 应收及预付账款，是指企业在日常生产经营过程中发生的各种债权，包括应收款项（如应收账款、应收票据、其他应收款）和预付账款等。

④ 存货，是指企业在日常活动中持有以备出售的产成品或商品、处在生产过程中的在产品、在生产过程或提供劳务过程中耗用的材料和物料等，包括各类材料、商品、在产品、半成品、产成品等。

2）非流动资产，是指流动资产以外的资产，主要包括长期股权投资、固定资产、无形资产和其他资产。

① 长期股权投资，是指投资企业对被投资企业实施控制、共同控制和重大影响的权益性投资。

② 固定资产，是指同时具有下列两个特征的有形资产：a. 为生产商品、提供劳务、出租或经营管理而持有的；b. 使用寿命超过一个会计期间。使用寿命，是指企业使用固定资产的预计期间，或者该固定资产所能生产产品或提供劳务的数量。

③ 无形资产，是指企业拥有或者控制的没有实物形态的可辨认非货币性资产。无形资产具有 3 个主要特征：不具有实物形态、具有可辨认性、属于非货币性长期资产。商誉的存在无法与企业自身分离，不具有可辨认性，因此不属于无形资产。

④ 其他资产，是指除上述资产以外的其他资产，如长期待摊费用等。

2. 负债

负债是指企业过去的交易或事项形成的、预期会导致经济利益流出企业的现时义务。

（1）负债的特征

根据负债的定义，负债具有以下几个方面的特征。

1）负债应当是企业过去交易或事项形成的，过去交易或事项包括购买货物、接受劳务、接受银行贷款等。只有过去的交易或事项才能形成负债，企业预期在未来发生承诺、签订的合同等交易或事项不形成负债。

2）负债必须是企业承担的现时义务，这是负债的一个基本特征。现时义务是指企业现行条件下已承担的义务，未来发生的交易或事项形成的义务不属于现时义务，不应确认为负债。现时义务可以是法定义务，也可以是推定义务。其中，法定义务是指具有约束力的合同或者法律、法规规定的义务，通常在法律意义上需要强制执行；推定义务是指根据企业多年来的习惯做法、公开的承诺或公开宣布政策而导致企业承担的责任，这些责任也使有关各方形成了企业将履行义务解脱责任的合理预期。

3）负债的清偿预期会导致经济利益流出企业，这是负债的重要特征。只有企业在履行义务时会导致经济利益流出企业的，才符合负债的定义；如果不会导致经济利益流出的，就不符合负债的定义。在履行偿债义务时，经济利益流出企业的形式多种多样。例如，用现金或实物资产清偿、以提供劳务清偿、部分实物资产部分提供劳务清偿、将负债转化为资本等。在某些情况下，现时义务也可能以其他方式解除，如债权人放弃或丧失了其要求清偿的权利等。

（2）确认负债的条件

将一项现时义务确认为企业的负债，首先应当符合负债的定义。除此之外，还必须同时满足以下两个条件。

1）与该义务有关的经济利益很可能流出企业。负债是由企业过去发生的交易或事项所产生的，并在未来的一定时期内偿付的经济义务，届时将有可能使经济利益流出企业。例如，企业赊购原材料，负有的到期偿付货款的义务，从而导致银行存款流出企业。

2）未来流出的经济利益的金额能够可靠地计量。负债应有确切的或合理预计的偿付金额，因此其是能够用货币来计量的。例如，向银行借款的金额，是企业偿还借款本金的金额；而向银行借款的利息，虽然没有确切的金额，但可以根据借款金额、借款期限和借款利率合理地预计出。

符合负债定义和负债确认条件的项目，应当列入资产负债表；符合负债定义，但不符合负债确认条件的项目，不应当列入资产负债表。

（3）负债的分类

企业的负债按其流动性，可分为流动负债和非流动负债。

1）流动负债，是指预计在一个正常营业周期中偿还，或者主要为交易目的而持有，或者自资产负债表日起 1 年内（含 1 年）到期应予以清偿，或者企业无权自主地将清偿推迟至资产负债表日以后 1 年以上的负债。流动负债包括短期借款、应付票据、应付账款、应付职工薪酬、应付股利、应交税费和 1 年内到期的长期借款等。

① 短期借款，是指企业向银行或其他金融机构借入的期限在 1 年以内（含 1 年）的各种借款。

② 应付票据，是指企业因购买材料、商品和接受劳务供应等而开出的商业汇票，包括商业承兑汇票和银行承兑汇票。

③ 应付账款，是指因购买材料、商品或接受劳务供应等而应付给供应单位的款项。

④ 应付职工薪酬，是指企业为获得职工提供的服务或解除劳动关系而给予的各种形式的报酬或补偿。包括短期薪酬、离职后福利、辞退福利和其他长期职工福利。

⑤ 应付股利，是指企业根据股东大会或类似机构审议批准的利润分配方案确定分配给投资者的现金股利或利润。

⑥ 应交税费，是指企业一定时期内取得的收入、实现的利润等，按规定应向国家交纳的各种税金和费用。

⑦ 1 年内到期的长期借款，是指企业向银行或非银行金融机构借入的偿还期在 1 年以上的借款中，偿还时间短于 1 年的借款部分。

2）非流动负债，是指流动负债以外的负债，包括长期借款、应付债券、长期应付款等。

① 长期借款，是指企业向银行或其他金融机构借入的期限在 1 年以上（不含 1 年）的各种借款。

② 应付债券，是指企业为筹集长期使用资金而发行的企业债券。

③ 长期应付款，是指企业除长期借款和应付债券以外的各种长期应付款项。

3. 所有者权益

所有者权益是指企业资产扣除负债后由所有者享有的剩余权益。公司的所有者权益又称股东权益。

（1）所有者权益的特征

1）除非发生减资、清算或分配现金股利，企业不需要偿还所有者权益。

2）企业清算时，只有在清偿所有的负债后，所有者权益才返还给所有者。

3）所有者凭借所有者权益能够参与企业利润的分配。

（2）所有者权益的确认条件

由于所有者权益体现的是所有者在企业中的剩余权益，因此，所有者权益的确认主要取决于资产、负债、收入、费用等其他会计要素的确认和计量。所有者权益在数量上等于企业资产总额扣除债权人权益后的净额，即为企业的净资产，反映所有者在企业资产中享有的经济利益。

（3）所有者权益的分类

所有者权益的来源包括所有者投入的资本、直接计入所有者权益的利得和损失、留存收益等。所有者投入的资本，是指所有者投入企业的资本部分，它既包括构成企业注册资本或者股本部分的金额，也包括投入资本超过注册资本或者股本部分的金额，即资本溢价或股本溢价，这部分投入资本计入资本公积。直接计入所有者权益的利得和损失，是指不应计入当期损益、会导致所有者权益发生增减变动的、与所有者投入资本或者向所有者分配利润无关的利得或者损失。留存收益是盈余公积和未分配利润的统称。

所有者权益包括实收资本（或者股本）、资本公积、盈余公积和未分配利润等。

1）实收资本，是指投资者按照企业章程，或合同、协议的约定，实际投入企业的资本。

2）资本公积，分为资本溢价（或股本溢价）和其他资本公积。资本溢价（或股本溢价）是企业收到投资者出资额超出其在注册资本（或股本）中所占的份额。其他资本公积，是指除净损益、其他综合收益和利润分配等以外所有者权益的其他变动。

3）盈余公积，是指企业按照规定从净利润中提取的积累资金，公司制企业的盈余公积包括法定盈余公积和任意盈余公积。企业提取的盈余公积经批准可以用于弥补亏损、转增资本（或股本），符合规定条件的企业，也可用盈余公积分派现金股利。

4）未分配利润，是指企业实现的净利润经过弥补亏损、提取盈余公积和向投资者分配利润后留存在企业的、历年结存的利润。

（二）反映经营成果的会计要素

1. 收入

收入，是指企业在日常活动中形成的、会导致所有者权益增加的、与所有者投入资本无关的经济利益的总流入。

（1）收入的特征

1）收入应当是企业日常活动中形成的。其中，日常活动，是指企业为完成其经营目标所从事的经常性活动及与之相关的活动，如工业企业制造并销售产品、商业银行对外贷款、租赁公司出租资产等。明确界定日常活动是为了将收入和利得相区分。利得是指由企业非日常活动所形成的、会导致所有者权益增加的、与所有者投入资本无关的经济利益的流入。企业非日常活动形成的经济利益流入不能被确认为收入，而应当计入利得。

2）收入导致的经济利益流入不包括所有者投入的资本。收入将导致的经济利益流入，从而导致资产的增加或负债的减少，但经济利益的流入有时是由所有者投入资本的增加所导致的，所有者投入资本的增加不能被确定为收入，应将其直接确定为所有者权益。因此，确认收入时应将所有者投入的资本排除在外。

3）与收入相关的经济利益的流入最终会导致所有者权益的增加。不会导致所有者权益增加的经济利益流入不符合收入的定义，不应该被确认为收入。如向银行取得借款，该流入并不导致所有者权益的增加，而使企业承担了一项现时义务，应当确认为一项负债。

（2）收入确认的条件

收入的确认除了符合定义以外，还应该满足严格的确认条件。

1）与收入相关的经济利益很可能流入企业。

2）经济利益流入的结果会导致资产的增加或负债的减少。

3）经济利益流入额能够可靠地计量。

收入是企业补偿生产经营活动中耗费的唯一源泉，也是企业获得利润的前提，因此企业应当合理确认收入，并将实现的收入及时入账。收入包括主营业务收入和其他业务收入。

2. 费用

费用，是指企业在日常活动中发生的、会导致所有者权益减少的、与向所有者分配利润无关的经济利益的总流出。

（1）费用的特征

1）费用应当是企业日常活动中发生的。日常活动的界定与收入相同。日常活动中所发生的费用通常包括销售成本、职工薪酬、折旧费、无形资产摊销等。将费用界定为日常活动中所形成的，目的是将其与损失相区分。损失，是指由企业非日常活动所发生的、会导致所有者权益减少的、与向所有者分配利润无关的经济利益的流出。企业非日常活动发生的经济利益流出不能被确认为费用，而应当计入损失。

2）费用导致的经济利益流出不包括向所有者分配的利润。费用会导致经济利益的流出，从而导致资产的减少或负债的增加。其表现形式包括现金或现金等价物的流出，或者存货、固定资产和无形资产等的流出，或者消耗等。鉴于企业向所有者分配利润也会导致经济利益的流出，但它应该属于所有者权益的抵减项目，不应该属于费用，应当排除在费用之外。

3）费用最终会导致所有者权益的减少。与费用相关的经济利益流出最终会导致所有者权益的减少，未导致所有者权益减少的经济利益流出不符合费用的定义，不应被确认为费用，如企业归还借款等。

（2）费用确认的条件

费用的确认除了应符合定义以外，还应该满足严格的确认条件。

1）与费用相关的经济利益很可能流出企业。

2）经济利益流出的结果会导致资产的减少或负债的增加。

3）经济利益流出额能够可靠地计量。

（3）费用的分类

费用按照性质和用途不同，可划分为直接费用、间接费用和期间费用 3 种。

1）直接费用，是指直接为生产产品或提供劳务等发生的费用，包括直接材料费、直接人工费和其他直接费用。这些费用于发生时直接计入生产经营成本。

2）间接费用，是指为生产商品或提供劳务而发生的，不能直接计入产品成本的费用。这些费用需要按一定的标准分配计入产品成本。

3）期间费用，是指不应计入产品成本和劳务成本的费用。期间费用于发生时直接计入当期损益，从当期收入中得到补偿。期间费用包括行政管理部门为组织和管理生产经营活动所发生的管理费用，为筹集生产经营资金而发生的财务费用，为销售商品而发生的销售费用。

3. 利润

利润，是指企业在一定会计期间的经营成果，反映的是企业经营业绩情况。利润通常是评价企业管理层经营业绩的一项重要指标，也是投资者、债权人等做出投资决策和信贷决策的重要参考指标。

（1）利润的构成

利润包括收入减去费用后的净额，直接计入当期利润的利得和损失等。其中，前者是企业日常活动的业绩，后者是非日常活动的业绩。

（2）利润确认的条件

利润金额取决于收入和费用、直接计入当期利润的利得和损失的金额。因此，利润的确认主要依赖于收入和费用、利得和损失的确认，其金额也主要取决于收入、费用、利得和损失的计量。

上述 6 大类会计要素完整地反映了企业会计对象的具体内容。

第四节 会计的职能与目标

一、会计的职能

会计职能就是指会计在经济管理过程中所具有的功能，具体而言就是会计能够做什么。对于这个问题，马克思在《资本论》中，曾做过科学的概括，认为簿记是对“过程的控制和观念的总结”。这里的“簿记”就是指会计。所谓“过程的控制”是指控制生产过程，而控制的中心是干预，这里主要指“监督”；所谓“观念的总结”是指对生产过程用观念上的货币进行反映，这里主要指“核算”。核算和监督是会计的两大基本职能。

（一）会计的核算职能

会计的核算职能，又称会计反映职能，是指会计以货币为主要计量单位，对特定主体的经济活动进行确认、计量和报告。会计的核算职能具有以下基本特点。

1. 会计核算主要从价值量上反映各会计主体的经济活动

会计从数量上反映经济活动而采用的 3 种量度（实物量度、货币量度和劳动量度）中，只有货币量度这种可以汇总计算的价值形式，才能综合反映会计主体经济活动的全过程及其结果。因此，现代会计主要利用货币计量，通过价值形式的核算来综合反映其经济活动情况，这也是现代会计的一个重要特点。

2. 会计核算已经发生的经济活动

会计核算经济活动就要反映其事实，探索并说明其真相，因此，只有在交易或事项发生或完成以后，才能取得相应书面证明。这种凭证具有可验证性，据以登记账簿，能保证会计所提供的资料真实可靠。虽然管理会计等具有预测的职能，其核算的范围可以扩大到未来的经济活动，但从编制会计报表、对外提供会计信息来看，仍然是面向过去的。

3. 会计核算具有连续性、系统性和全面性

会计核算的连续性是指对经济业务的记录是连续的，逐笔、逐日、逐月、逐年，不能间断；会计核算的系统性是指对会计对象要按照科学的方法进行分类，进而系统地进行加工、整理和汇总，以便提供管理所需要的各类经济信息；会计核算的全面性是指对每个会计主体所发生的全部经济业务都应该进行记录和反映，不能有任何遗漏。

会计的核算职能在客观上体现为通过会计的信息系统对会计信息进行优化，

这一过程又具体体现为记账、算账和报账 3 个阶段。记账就是把一个会计主体所发生的全部经济业务运用一定的程序和方法在账簿上进行记载；算账就是在记账的基础上，运用一定的程序和方法来计算该会计主体在生产经营过程中的资产、负债、所有者权益、收入、成本费用及损益情况；报账就是在记账和算账的基础上，通过编制财务报告方式将该会计主体的财务状况、经营成果和现金流量向会计信息使用者报出。会计核算是会计工作的基础。通过会计信息系统所提供的信息，既服务于国家宏观调控部门，又服务于外部投资者和内部管理者。

（二）会计的监督职能

会计的监督职能，又称会计控制职能，是指对特定主体的经济活动和相关会计核算的真实性、合法性、合理性进行监督检查。真实性审查是指检查各项会计核算是否根据实际发生的经济业务进行。合法性审查是指检查各项经济业务是否符合国家有关法律法规，遵守财经纪律，执行国家的各项方针政策，以杜绝违法乱纪行为。合理性审查是指检查各项财务收支是否符合客观经济规律及经营管理方面的要求，保证各项财务收支符合特点的财务收支计划，实现预算目标。会计的监督职能具有以下基本特点。

1. 会计监督具有强制性和严肃性

会计监督是依据国家财经法规和财经纪律进行的。《会计法》确认了单位内部监督、社会监督、政府监督三位一体的会计监督体系，不仅赋予了会计机构和会计人员监督的权利，而且规定了监督者的法律责任。因此，会计监督以国家财经法规和财经纪律为准绳，具有强制性和严肃性。

2. 会计监督既有事后监督，又有事中监督和事前监督

会计监督贯穿于会计管理活动的全过程，包括事前监督、事中监督和事后监督。事前监督是在经济活动发生前进行的监督，主要是对未来经济活动是否符合法规政策的规定、在经济上是否可行进行分析判断，以及为未来活动制定定额、编制预算等；事中监督是指对正在发生的经济活动过程及核算资料进行审查，并据以纠正经济活动过程中的偏差和失误，使其按预定计划进行；事后监督是对已经发生的经济活动及核算资料进行审查。

3. 会计监督主要是通过核算职能提供的价值指标来进行

会计核算主要是通过货币计量提供一系列综合反映企业经济活动的价值指标，会计监督就是依据这些价值指标对会计主体的经济活动进行监督，不仅可以比较全面地控制各单位的经济活动，而且可以及时地对经济活动进行调节和指导。

（三）会计两大基本职能之间的关系

会计的两大基本职能之间是密切相关、相辅相成的。会计的核算职能是会计的首要职能，是会计监督的基础，没有会计核算所提供的各种信息，会计监督就失去了客观依据，就无法进行会计监督；会计监督是会计核算的保证，只有核算没有监督，就难以保证会计核算所提供的信息的真实性、准确性和可靠性。可见，会计是通过核算为管理提供会计信息，又通过监督直接履行管理职能，两者必须结合起来发挥作用，才能正确、及时、完整地反映经济活动。

需要注意的是，随着生产力水平的日益提高、科学技术的进步、经济关系的复杂化和管理理论的不断发展和深化，会计所发挥的作用日益重要，会计的职能也在不断发展和完善。目前，在国内会计学界，普遍认同的是会计的“六职能论”，即会计除具有核算和监督两大基本职能外，还具有预测经济前景、参与经济决策、控制经济活动和评价经营业绩职能。

二、会计的目标

会计作为一个以提供财务信息为主的经济信息系统，与其他任何人造的系统一样，都必须以一定的目标作为系统运行的基本导向和最终归宿，那么，什么是会计的目标呢？概括而言，会计的目标包括 3 个方面的内容，即谁是会计信息的使用者；会计信息的使用者需要什么样的会计信息；会计如何提供这些会计信息。

（一）会计信息的使用者

会计的目标是应当满足会计信息使用者对会计信息的需要。立足于目前特定的会计环境，会计信息使用者需要考虑契约因素、相关法律和会计准则约束及企业自愿提供等因素。关于契约因素，是指企业与有关利益集团发生日常的经济业务时，应该遵从契约中的有关规定，向这些相关利益集团提供他们所需要的会计信息。例如，企业为了向银行借入一笔长期借款，就必须应银行的要求，向银行提供本企业的财务报表及本企业的偿债能力、营运能力等信息，事后还必须遵从契约的有关规定，保持一定的流动比率、建立偿债基金并在财务报告中进行披露。所谓法律和会计准则的要求，是指企业遵循这些法律和会计准则的有关规定，定期向指定的会计信息使用者提供会计信息，如《中华人民共和国公司法》要求企业必须在规定期限内将财务报告递交给各个股东等。所谓自愿披露，是指公司在经营情况发生重大变动时自愿向会计信息使用者披露相关信息，或将好的消息及时传递给使用者，以增强他们对公司管理当局经营能力的信心；或将不利的消息传递给会计信息的使用者，以便他们及时了解情况，进行相关决策。如上所述，会计的使用者可以划分为以下几类：①国家宏观管理部门，如国家的统计、财政、税务等部门，它们需要会计信息进行宏观调控；②处于企业外部、不直接参与企业经营管理的投资者和债权人，他们需要会计信息评估管理当局的受托责任履行情况及进行相关决策；③企业的管理当局，它们需要会计信息了解企业的经营管理情况，以便进行恰当的预测、决策、计划和控制，最终达到改善经营管理需要的目的；④与企业相关的各个集团，如职工、客户、供应商及有关的社会福利部门等，它们分别需要会计信息来了解企业日后的发展前景、企业的信用状况和履行社会责任的情况等。

（二）会计信息的使用者需要的会计信息

会计信息是由会计工作提供的，有助于经济管理与经济决策的一种经济信息。各会计信息的使用者都要利用会计工作所提供的信息，但各个会计信息的使用者从不同的角度去关心自己的经济利益，对会计信息侧重点的需要是不同的。例如，债权人关心企业、单位的偿债能力；投资者和潜在的投资者需要掌握企业的经营状况、盈利能力及发展趋势的会计信息，以预测投资风险、投资报酬有多大，做出投资、继续投资或转移投资的决策；企业内部管理当局需要全面掌握单位的经济活动、经营成果、财务状况及其变化的会计信息，掌握成本水平变化的会计信息；政府作为社会管理者，需要掌握各经济单位对国家政策、法规的执行情况，有关税款征缴情况的会计信息，以便利用价格、税收、利率等经济杠杆和法律、行政手段进行国民经济宏观调控节和引导等。而每一个会计主体不可能将每一个会计信息使用者所需要的所有信息都提供出来。尽管会计信息使用者对会计信息的侧重点要求不同，但企业以下方面的会计信息则是他们共同所关注的：①关于一个企业特定时点的财务状况的信息；②关于一个企业特定会计期间经营成果的信息；③关于一个企业特定会计期间现金流入量、现金流出量和现金净流量的信息；④关于所有者权益变动的信息等。从这个意义上来讲，财务会计所提供的会计信息只是一种通用意义上的信息，一般体现在资产负债表、利润表、现金流量表和所有者权益变动表等 4 张基本的财务报表之中，这 4 张基本的财务报表对于所有会计信息的使用者具有不同程度的相关性。至于各个会计信息使用者的特殊需要，则必须根据基本财务报表进行有针对性的分析以后得出。

（三）会计提供会计信息的方式

凡是对外提供的会计信息，必须以《会计法》《企业会计准则——基本准则》《企业会计制度》及企业、单位内部的财务、会计规定为依据，按照一定的标准和会计处理程序及方法，对经济业务进行确认、计量、记录和报告，以取得原始凭证，填制记账凭证，登记账簿，编制财务报告并及时报送出去，满足外部使用者的需要。编制和输出的财务报告，是外部信息使用者了解会计信息的最主要的途径。财务报告的填报项目和排列及报送时间要有助于使用者准确而及时地了解到他们所需要的信息。按照规定格式和内容填报的财务报告，能供各个不同信息使用者使用。对于需要特殊资料的外界机构，则另外提供报表。

企业的管理当局对内管理所需要的会计信息，除了对外报送的财务报告中提供的财务信息资料外，还必须根据对内管理的需要，通过编制内部财务会计报告予以反映。

第五节　会计在现代社会中的作用

会计通过及时、完整、准确地提供以财务信息为主的经济信息，可以满足企业及相关者对信息的需要。具体而言，会计作为企业财务信息收集和处理的工具，在现代社会中，其作用体现为以下 3 个方面。

一、会计对企业内部决策方面的作用

作为一家企业，在经营活动中的决策主要包括 5 个方面：筹集资金、内部投资、生产经营、产品销售和利润分配。会计的作用也体现为这 5 个方面。

（一）企业筹集资金

企业为了扩大生产经营，必须筹集所需资金。在筹集资金决策过程中，会计需要参与的意见和有关内容是：企业要筹集多少资金；需要在多长时间内筹集到这些资金；这些资金可能从哪些方面获得等。

（二）企业内部投资

企业决策者必须将企业的资金投资于经营领域。在内部投资决策过程中，会计需要参与的意见和有关内容是：需要投资于何种领域；需要购置何种设备；要达到何种目标；如何落实这些计划等。

（三）企业的生产经营

企业决策者必须进行生产产品或提供劳务方面的决策。在生产经营决策过程中，会计需要参与的意见和有关内容是：应生产什么产品或提供什么劳务；怎样组织生产这些产品或提供这些劳务；应当采购什么材料、采购多少材料等。

（四）企业的产品销售

企业决策者必须进行有关产品或劳务销售方面的决策。在产品或劳务销售决策过程中，会计需要参与的意见和有关内容是：企业产品或劳务的销售对象是谁；应按什么价格销售；采取什么措施推销产品或劳务等。

（五）企业的利润分配

在企业获得净利润后，企业的决策者需要兼顾企业的长远利益和股东的眼前利益，决定利润留存部分与作为股利或利润分配的部分。在利润分配决策过程中，会计需要参与的意见和有关内容是：企业净利应该如何分配；企业留利部分应如何使用；企业派发股利的形式；企业是否建立分派股利的一贯政策等。

在从事上述活动中，企业决策者需要对如上一些重大问题做出决策，但在决策时，不能依其主观意志，必须有可靠的信息资料作为决策的依据，而会计信息对于在企业内做出正确的决策是必不可少的。

二、会计对企业外部决策方面的作用

除企业的决策者外，企业外部至少还有 5 个方面要运用会计信息就一些重大问题做出决策：同类企业、债权人、政府主管部门、员工和客户。这 5 个方面的内容如表 1.1 所示。

表 1.1　会计对企业外部决策者的作用

企业会计信息的外部使用者	需要做出决策的有关问题
1. 同类企业	与该企业比，经营差距在哪里； 企业的盈利情况； 企业的成本情况； 企业的产品情况； 企业的技术情况； 应否参与投资合作； 买进还是卖出企业的股票等
2. 债权人	企业偿债能力怎样； 企业获利状况怎样； 企业的管理水平如何； 是否扩大对企业的贷款等
3. 政府主管部门	企业的生产规模多大； 企业的盈利状况如何； 企业是否遵守各项法律、法规，会计信息是否真实，企业的资产管理状况如何； 企业的发展潜力与活力如何； 企业的资产保值增值状况等
4. 员工	企业的经营状况； 企业分配的奖金能否保持或提高； 企业对职工的福利待遇水平； 利润增加能否增加工资； 养老金和医疗保险有何变动等
5. 客户	企业在执行合同时是否守约； 应否同企业扩大合作，增加购销业务； 企业的产品质量和价格是否有变动等

三、会计对社会的作用

会计对社会的作用也是不可忽视的。

首先，通过对企业会计信息的了解和掌握，能够清楚国家宏观经济政策对企业经营方面的影响，进而政府可以有效地制定政策，实施宏观调控。

其次，一个复杂的现代赋税制度，如果没有健全的会计制度和会计信息，也是不能起到应有的作用的。赋税制度的主要职能在于为国民经济开辟财源，为国防、交通运输、文教科卫、社会保障等事业的发展提供资金保障，而赋税制度的实施，则又必须以有关的会计信息为依据。

最后，在制定与社会发展的有关决策中，会计信息也是必要的。例如，第三产业的收费和价格，就必须以会计信息为依据。此外，关于通货膨胀的控制、税率的确定、公债的发行、政府机关的经费预算等方面的决策，都必须依靠正确的信息，而这些信息多数产生于会计。

第六节 会计学科体系

会计学是一门研究会计的理论、方法和会计工作客观规律的经济科学，它运用一系列经济理论和范畴来建立它的概念和方法。它是在会计工作的实践中产生，并随会计工作的发展而不断发展的。随着人们对会计工作客观规律在认识上的不断深化，逐渐形成了专门的知识体系，会计学也由此产生。会计学从会计实践中演绎出来，形成整套严密的概念、方法体系，以指导会计实践。

一、现代会计的两大分支

传统会计是以货币为主要计量方式，运用复式记账原理，采用专门的方法和程序，对会计主体的经济活动进行确认、计量、记录，定期编制反映企业财务状况和经营成果的会计报表。进入20世纪以来，特别是第二次世界大战以后，现代管理科学和科学技术的飞速发展，对会计提出了更高的要求，使会计学科的领域得到新发展，传统的会计逐步发展成为财务会计和管理会计两大分支。

1. 财务会计

财务会计，是以传统会计为主要内容，通过一定的程序和方法，将企业经济活动中的业务数据，经过记录、分类和汇总，编制成会计报表，向企业外部与企业有利害关系的集团和个人提供反映企业经营成果、财务状况和现金流量等情况的会计报表。财务会计的特征主要体现在以下几个方面。

1）财务会计主要通过定期编制会计报表，使企业外部信息使用者能够及时地、准确地了解到企业的经营状况，以使其能够做出正确的决策。因此，财务会计也被称为对外报告会计或外部会计。

2）财务会计是对企业已经发生的经济业务进行事后的记录和总结，对企业过去的经营活动进行客观的反映和监督。因此，它也被称为事后会计。

3）财务会计必须按照一定的程序，按照一般公认会计原则、会计准则和会计制度，进行会计核算，定期披露企业的会计报告。按惯例向公众披露的会计报告需经过注册会计师审计。

2. 管理会计

管理会计，是适应现代管理的需要，突破原有会计领域而发展起来的一门相对独立的会计学科。其特点包括以下几个方面。

1）管理会计是利用财务会计提供的会计信息及其他有关管理信息，运用数学、统计和计算机等技术方法，通过对比、计算、分析等手段的运用，为企业内部管理者提供经营决策、制订计划、管理控制企业经营活动信息的报表。因此，管理会计也被称为对内报告会计或内部会计。

2）管理会计还被称为事中控制会计和事前决策会计。因为管理会计包括规划与控制两个方面的内容：前者主要是通过确定目标，编制计划和确定实现计划的手段与方法，来对企业未来的经营活动进行全面筹划；后者则主要通过落实责任、考核实绩和分析计划的执行情况，来对经营活动进行控制。

3）管理会计不像财务会计那样按照一定的方法、程序进行，它采用的方法和程序都比较灵活。

二、会计学科体系

随着会计学领域的不断拓展，会计学分化出许多分支，每一分支形成了一个学科。这些学科相互促进、相互补充，形成了一个完整的会计学科体系。会计学科体系分类，如图 1.1 所示。

初级类会计主要讲解会计核算的基础知识，即会计确认、计量、记录、报告的基本原理和方法；中级类会计也可以成为通用类会计，主要涵盖各种共性业务会计处理的理论与方法，即不分行业、所有制和经营方式，凡是以盈利为目的的单位或组织均会发生的经济业务，而且在会计处理与方法上基本相同的会计事项均可归入此类；高级类会计是指通用类会计涵盖不了的各种会计业务，可以考虑包括特殊业务和特殊行业会计等。

会计学科体系和会计课程体系并不完全等同，因为后者虽然是根据前者制定的，但在制定时还要考虑一些具体因素，如培养目标、要求、课程之间的衔接等。会计课程体系由初、中、高级 3 类组成，包括会计学基础、财务会计、成本会计、管理会计、财务管理、审计、财会信息系统、高级会计等。

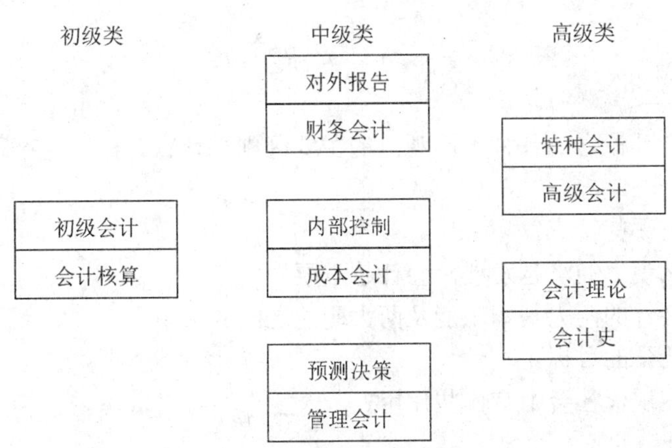

图 1.1　会计学科体系分类

会计学基础阐明会计的基础知识，包括会计的基本理论、基本方法和基本技能。它研究各门会计学分支共同的基本问题。

财务会计阐明会计处理各项资产、负债及所有者权益的基本理论和方法，研究资金管理，以及通过管好资金来提高经济效益的途径。它主要包括流动资产、长期投资、固定资产、无形资产和其他资产会计；流动负债和长期负债会计；所有者权益会计；收入、费用及利润确定和分配会计等。它包括我国现代化建设中出现的财务会计新问题，如分期付款销售，租赁业务，涉及外币的业务，分支机构和联营业务，改组、破产和清算等。

成本会计阐明成本预测、计划、计算、分析、控制和决策的基本理论和方法；研究成本管理及通过管好成本来提高经济效益的途径。它主要包括成本的计算，成本预测的方法和成本计划的编制，成本决策、成本分析和成本控制，以及目标成本的计算等。

管理会计阐明如何结合企业经营管理，综合地利用企业内部信息和有关外部信息的基本理论和方法，以求提高经济效益。它主要包括各种经济业务的计划和控制、责任会计、决策会计，以及成本效益分析等。

财务管理阐明筹资决策、投资决策和收益分配决策等。

审计阐明对经济活动的合法性、合规性、合理性及效益性进行检查监督的基本理论和方法。它主要包括财务审计、经济效益审计和内部审计等。

财会信息系统阐明财会信息系统分析与设计的原则、方法和步骤及财务处理、工资核算、固定资产核算、成本与费用核算、存货核算、财务分析等各个子系统的具体分析与设计。

高级会计阐明一些个性业务会计处理的理论与方法。它包括特殊业务会计、特殊行业会计、特殊经营方式会计等。

习　题

1. 关于会计概念的几种不同观点的主要区别是什么？你认为哪种观点较好，为什么？

2. 会计有哪些特点？

3. 为什么说“经济越发展，会计越重要”？

4. 简述会计的两大基本职能及两大职能之间的关系。

5. 简述会计的目标。

6. 会计在现代社会中有哪些作用？

第二章　财务报告的目标及对会计信息质量的要求

学习内容与要求

本章以财务报告为导向，介绍了财务报告的目标、会计基本假设与会计基础、会计信息质量要求等。本章作为学习会计学的基础，对财务报告的目标及会计信息的质量要求要深入理解并掌握，为编制财务报告打下基础。

第一节　财务报告目标

财务报告是企业对外提供的反映企业某一特定日期的财务状况和某一会计期间的经营成果、现金流量等会计信息的文件。它是会计核算过程的最终产品，也是会计核算工作的阶段性总结。

财务报告的使用者主要包括投资者、债权人、政府及有关部门和社会公众等，它们不能直接使用日常会计核算中比较分散的会计记录来分析企业的财务状况和经营成果。因此，企业必须定期地将日常会计资料进行分类、调整、汇总，按照一定的表格形式编制财务报告。

财务报告的目标是向使用者提供与企业财务状况、经营成果和现金流量等有关的会计信息，反映企业管理层受托责任的履行情况，有助于财务报告使用者做出经济决策，主要包括以下两个方面的内容。

一、向财务报告使用者提供对决策有用的信息

向财务报告使用者提供对决策有用的信息是财务报告的基本目标。所提供的会计信息应当如实反映企业所拥有或控制的经济资源、对经济资源的要求权及其变化情况，如实反映企业一定时期的经营成果，如实反映各项经营活动、投资活动和筹资活动形成的现金流入和流出情况。这有助于现在的或潜在的投资者、债权人及其他使用者正确、合理地评价企业的资产质量、偿债能力、盈利能力和营运效率等，有助于使用者根据相关会计信息做出理性的投资和信贷决策。

二、反映企业管理层受托责任的履行情况

现代企业制度强调所有权和经营权相分离，管理层是受委托人之托经营管理企业及其各项资产，负有受托责任。企业的各项资产基本上均为投资者投入的资本或向债权人借入的资金所形成的，管理层有责任妥善保管并合理有效地运用这些资产。投资者和债权人需要及时或经常性地了解管理层保管、使用资产的情况，

以便于评价其受托责任的履行情况和业绩情况，并决定是否需要调整投资或信贷政策，是否需要加强企业内部控制和其他制度建设，是否需要更换管理层等。因此，会计应当反映企业管理层受托责任的履行情况，以便外部投资者和债权人等评价企业的经营管理责任和资源使用的有效性。

第二节　会计基本假设与会计基础

会计人员在会计核算业务中面对变化不定的经济环境和复杂多变的经营活动，只有明确会计基本假设，才能运用科学的方法对企业的经营活动进行正确地记录和反映，以掌握企业经营活动的真实情况，并对其进行管理和控制。

一、会计基本假设

1. 会计主体

会计主体也称会计实体，是指会计人员为之服务的特定单位。在组织会计核算之前，首先要明确会计为谁核算的问题。会计处理的业务都是与某一特定的经济实体（即会计主体）相联系的，会计主体假设界定了会计核算的空间范围，会计人员只为特定的会计主体记账、算账并编制财务报告，某一特定主体的经济活动不仅要与其他会计主体的经济活动区别开来，而且也要与该主体所有者及职工个人的经济活动区别开来。

此处需要说明的是，会计主体与法律主体不是同一概念。一般而言，法律主体肯定是会计主体，但会计主体不一定是法律主体。任何企业，无论其组织形式如何，都可视为一个会计主体，但不一定是法律主体。例如，独资和合伙企业都不具备法人资格，但二者都是经济实体，可视为会计主体，可以单独进行会计核算。通常在企业规模较大的情况下，为了便于掌握其分支机构的生产经营活动和收支情况，可以将分支机构作为一个会计主体，要求其定期编制财务报告。由此可见，会计主体可以是独立的法人，也可以是非法人；可以是一个企业，也可以是企业内部的某一单位；可以是单一企业，也可以是由几个企业组成的企业集团。另外，由企业管理的证券投资基金、企业年金基金等，尽管不属于法律主体，但属于会计主体。总之，从会计角度看，会计主体应是一个独立核算的经济实体，特别是需要单独反映经营成果与财务状况，编制独立的会计报表。

根据这一前提，会计可以正确地反映会计主体所有的资产和对外所负的债务，准确地计算经营成果，提供决策有用的会计信息。

2. 持续经营

持续经营是指在可以预见的将来，会计主体将按照当前的规模和状态持续经营下去，不会停业或破产、清算。这一前提是由会计主体假设引申出来的，持续经营假设界定了会计工作的时间范围。会计主体确定后，只有假定会计主体持续经营，会计核算才有可能建立在非清算的基础上，而不采用合并、破产、清算等特殊的会计处理方法。

会计核算所使用的一系列会计处理方法都是建立在持续经营前提基础之上的。例如，固定资产在可预计的使用年限内采用一定的方法计提折旧、到期偿还的债务等，只有在持续经营这一假设前提下，企业提供的会计信息才具有连续性，才能选择和确定会计核算的具体方法，才能建立起会计计量和确认的原则。总之，根据这一前提条件，会计得以建立在非清算基础之上，从而为资产的计价、费用的分摊及收益的确定等提供前提条件。也正是在这一前提之下，企业会计信息的收集和处理所使用的会计方法才得以保持稳定，企业的会计记录和会计报告才能真实可靠。

持续经营前提只适用于正常状态下的会计主体，一旦企业宣告破产而清算，则此假设就不再适用，会计处理方法也要进行相应改变，按国家关于企业清算的规定办理。

3. 会计分期

会计分期是指将一个会计主体持续经营的经济活动划分成一个个连续的、长短相同的期间，以便分期结算账目和编制财务会计报告。该假定界定了会计报告的时间范围。

企业在持续经营的情况下，要计算企业的净收益，反映企业的经营成果和财务状况。从理论上讲，企业的经营成果，只有在企业最终结束它的全部经营活动后才可以精确地计算。但在实际工作中这是不可能的，因为对于报表的使用者而言，企业应能够经常地、定期地提供财务报告和有关的会计信息，为他们决策提供依据，这样就要求会计人员人为地将企业持续不断的经营活动划分为若干个会计期间，在连续反映的基础上，提供企业不同期间的会计信息，各期间按先后顺序形成企业经营活动的轨迹，以便及时提供反映企业财务状况和经营成果的会计信息。

我国企业的会计期间分为年度和中期，按年度划分，以公历年度为一个会计年度，即从每年 1 月 1 日至 12 月 31 日为一个会计年度。中期是指短于一个完整的会计年度的报告期间，包括半年度、季度和月度。有了这一会计假设，产生了本期与非本期、期初、期末及当期等会计基本概念，有助于确定收入和费用的归属期。会计分期和持续经营是密切相关的，只有假设企业持续经营下去，才有必要和可能进行会计分期，二者结合，才能连续地提供会计主体在各个会计期间的经营业绩及期初、期末的财产状况及其变动的信息。

4. 货币计量

货币计量是指会计主体在确认、计量和报告时采用货币作为统一计量标准，反映会计主体的生产经营活动。该假设界定了会计的计量标准。企业的经济活动是千差万别、错综复杂的，其他计量单位只能在某一方面反映经济活动的一个侧面，不便于比较和汇总，因此为了综合反映企业的各项经济活动，就要求有一个统一的计量尺度，这就是货币。

在我国，由于人民币是国家的法定货币，具有广泛的流通性。我国《会计法》规定，我国企业的会计核算采用人民币作为记账本位币。业务收支以人民币以外的货币为主的企业，可以选定人民币以外的货币作为记账本位币，但是编报的财务会计报告应当折算为人民币反映。在境外设立的中国企业向国内报送的财务会计报告，应当折算为人民币反映。

在选择货币作为主要计量单位的同时，还应当假设所选择的货币币值或代表的购买力是稳定的。当然，货币作为一种特殊的商品受诸多因素的影响，其自身的价值（购买力）不是固定不变的。为了简化会计计量，也便于会计信息的利用，在币值变动不大的情况下，一般不考虑币值的变动，即认为币值是稳定的。然而，由于世界性通货膨胀给经济发展带来了很大的影响，对会计核算如何反映通货膨胀影响的这种客观要求有逐渐增强的趋势，并因此产生了通货膨胀会计。

上述会计核算的 4 个基本假设，具有相互依存、相互补充的关系。会计主体确立了会计核算的空间范围，持续经营与会计分期确立了会计核算的时间长度，货币计量为会计核算提供了必要手段。

二、会计基础

会计基础是指会计确认、计量和报告的基础。它是确认一定会计期间的收入与费用，从而确定损益的标准。会计基础主要有两种：权责发生制和收付实现制。

权责发生制也称应计制或应收应付制，是以权利或责任的发生与否为标准来确认收入和费用。凡是当期已经实现的收入和已经发生的或应当负担的费用，不论款项是否收付，都应当作为当期的收入和费用；凡是不属于当期的收入和费用，即使款项已在当期收付，也不应当作为当期的收入和费用。这是确认损益的一项重要基础，它强调了收入只能在实现时确认，费用只能在发生时被确认。《企业会计准则——基本准则》规定，企业应当以权责发生制为基础进行确认、计量和报告。

收付实现制也称现金制，是以收到或支付现金作为确认收入和费用的标准。收付实现制在确认收入和费用时一律以实际的款项收付为标志，在这种会计基础下，凡在本期实际收到现金的收入，不论其应否属于本期，均应作为本期的收入处理；凡在本期实际以现金付出的费用，不论其应否在本期收入中取得补偿，均应作为本期的费用处理。目前，我国行政单位采用收付实现制，事业单位会计除经营业务采用权责发生制，其他大部分业务采用收付实现制。

第三节　会计信息质量要求

会计信息质量要求是对企业财务会计报告中所提供高质量会计信息的基本规范，是使得财务会计报告中所提供会计信息对投资者决策有用应具备的基本特征，主要包括可靠性、相关性、可理解性、可比性、实质重于形式、重要性、谨慎性和及时性。

1. 可靠性

可靠性要求企业应当以实际发生的交易或事项为依据进行确认、计量和报告，如实反映符合确认和计量要求的各项会计要素及其他相关信息，保证会计信息真实可靠、内容完整，具体包括以下两个方面的要求。

一是以实际发生的交易或事项依据进行确认、计量，将符合会计要素定义及其确认条件的资产、负债、所有者权益、收入、费用和利润等如实反映在财务报表中，不得根据虚构的、没有发生的或尚未发生的交易或事项进行确认、计量和报告。

二是在符合重要性和成本效益原则的前提下，保证会计信息的完整性，不能随意遗漏或减少应予披露的信息，与使用者决策相关的有用信息都应当充分披露。

2. 相关性

相关性是指企业提供的会计信息应当与财务会计报告使用者的经济决策需要相关，有助于投资者等财务会计报告使用者对企业过去、现在或者未来的情况做出评价或者预测。

会计信息是否有用、是否具有价值，关键是看其与使用者的决策需要是否相关，是否有助于提高决策水平。相关的会计信息应当能够有助于使用者评价企业过去的决策，证实或者修正过去的有关预测，因而具有反馈价值。相关的会计信息还应当具有预测价值，有助于使用者根据财务报告所提供的会计信息预测企业未来的财务状况、经营成果和现金流量。

3. 可理解性

可理解性是指企业提供的会计信息应当清晰明了，便于财务会计报告使用者理解和使用。它要求会计核算所提供的信息简明易懂，清晰明了。只有这样，才能提高会计信息的有用性，实现财务报告的目标，满足向投资者等财务报告使用者提供决策有用信息的要求。

4. 可比性

可比性是指企业提供的会计信息应当具有可比性，主要包括两层含义。

一是同一企业不同时期可比。为了便于财务报告使用者了解企业财务状况、经营成果和现金流量的变化趋势，比较企业在不同时期的财务报告信息，全面、客观地评价过去、预测未来，从而做出决策。可比性要求同一企业不同时期发生的相同或相似的交易或事项，应当采用一致的会计政策，不得随意变更。确需变更的，应在报表附注中说明。

二是不同企业相同会计期间可比。为了便于财务报告使用者评价不同企业的财务状况、经营成果和现金流量及其变动情况，可比性要求不同企业同一会计期间发生的相同或相似的交易或事项，应采用规定的会计政策，确保会计信息口径一致、相互可比。

5. 实质重于形式

实质重于形式要求企业应当按照交易或者事项的经济实质进行会计确认、计量和报告，不应仅以交易或者事项的法律形式为依据。

在会计核算过程中，可能会碰到一些经济实质与法律形式不吻合的业务或事项。例如，融资租入的固定资产，在租期未满以前，从法律形式上讲，所有权并没有转移给承租人，但是从经济实质上讲，与该项固定资产相关的收益和风险已经转移给承租人，承租人实际上能够行使对该项固定资产的控制，因此承租人应该将其视同自有的固定资产，一并计提折旧。

遵循实质重于形式，要求企业在会计核算过程中，注重交易和事项的经济实质，而不必拘泥于其外在的表现形式。这体现了对经济实质的尊重，能够保证会计核算信息与客观经济事实相符。

6. 重要性

重要性原则是指企业提供的会计信息应当反映与企业财务状况、经营成果和现金流量等有关的所有重要交易或者事项。

对资产、负债、损益等有较大影响，并进而影响财务会计报告使用者据以做出合理判断的重要会计事项，必须按照规定的会计方法和程序进行处理，并在财务会计报告中予以充分、准确的披露；对于次要的会计事项，在不影响会计信息真实性和不至于误导财务会计报告使用者判断的前提下，可适当简化处理。

重要性原则是会计核算本身进行成本、效益权衡的体现。如果把企业纷繁复杂的经济活动，事无巨细地记录与报告，不但会提高会计信息的处理成本，而且会使报表使用者无法有针对性地选择所需的会计信息，反而不利于做出正确的经济决策。判定某一会计事项是否重要，需要会计人员的职业判断，应根据所处环境和实际情况，从项目的性质和金额大小两个方面进行判断。

7. 谨慎性

谨慎性是指企业对交易或者事项进行会计确认、计量和报告应当保持应有的谨慎，不应高估资产或者收益、低估负债或者费用。

在市场经济条件下，企业存在着经营风险。按照谨慎性要求，企业在面临不确定因素时，应充分估计各种风险和损失，既不高估资产或收益，也不低估负债或费用，这样就能在风险实际发生前化解并防范风险，有利于企业做出正确决策和提高市场竞争力，也有利于保护债权人的权利。

谨慎性的应用不允许企业设置秘密准备，否则，会损害会计信息质量，扭曲企业实际的财务状况和经营成果，从而对使用者的决策产生误导。

8. 及时性

及时性是指企业对于已经发生的交易或者事项，应当及时进行会计确认、计量和报告，不得提前或者延后。

会计信息的价值在于帮助所有者或其他相关者做出经济决策，具有时效性。即使是可靠的、相关的会计信息，如果不及时提供，就失去了时效性，对于使用者的效用就大大降低，甚至不再具有实际意义。贯彻及时性，一是要及时收集会计信息，即在经济交易或事项发生后，及时收集整理各种原始单据或凭证；二是要及时处理会计信息，对经济交易或事项及时进行确认或计量，并编制财务报告；三是要及时传递会计信息，即按照国家规定的有关时限，及时地将编制的财务报告传递给财务报告使用者，便于及时使用和决策。

习　题

1. 什么是会计核算的基本假设？会计核算的基本假设有哪些？
2. 会计主体与法律主体的关系。
3. 会计信息质量要求有哪些？
4. 会计信息的可靠性和相关性哪个更重要，为什么？
5. 简述财务报告的目标。
6. 什么是权责发生制？为何我国《企业会计准则——基本准则》规定，企业应当以权责发生制为基础进行确认、计量和报告？
7. 我国会计准则中，是如何体现谨慎性要求的？

第三章　会计循环（一）

学习内容与要求

本章主要内容包括会计核算的基本程序和方法、会计等式、会计科目和账户，复式记账理论和借贷记账法等。通过对本章的学习，要求学生理解会计循环的含义，会计科目、账户及两者之间的关系，掌握账户基本结构和运用，掌握复式记账原理和借贷记账法的基本内容及具体应用，了解账户的分类方法。

第一节　会计核算的基本程序与核算方法

一、会计循环的含义

会计的基本目标是以财务报告的形式向会计信息的使用者提供其决策所需要的会计信息，包括企业的财务状况、经营成果和现金流量等情况。那么，这些会计信息如何通过会计信息系统提供给信息的使用者呢？为了实现会计目标，会计信息系统在提供信息时，有着一套独特的会计循环程序和方法。

由于会计是一个信息系统，这个系统在收集、加工、整理数据并形成最终会计信息的过程中需要特有的步骤或程序，这个程序包括会计确认、计量、记录和报告几个基本环节，将其连接在一起，就形成了一个广义的会计循环，其过程如图 3.1 所示。

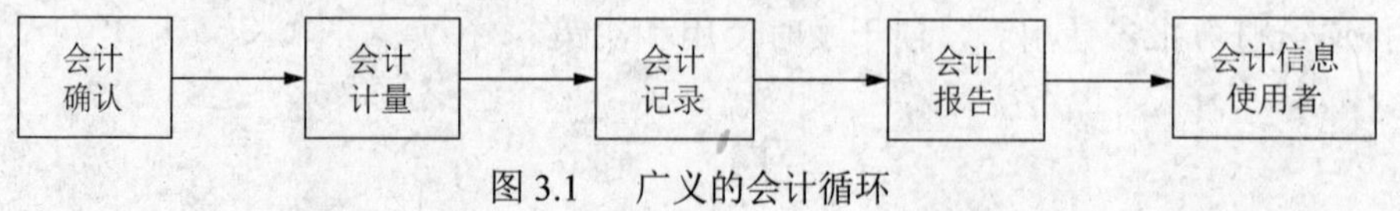

图 3.1　广义的会计循环

在上述程序中，要使用大量会计核算特有的方法，具体包括设置会计科目、复式记账、填制与审核会计凭证、登记账簿、成本计算、财产清查和编制会计报告 7 种方法。在实务中，会计主体在一个会计期间内对发生的各种经济业务都需要经过填制会计凭证到登记账簿，最后编制出财务报告等一系列的处理程序，这个程序从期初开始，到期末结束，如此循环往复、周而复始，故习惯上称为狭义的会计循环。从狭义上看会计循环，也称会计核算程序，如图 3.2 所示。

因此，对会计循环的理解可以从两个方面进行。从广义上或从会计期间的角度来理解会计循环，是从交易或事项的确认开始，依次经过计量、记录，实现对交易或事项的会计处理，到编制财务报告，完成一个会计期间的会计循环。从狭义上或从会计具体记录方法的角度来理解会计循环，是从填制和审核会计凭证开始依次经过登记账簿、成本计算、财产清查，到最后编制财务报告，完成一次会计循环。

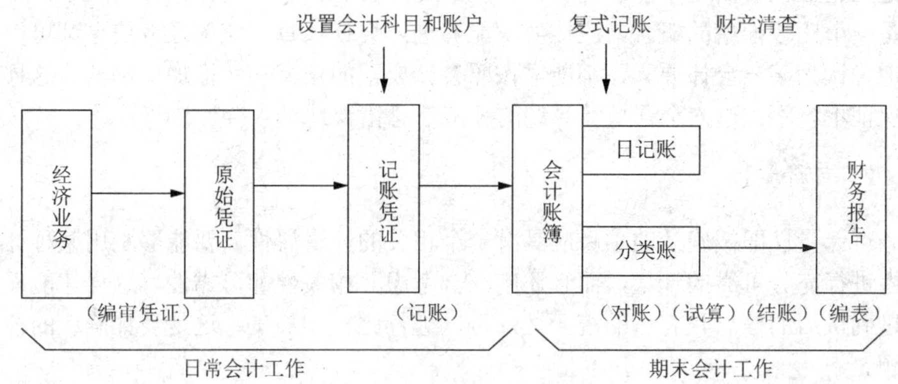

图 3.2　会计核算程序

二、会计核算的基本程序

所谓会计核算的基本程序，是指会计系统在加工数据并形成最终会计信息的过程中所特有的步骤，主要包括会计确认、计量、记录与报告 4 个基本程序。财务会计活动就是在这样一个周而复始的过程中不断进行的。

（一）会计确认

会计确认就是把某个经济事项或交易作为资产、负债、所有者权益、收入、费用和利润这 6 个会计要素之一予以认可的一种会计行为。会计确认的主要功能：①判断一个经济事项是否进入会计系统；②如果该经济事项要进入会计系统，应以何种要素进入；③该经济事项应在何时进入会计系统。按照对经济交易或事项确认的时间顺序，会计确认可以分为初始确认和再确认。初始确认主要是针对最初输入会计系统的经济事项和交易的确认，即对会计系统输入数据所进行的“筛选”。通过初始确认，有关经济数据才能在计量后正式输入复式簿记系统。再确认主要针对会计报表中应予以揭示的信息进行“筛选”，是对会计核算系统输出信息的检验。

会计确认应当遵循一定的标准。会计确认的标准是对会计确认行为的基本约束，指明了解决各种会计确认问题的方向。各项确认标准适用于一切确认事项的决断，用以解决编制财务报告的各种问题。美国财务会计准则委员会于 1984 年在第 5 号公告《企业财务报表项目的确认和计量》中提出了会计确认的 4 个标准。

1. 可定义性

可定义性即被确认的项目必须符合某个财务报告要素的定义。虽然一般而言，凡是在企业经营活动中能够用货币计量的经济信息都属于会计核算的内容，但这只是一个比较抽象的概念，应该要求能够进入会计核算系统的经济信息都可以具体地确认为某一会计要素，都能够按照会计要素的定义和特征加以确认，这样才能保证不将不该进入会计核算系统的经济信息错误地纳入会计核算系统。

2. 可计量性

可计量性即被确认的项目应具有一个相关的计量属性，要能够利用某种计量属性进行充分可靠的计量，而且还应综合考虑其相关性和可靠性，这样才能保证经过确认后的信息具有质的统一性，可以进行比较和加工，这是会计确认的核心问题。

3. 信息质量的相关性

信息质量的相关性即具有相关性的信息才能够影响投资者、债权人和其他用户做出决策，会计确认要求符合相关性的标准应置于会计信息整体的有用性之下，而不能孤立地确认其相关性。

4. 信息质量的可靠性

信息质量的可靠性即被确认的项目的信息是真实的、可验证的、不偏不倚的，它要求会计确认必须具有足够的真实性，基本上没有大的错误，而且在引导投资者、债权人和其他用户做出决策上基本上不存在偏向。

上面 4 项标准可以认为是一项数据进入会计核算系统的最基本的条件，在这些标准中可定义性和可计量性是主要的标准。如果会计信息主要是反映企业经营管理者的受托责任时，会计信息更强调信息的可靠性；如果会计信息主要是满足会计信息使用者的需要，会计信息更强调信息的相关性。因此，进行会计确认时应在可靠性和相关性之间权衡，以保证输出的信息能满足各方面的要求。

另外，经济事项进入会计系统还涉及会计确认的时间问题。由于会计核算的基本前提之一是会计分期，人为地将处于持续经营状态下的经济活动划分为不同的会计期间，必然会导致一些收入、费用出现跨越不同会计期间的现象，而且在商品经济条件下，商业信用的广泛存在，也使得经济业务发生的时间与现金收支的时间往往不一致。在这种情况下，可供选择的确认时间标准就有两种，即收付实现制和权责发生制（两种核算基础在第二章已述及）。对比两种标准，显然依据收入的归属期和费用的负担期确定收入与费用的权责发生制更符合实际情况，更为合理。对于会计信息系统而言，为了全面地反映企业的财务状况与经营成果，会计确认的时间基础一般选择权责发生制。但是这并不意味着收付实现制就毫无用处，实际上在企业对外提供的第三张财务报表——现金流量表中，收付实现制就是其编制基础。因此，按照权责发生制进行日常处理的会计记录，在期末编制现金流量表时，仍需要将权责发生制调整为收付实现制。

（二）会计计量

会计计量是会计运行过程中的第二个环节，是为了将符合确认条件的会计要素登记入账并列报于财务报表而确定其金额的过程。在会计确认中离不开会计计量，只有通过计量，输入的数据才能被正式记录，输出的数据才能最终列入财务报表。会计确认与会计计量总是不可分割地联系在一起，未经确认就不能进行计量，没有计量，确认也就失去了意义。会计核算的全过程也离不开计量，会计计量作为一种货币量化的行为贯穿于会计核算过程的始终。西方会计学界普遍认为，会计计量是会计系统的核心，也是现代会计理论和实务发展的重要推动力。

1. 会计计量遵循的标准

与会计确认要遵循一定的标准一样，会计计量也要遵循一些特定的标准。

（1）同质性

同质性标准要求会计计量必须保持财务报表上所反映的项目与企业实际的财务状况和经营成果相一致。

（2）可证实性

可证实性标准要求不同的会计人员对同一事项进行计量应得到相同的结果，或者计量结果可以互为证实，因为会计计量有别于其他计量，会计计量对象的金额会因为不同计量属性的运用而具有不确定性。

（3）一致性

一致性标准要求会计计量的方法在前后各期应当保持一致，不得随意变更，如果确需变更，应当将变更的情况、变更的原因及其对企业财务状况和经营成果的影响在财务报告中予以说明，尽可能消除信息使用者对计量信息改变所能引起的误解。

2. 会计计量属性及其构成

计量属性，是指所予计量的某一要素的特性方面。例如，原材料的重量，建筑物的高度等。从会计的角度，计量属性反映的是会计要素金额的确定基础，主要包括历史成本、重置成本、可变现净值、现值和公允价值等。

（1）历史成本

历史成本，又称实际成本，就是取得或制造某项财产物资时所实际支付的现金或其他等价物。在历史成本计量下，资产按照其购置时支付的现金或现金等价物的金额，或按照购置资产时所付出的对价的公允价值计量。负债按照因承担现时义务而实际收到的款项或资产的金额，或承担现时义务的合同金额，或按照日常活动中为偿还负债预期需要支付的现金或现金等价物的金额计量。

历史成本计量，要求对企业资产、负债和所有者权益等项目的计量，应当基于经济业务的实际交易成本，而不考虑随后市场价格变动的影响。

（2）重置成本

重置成本又称现行成本，是指按照当前市场条件，重新取得同样一项资产所需支付的现金或现金等价物的金额计量。负债按照现在偿付该项债务所需支付的现金或现金等价物的金额计量。在实务中，重置成本多应用于盘盈固定资产的计量等。

（3）可变现净值

可变现净值，是指以预计售价减去进一步加工成本和预计销售费用及相关税费后的净值。

在可变现净值计量下，资产按照其正常对外销售所能收到现金或者现金等价物的金额扣减该资产至完工时估计将要发生的成本、估计的销售费用及相关税费后的金额计量。它是在不考虑资金时间价值的情况下，计量资产在正常经营过程中可带来的预期净现金流入或流出。可变现净值通常用于存货资产减值情况下的后续计量。

（4）现值

现值是指对未来现金流量以适当的折现率进行折现后的价值，是考虑货币时间价值的一种计量属性。

在现值计量下，资产按照预计从其持续使用和最终处置中所产生的未来净现金流入量折现的金额，负债按照预计期限内需要偿还的未来净现金流出量折现的金额。现值通常用于非流动资产可收回金额和以摊余成本计量的金融资产价值的确定等。

（5）公允价值

公允价值，是指市场参与者在计量日发生的有序交易中，出售一项资产所能收到或者转移一项负债所需支付的价格。

在公允价值计量下，资产和负债按照市场参与者在计量日发生的有序交易中，出售资产所能收到或者转移负债所需支付的价格计量。公允价值强调独立于企业主体之外，站在市场的角度以交易双方达成的市场价格作为公允价值，是对资产和负债以当前情况为依据进行价值计量的结果。

3. 会计计量属性的应用原则

一般情况下，对于会计要素的计量，应当采用历史成本计量属性。例如，企业购入存货、建造厂房、生产产品等，应当以所购入资产发生的实际成本作为计量的金额。

但在某些特殊情况下，如果仅仅以历史成本作为计量属性，可能难以达到会计信息的质量要求，不利于实现财务报告的目标，有时甚至会损害会计信息质量，影响会计信息的有用性。例如，企业持有的衍生金融工具往往没有实际成本，或者即使有实际成本，实际成本也与其价值相差甚远。因此，如果按照历史成本对衍生金融工具进行计量，大量的衍生金融工具交易将成为表外事项，与其有关的价值及风险将无法得到充分披露。在这种情况下，为了提高会计信息的有用性，就有必要采用其他计量属性（如公允价值）进行会计计量，以弥补历史成本计量属性的缺陷。

鉴于应用历史成本外的其他计量属性，往往需要依赖于估计，为了使所估计的金额在提高会计信息的相关性的同时，又不影响其可靠性，企业会计准则要求企业应当保证根据其他计量属性所确定的金额能够取得并可靠计量，如果这些金额无法取得或可靠计量，则不允许采用其他计量属性。

（三）会计记录

会计记录就是通过预先设置好的各种账户，对经过会计确认和计量程序可以进入会计系统的数据资料，按照复式记账的要求在账簿中进行记录的过程。通过会计记录，可以对企业的资金运动进行详尽而具体的记录。而且，通过复式记账法记录的经济数据也便于进行下一步的加工、分类与汇总，为会计处理进入到会计报告环节奠定基础。会计记录的主要功能：①分类整理，通过设置和运用账户将经济事项按会计要素的具体类别进行分类整理；②加工转换，将大量分散的数据加工转换成少量的综合性的数据，将原始数据加工成初始信息。因此，只有经过会计记录这一基本会计程序，才能最终生成决策有用的财务信息。在会计记录过程中，同样要遵循有关会计记录的一系列基本准则，如真实性、准确性、可理解性、及时性等。

（四）会计报告

会计报告是以簿记系统加工生成的信息为基础，并按照会计信息使用者的要求进一步予以变换，形成一组既可靠又相关的会计信息。会计报告主要解决：①揭示多少信息；②揭示何种信息；③以何种方式揭示信息。会计报告的功能体现在以下几个方面。首先，通过信息再加工，将簿记信息转化为会计信息。相对于会计信息的有用性来说，簿记信息仍然是不够的，一是缺乏系统性，簿记信息数量庞大而且分散，不利于信息的传输和信息使用者的利用；二是缺乏相关性，簿记信息是针对财务报表的编制而非管理和决策的需要而提供的，其可靠性强而相关性弱。因此，为了提高会计信息的有用性，还必须借助于财务报表对簿记信息进行再加工。其次，通过财务报表，将会计信息输出会计系统。财务报表是会计信息的“物质载体”，会计信息只有通过财务报表，才能传递到信息使用者手中。会计报告是把会计系统的最终产品——会计信息传递给各个会计信息使用者的媒介。会计报告上述两个功能的发挥有赖于在会计报告中遵循某些特定的报告标准，如数据真实、内容完整、计算准确、编报及时等。

三、会计核算的方法

会计核算的方法贯穿于会计基本程序之中。会计方法体系主要包括相互联系、相互依存的会计核算方法、会计分析方法和会计检查方法。会计核算是会计分析、会计检查的基础环节，而会计分析是会计核算的继续和发展，会计检查则是用以保证会计核算、会计分析所依据的资料具有真实性、合法性的重要手段。会计核算方法是指对会计对象进行连续、系统、全面反映所运用的专门方法；会计分析方法是运用会计核算提供的资料，分析说明各单位经济活动的结果与效率所使用的专门方法；而会计检查方法则是检查各单位会计资料及其所反映的经济活动是否合理、合法的专门方法。本书主要介绍会计核算的方法。

会计的基本目标是为会计信息的相关者提供经济决策有用的财务信息。为此，对发生的经济事项必须经过归类、整理、分析、汇总等一系列的加工处理，最后转换成会计信息予以呈报。在发展过程中，现代会计已逐渐形成了 7 种基本的会计核算方法，即设置账户、复式记账、填制和审核会计凭证、登记账簿、成本计算、财产清查和编制会计报表。

（一）设置账户

设置账户是进行会计核算的首要条件，而账户是依据会计科目设置的。所谓会计科目，就是对会计要素具体内容进行分类核算的项目。会计对象、会计要素、会计科目是针对同一核算对象由总括到不断细化的 3 个层次，会计对象所涵盖的概念相对笼统一些，而会计科目反映的内容则更细化一些。设置会计科目就必须首先对会计对象的具体内容进行科学分类，然后根据会计科目在账簿中开立账户，分类地、连续地记录各项经济业务所引起的各项资金的增减变动情况和结果，为进行经济管理提供所需要的核算指标。简而言之，设置账户就是对会计对象的具体内容进行分类核算的方法。

（二）复式记账

复式记账是指在账户中记录资金运动所使用的专门方法。所谓复式记账法，就是对每一项经济业务所引起的资金运动以相等的金额，同时记入两个或两个以上的有关账户中，以反映资金运动的来龙去脉。在生产经营过程中发生的任何一项经济业务都不是孤立的，应用复式记账法可以通过账户的对应关系反映出经济业务的来龙去脉，能够更全面、更系统地说明经济业务的前因后果，是描述经济业务的重要手段。此外，在描述资金变动的来龙去脉和因果关系的同时也建立起了一种相关账户间的平衡关系，这种平衡关系是检查经济业务记录是否正确的重要依据。

（三）填制和审核会计凭证

会计凭证是记录各项经济业务、明确经济责任的书面证明，是登记账簿的主要依据。经济业务发生时，首先是由经办人员取得证明经济业务发生的原始凭证，然后交由会计人员或相关部门逐项审查认定经济业务发生或完成的情况，凭审核无误的原始凭证由会计人员填制记账凭证，会计人员填制的记账凭证是下一环节——登记账簿的唯一依据。通过填制和审核凭证，可以为经济管理提供真实可靠的数据资料，并且可以对各企业单位的经济活动和财务收支进行经常性监督。

（四）登记账簿

账簿是由具有一定格式的账页组成的，用来序时地、分类地记录各项经济业务的簿籍，是保存会计数据资料的重要工具。按照国家相关法律法规的规定，凡是进行会计核算的单位，都必须设置账簿，以全面记录企业经济业务的发生情况。登记账簿时必须以会计凭证为依据，通过对发生的经济业务进行序时或分类的登记，为事中、事后的会计监督和定期编制会计报表提供重要的基础资料。

（五）成本计算

成本计算是指对生产经营过程中不同部门、不同阶段所发生的耗费按照成本对象归集，最后计算出总成本和单位成本所使用的专门方法。通过成本计算，可以确定材料的采购成本、产品的生产成本和销售成本，以反映和监督生产经营过程中发生的各项费用是否节约和超支。成本计算的意义在于使生产经营消耗和财务成果盈亏的计算成为可能。

（六）财产清查

财产清查是指通过实地盘点、查询核对等方法，查明财产物资、货币资金和往来款项的实有数，使账实相符的一种专门的会计核算方法。账簿资料系统地记录了企业的经济活动，那么，会计记录是否正确呢？一个重要的检验标准就是与账面反映相对应的实有数。运用财产清查的方法就是核实各项财产物资和货币资金、往来款项的实有数，然后与财产物资和货币资金、往来款项的账面结存数相对比，账实相符则说明会计核算资料真实、正确；如果数额不一致，应查明原因，明确责任，并进行处理，使账面数与实存数完全相符。所以，财产清查是保证会计记录正确性的重要手段。

（七）编制会计报表

会计报表是根据账簿记录定期编制的，总括反映企业、单位在一定日期的财务状况和一定时期经营成果和现金流量的书面文件。尽管账簿资料全面地记录了企业的经济活动，但这些会计记录仍是零散于各个会计账簿之中，不便于系统地阅读和分析，编制会计报表就是将一定时期账簿记录中的数据资料进行加工整理和综合汇总，最终以表格的形式提供出一套完整、系统的指标体系。会计报表提供的资料，对于保证国家宏观经济管理的需要，满足企业单位内部管理的需要，满足有关各方了解企业单位财务状况、经营成果和现金流量的需要有着重要的价值。

以上 7 种会计核算的基本方法相互联系，互相配合，循序渐进，构成了一个完整的方法体系。这些方法使用的基本程序是，经济业务发生后，经办人员要填制或取得原始凭证，经会计人员审核整理后，按照设置的会计科目，运用复式记账法，编制记账凭证，并据以登记账簿。对于生产经营过程中发生的各项费用，要进行成本计算，最终计算企业的经营成果；对于账簿记录，要通过财产清查加以核实，在保证账实相符的基础上，定期编制会计报表。

第二节　会 计 等 式

一、会计等式的含义

在会计核算中反映各个会计要素之间数量关系的等式，称为会计等式，也称会计恒等式。

任何企业和行政、事业单位，都拥有一定数量的资产，作为从事经济活动的基础。这些资产在经济活动中分布在各个方面，表现为不同的占用形态（实物资产或非实物的无形资产），如房屋、建筑物、机器设备、原材料、库存商品、货币资金、专利权等。这些资产都是从一定的渠道取得的，或者说是由不同的资产所有者提供的，这些资产提供者对企业资产拥有的要求权，在会计中被称为权益。权益表明企业各项资产的所有权及运用资产时所产生的利益是应归属于资产提供者的。因为有多少资产就该有多少的资产所有权，即权益，所以权益是以资产金额来计量的，资产和权益两者如影随形，在任何时候、任何场合它们都是等额的，用公式表示为

资产＝权益

很明显，权益以对资产的所有权为基础，如果对资产没有所有权，就不可能

存在权益。上述等式之所以可以成立，是因为资产和权益反映了同一经济资源的两个方面，即一方面是企业所持有或能够支配的各项资产，另一方面是资产提供者对资产可以提出一系列要求的权益。权益表明了资产的来源，全部资产就必须与全部权益在金额上相等。资产与权益的这种相互依存的关系，决定了资产总额必然等于权益总额。

由于资产取得或形成的来源渠道通常有两种，即企业所有者投入和向债权人借入，因此权益也可分为所有者权益和债权人权益（简称“负债”）。资产和负债、所有者权益是财产资源同一体的两个方面，因而客观上存在必然相等的关系。也就是说，资产与负债和所有者权益之间在数量上必然相等。这一平衡关系用公式表示为

资产＝负债＋所有者权益

该方程式即为会计等式（会计恒等式），主要揭示了3个方面的内容。第一，会计主体内各会计要素之间的数字平衡关系。从数量上看，有一定数额的资产，必定有一定数额的负债和所有者权益；反之，有一定数额的负债和所有者权益，也必定有一定数额的资产。第二，各会计要素增减变化的相互联系。在一个要素的项目发生变化时，其他会计要素项目也必然发生增减变化，以维持等式的平衡关系。第三，等式有关因素之间是对立统一的关系。资产、负债和所有者权益分列于等式的两边，左边是资产，右边是负债及所有者权益，形成对立和统一的关系。它是会计学重要的理论基础，是设置账户、复式记账和编制会计报表等会计核算方法建立的理论依据，在会计核算中有着非常重要的地位。

二、经济业务的发生对会计等式的影响

企业在生产经营过程中，会不断发生各种经济业务，如购买材料、支付工资、销售产品、上交税金等，这些业务在会计上被称作“会计交易或事项”，其发生会对有关会计要素产生影响。那么，这种影响是否会破坏会计等式的平衡呢？

假设某企业××年12月31日的资产、负债和所有者权益的状况如表3.1所示。

表3.1　某企业××年12月31日简易资产负债表　单位：千元

资产	金额	负债及所有者权益	金额
库存现金	2	短期借款	872
银行存款	500	应付账款	50
应收账款	100	应付票据	30
原材料	300	实收资本	500
库存商品	250	资本公积	200
固定资产	500	—	—
总计	1 652	总计	1 652

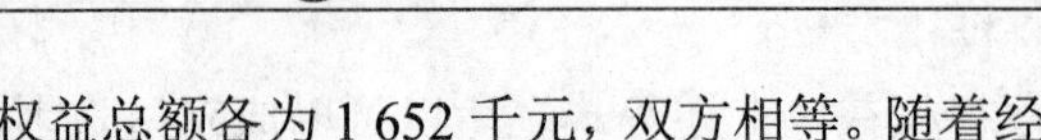

表 3.1 资产总额与负债及所有者权益总额各为 1 652 千元，双方相等。随着经济业务的发生，有关项目会相应发生变化。

【例 3-1】向供货单位购入原材料 50 000 元，货款未付。

这笔经济业务的发生，引起资产的“原材料” 项目和负债的“应付账款”项目同时增加 50 000 元，双方增加的金额相等。

【例 3-2】投资者追加投资 200 000 元，款项已收到。

这笔经济业务的发生，引起资产的“银行存款” 项目和所有者权益的“实收资本” 项目同时增加 200 000 元，双方增加的金额相等。

【例 3-3】以银行存款归还短期借款 100 000 元。

这笔经济业务的发生，引起资产的“银行存款”项目和负债的“短期借款”项目同时减少 100 000 元，双方减少的金额相等。

【例 3-4】投资者抽回投资 80 000 元，款项已支付。（按公司法规定，投资者投入的资本不得随意抽回，这里只是举例说明这样一类的经济业务对会计等式的影响。）

这笔经济业务的发生，引起资产项目的“银行存款”和所有者权益项目的“实收资本”同时减少 80 000 元，双方减少的金额相等。

【例 3-5】从银行提取现金 70 000 元备用。

这笔经济业务的发生，只会引起资产内部的“库存现金”和“银行存款”两个项目之间以相等的金额变动。资产与负债、所有者权益的总额仍保持平衡关系。

【例 3-6】向银行借入短期借款 30 000 元，偿还应付乙单位的应付票据 30 000 元。

这项经济业务的发生，只会引起负债项目内部的“短期借款”和“应付票据”双方变动的金额相等。资产与负债、所有者权益的总额仍保持平衡关系。

【例 3-7】将资本公积 100 000 元转增资本金。

这项经济业务的发生，只会引起所有者权益内部的“实收资本”和“资本公积”两个项目之间以相等的金额的变动。资产与负债、所有者权益的总额仍保持平衡关系。

【例 3-8】企业接到某债权人通知，将原欠款 20 000 元作为向企业进行的投资。

这项经济业务的发生，会引起企业负债的“应付账款”项目减少 20 000 元，同时也会引起企业所有者权益的“实收资本”项目增加 20 000 元。资产与负债、所有者权益的总额仍保持平衡关系。

通过上述例子不难发现，这些经济业务的发生，只会引起资产、负债及所有者权益具体项目之间相等金额的变动，但无论如何变化，资产与负债和所有者权益的总额仍保持平衡关系，也就是说“资产＝负债＋所有者权益”公式的平衡不会被破坏，如表 3.2 所示。

表 3.2 发生经济业务后的企业会计要素变动表 单位：千元

资产	期初金额	增减金额	期末金额	负债及所有者权益	期初金额	增减金额	期末金额
库存现金	2	⑤＋70	72	短期借款	872	③−100 ⑥＋30	802
银行存款	500	②＋200 ③−100 ④−80 ⑤−70	450	应付账款	50	①＋50 ⑧−20	80
应收账款	100		100	应付票据	30	⑥−30	0
原材料	300	①＋50	350	实收资本	500	②＋200 ④−80 ⑦＋100 ⑧＋20	740
库存商品	250		250	资本公积	200	⑦−100	100
固定资产	500		500				
总计	1 652	＋70	1 722	总计	1 652	＋70	1 722

企业的经济业务虽然复杂多样，但就其对会计等式的影响来看，不外乎以下 4 种情况。

1）经济业务的发生引起会计等式左右两边同时增加，即资产和负债及所有者权益双方同时等额增加，如例 3-1 和例 3-2。

2）经济业务的发生引起会计等式左右两边同时减少，即资产和负债及所有者权益双方同时等额减少，如例 3-3 和例 3-4。

3）经济业务的发生只引起会计等式左边变化，即资产内部有增有减，增减的金额相等，如例 3-5。

4）经济业务的发生只引起会计等式右边变化，即负债及所有者权益内部有增有减，增减的金额相等，如例 3-6、例 3-7 和例 3-8。

经济业务一经发生，就会影响会计等式中至少有会计要素的两个项目发生增减变化，其影响变化归纳起来有两大规律。

其一，经济业务发生，影响会计等式等号两边会计要素项目发生增减变化，其规律是同时等额增加或同时等额减少，会影响资产总额与负债和所有者权益总额，但增减后的资产总额与负债、所有者权益总额相等。

其二，经济业务发生，影响会计等式等号一边会计要素项目发生增减变化，其规律是等额此增彼减，不会影响资产总额与负债和所有者权益总额，仍维持原有的总额平衡的关系。

综上所述，经济业务的发生，无论引起会计要素发生怎样的变化，会计等式等号两边的数额始终相等，不会破坏会计等式的平衡关系。由于会计等式这一平衡原理揭示了企业会计要素之间的这种规律性联系，因此，它是设置账户、复式记账和编制会计报表的理论依据。

三、会计等式的转化形式

经济业务的发生虽然会导致资产和负债、所有者权益的增减变动，但资产和负债、所有者权益之间的平衡关系不会被打破。可是，联系收入、费用、利润要素的增减变动情况又会怎样呢?

随着企业经营活动的进行，在会计期间内企业一方面取得了各类收入，另一方面也必然会发生与取得收入相关的各种费用，最终形成一定的利润或亏损。由于利润或亏损均由企业所有者享受或承担，与债权人没有关系，因此所有者对利润有要求权，利润也就属于所有者权益的内容。将利润引入会计等式，则有下列扩展的会计等式：

资产＝负债＋所有者权益＋利润

收入－费用＝利润

资产＝负债＋所有者权益＋（收入－费用）

资产＋费用＝负债＋所有者权益＋收入

注：上述等式中的所有者权益是剔除利润后的剩余所有者权益，不再是原会计等式中所有者权益的概念。在会计期末，利润或亏损归入所有者权益之后，又有：

资产＝负债＋所有者权益

企业在取得收入、发生费用时，会有以下的会计要素变动情况。

1）取得了收入，表现为资产要素和收入要素同时增加，或者是在增加收入时减少负债。

2）发生了费用，表现为费用要素的增加和资产要素的减少，或者是增加费用时增加负债。

3）在会计期末，收入减费用计算出的利润按规定程序进行分配以后，其留归企业部分（如盈余公积金）和未分配部分使所有者权益增加；反之，如若发生亏损则使所有者权益减少；变化后的会计等式仍会保持平衡。

由于上述收入、费用要素的变动仍可归为资产、负债及所有者权益的变动形式，因此，会计各要素之间的恒等关系总是存在的。

第三节　会计科目和账户

一、会计科目

（一）会计科目的概念

会计科目是对会计要素的具体内容进行分类核算的项目。会计要素是对会计对象的基本分类，而这 6 项会计要素仍显得过于粗略，难以满足各有关方面对会计信息的需要。为了全面、系统、分类地核算与监督各项经济业务的发生情况，以及由此而引起的各项资产、负债、所有者权益及各项损益的增减变动，就有必要按照各种会计对象分别设置会计科目。

设置会计科目能使填制记账凭证、登记账簿有所依据，为编制会计报表提供了方便，并能提供全面、统一的会计信息，便于投资人、债权人及其他会计信息使用者掌握和分析企业的财务状况、经营成果和现金流量。

（二）会计科目设置的原则

会计科目作为分类反映会计要素的构成及其变化情况，是为投资者、债权人、企业经营管理者等提供会计信息的重要手段，在其设置过程中应努力做到科学、合理、适用。设置会计科目时，应遵循以下原则。

1. 合法性原则

为了保证会计信息的可比性，所设置的会计科目应当符合国家统一的会计制度的规定。

2. 相关性原则

会计科目的设置，应为提供有关各方所需要的会计信息服务，满足对外报告与对内管理的要求。

3. 实用性原则

企业的组织形式、所处行业、经营内容及业务种类等不同，在会计科目的设置上也应有所区别。在合法性的基础上，应根据企业自身特点，设置符合企业需要的会计科目。

4. 稳定性原则

为了便于在不同时期分析比较会计核算指标和在一定范围内汇总核算指标，

应保持会计科目相对稳定，不能经常变更会计科目的名称、内容、数量，使会计核算指标保持可比性。

5. 统一编号

会计科目应按国家规定的会计制度统一编号，以便编制会计凭证，登记账簿，适用于会计信息系统。

（三）常用会计科目

参照财政部公布的《企业会计准则——应用指南》，企业会计科目的设置如表3.3所示。

表3.3　会计科目参照表

编号	名称	编号	名称
	一、资产类	1601	固定资产
1001	库存现金	1602	累计折旧
1002	银行存款	1603	固定资产减值准备
1012	其他货币资金	1604	在建工程
1101	交易性金融资产	1605	工程物资
1121	应收票据	1606	固定资产清理
1122	应收账款	1701	无形资产
1123	预付账款	1702	累计推销
1131	应收股利	1703	无形资产减值准备
1132	应收利息	1711	商誉
1221	其他应收款	1801	长期待摊费用
1231	坏账准备	1901	待处理财产损溢
1401	材料采购		二、负债类
1402	在途物资	2001	短期借款
1403	原材料	2201	应付票据
1404	材料成本差异	2202	应付账款
1405	库存商品	2203	预收账款
1406	发出商品	2211	应付职工薪酬
1407	商品进销差价	2221	应交税费
1408	委托加工物资	2231	应付利息
1411	周转材料	2232	应付股利
1471	存货跌价准备	2241	其他应付款
1501	持有至到期投资	2501	长期借款
1503	可供出售金融资产	2502	应付债券
1511	长期股权投资	2701	长期应付款
1512	长期股权投资减值准备	2711	专项应付款
1521	投资性房地产	2801	预计负债
1531	长期应收款		三、共同类（略）

续表

编号	名称	编号	名称
	四、所有者权益类	6101	公允价值变动损益
4001	实收资本	6111	投资收益
4002	资本公积	6301	营业外收入
4101	盈余公积	6401	主营业务成本
4103	本年利润	6402	其他业务成本
4104	利润分配	6403	税金及附加
	五、成本类	6601	销售费用
5001	生产成本	6602	管理费用
5101	制造费用	6603	财务费用
5201	劳务成本	6701	资产减值损失
5301	研发支出	6711	营业外支出
	六、损益类	6801	所得税费用
6001	主营业务收入	6901	以前年度损益调整
6051	其他业务收入		

（四）会计科目的分类

1. 会计科目按反映的经济内容分类

会计科目按反映的经济内容不同分为资产类、负债类、共同类、所有者权益类、成本类和损益类。资产类科目包括“库存现金”“交易性金融资产”“应收账款”“原材料”“长期股权投资”“固定资产”“在建工程”“无形资产”等。负债类科目包括“短期借款”“应付账款”“应付票据”“应付职工薪酬”“应交税费”“应付利息”“应付股利”“其他应付款”等。共同类科目（略）。所有者权益类科目包括“实收资本”“资本公积”“盈余公积”“本年利润”“利润分配”等。成本类科目包括“生产成本”“制造费用”“劳务成本”“研发支出”等。损益类科目包括“主营业务收入”“主营业务成本”“销售费用”“管理费用”“财务费用”等。

2. 会计科目按其所提供指标的详细程度及其统驭关系分类

会计科目按其所提供指标的详细程度不同分为总分类科目和明细分类科目。总分类科目又称一级科目或总账科目，是对会计要素具体内容进行总括分类、提供总括信息的会计科目，如“应收账款”“应付账款”“原材料”等。明细分类科目，又称明细科目，是对总分类科目作进一步分类、提供更详细更具体会计信息的科目，如“应收账款”科目按债务人单位名称或姓名设置明细科目，反映应收账款的具体对象；“应付账款”科目按债权人单位名称或姓名设置明细科目，反映应付账款的具体对象；“原材料”科目按原料及材料的种类、规格等设置明细科目反映各种原材料的具体构成内容。对于明细科目较多的总账科目，可在总分类科目下设置二级明细科目，在二级明细科目下设置三级明细科目。

总分类科目对其所属的明细分类科目具有统驭和控制的作用，明细分类科目对其所属的总分类科目具有补充和说明的作用。

二、账户

（一）账户的概念

会计科目只是对会计对象具体内容进行分类后的项目或名称，不能进行具体的会计核算。为了序时、分类地反映和监督会计要素的增减变动，还必须设置账户。账户是根据会计科目开设的，具有一定的格式和结构，用于分类反映会计要素增减变动情况及其结果的载体。设置账户是会计核算的重要方法之一。

会计科目与账户是两个不同的概念，二者既有联系，又有区别，都是对会计对象具体内容的科学分类，两者核算内容一致，性质相同。会计科目是账户的名称，也是设置账户的依据；账户是会计科目的具体运用。没有会计科目，账户便失去了设置的依据；没有账户，就无法发挥会计科目的作用。两者的区别是：会计科目仅仅是账户的名称，不存在结构，无法进行核算；而账户具有一定的格式和结构，可以进行会计核算。

（二）账户的分类

1. 按账户所反映的经济内容分类

同会计科目的分类相对应，根据账户所反映的经济内容不同，账户可分为资产类账户、负债类账户、共同类账户、所有者权益类账户、成本类账户、损益类账户 6 类。研究账户按经济内容的分类，目的在于理解和掌握如何设置账户及提供核算指标的规律性，以便正确地运用账户，为经济管理提供一套完整的会计核算指标体系。

2. 按账户提供指标详细程度及其统驭关系分类

按账户所提供信息的详细程度及其统驭关系不同，账户可分为总分类账户和明细分类账户。总分类账户也叫总账账户（一级账户），是对企业经济活动的具体内容进行总括核算的账户，它能够提供某项具体内容的总括核算指标。在我国，为了保证会计核算资料的指标口径规范一致，并具有可比性，保证会计核算资料能在行业、地区乃至全国范围内进行综合汇总、分析，总分类账户的名称、核算内容及使用方法通常是统一规定的。

明细分类账户是对企业具体经济业务进行明细核算的账户，它能够提供经济业务的明细核算指标。在实际工作中除少数总分类账户不需设置明细账户外，如“累计折旧”账户、“本年利润”账户等，大多数总分类账户都需要设置明细分类账户。由于明细分类账户提供的核算资料主要是满足企业内部经营管理的需要，而每个企业的情况各不相同，因此明细分类账户的名称、核算内容和使用方法也不能像总分类账户那样统一规定，只能由各企业根据实际需要自行规定。明细分类账户可以分多级，如 “库存商品”为一级账户，可下设“家电”“日用品”“食品”等二级明细账户，这些账户下面又可设三级明细账户，如“家电”下设“电视机”“洗衣机”“电冰箱”等三级账户，它们下面又可再根据品牌、型号等内容继续加设四级账户，级数越多，反映的内容越详细。当然，账户的级数加多，也会相应地给会计核算工作加大工作量，因此，企业应根据自己的实际需要来设置明细分类账户。

研究账户按提供指标详细程度分类，目的在于把握不同层次账户提供核算指标的规律性，以便于准确地运用各级账户，提供全方位的核算指标，满足经营管理的不同需要。

3. 其他分类方法

账户按所列入的会计报表分类，可以分为“资产负债表”账户和“利润表”账户。“资产负债表”账户除了包括资产类、负债类和所有者权益类账户，分别对应资产负债表中的这 3 类项目外，由于成本类账户的余额应列入资产负债表的资产项目内，所以也包括在资产负债表账户之中。“利润表”账户主要包括损益类账户，这些账户是根据利润表的项目设置的。研究账户按会计报表的分类，目的在于利用这些账户的具体核算，提供期末编制会计报表所需要的数据。

另外，根据账户是否有期末余额，可以分为实账户和虚账户。实账户是指经过核算，期末应该有余额的账户，如资产类账户、负债类账户、所有者权益类账户、成本类账户。根据其余额方向又可分为借方余额账户和贷方余额账户，借方余额一般表示企业的资产数，贷方余额则表示企业的负债及所有者权益数。虚账户是指经过核算，期末没有余额的账户，如损益类账户。研究账户按期末余额有无及方向分类，目的在于把握账户期末余额代表的内容及期末结转的规律性，以便正确地组织会计核算。

除了上述分类方法外，账户还可以按照其他标准分为很多类，如按用途及结构分，按会计主体分等，在此不再一一介绍。研究账户的分类，是为了从相互关系的账户中探求其相互区别，认识设置和运用账户的规律性。账户分类标准是依据账户具有的一些特性确定的，每一个账户都带有若干个特征，因此，每一个账户都可以按不同的标准进行分类。例如，“原材料”账户，从会计要素来看，它属于资产类账户，反映企业在生产经营过程中必不可少的流动资产；

从提供指标的详细程度来看，它属于总分类账户，总括地反映企业材料的增减变动及结存情况；从列入会计报表来看，它属于资产负债表账户，账户的期末余额应作为企业资产的一部分，列入资产负债表；从用途和结构来看，它属于盘存账户，反映企业实际的库存材料价值，而且是借方登记材料的增加额，贷方登记材料的减少额，余额在借方；从会计主体来看，它属于表内账户，代表着本企业可以控制或拥有的经济资源；从期末余额来看，它属于借方余额账户，反映库存材料的实际价值。总之，借助于账户的分类，可以揭示账户的特征，有利于加深对账户的认识。

（三）账户的功能与结构

1. 账户的功能

账户的功能在于提供企业经济活动中各会计要素增减变动及其结果的具体信息。会计要素在特定会计期间增加和减少的金额，分别称为账户的“本期增加发生额”和“本期减少发生额”，二者统称为账户的“本期发生额”；会计要素的增减变动结果，称为账户的“余额”，具体表现为期初余额和期末余额。本期期末余额转入下一期，就是下一期的期初余额，同样，本期的期初余额就是上一期的期末余额。其余额方向一般来说与记录的增加额的方向一致。

对于同一账户而言，期初余额、期末余额、本期增加发生额和本期减少发生额的基本关系为

$$期末余额=期初余额+本期增加发生额-本期减少发生额$$

2. 账户的结构

账户的结构是指账户的组成部分及其相互关系。账户通常由以下内容组成。

1）账户名称，即会计科目。

2）日期，即记账凭证中注明的日期。

3）凭证字号，即记账凭证的编号。

4）摘要，即经济业务的简要说明。

5）金额，即增加额、减少额和余额。

采用不同的记账方法，账户的结构是不同的，即使采用同一的记账方法，不同性质的账户结构也是不一样的。但是，不管采用何种记账方法，也不管是何种性质的账户，其基本结构都是一样的。首先，任何一个账户都有一个名称，这个名称就是前面所介绍的会计科目，它直接决定了账户的记录内容。其次，从数量上看，发生经济业务所引起的会计要素变动，无非是增加和减少两个方面，因而账户也分为左右两个方向，一方登记增加，另一方登记减少。至于哪一方登记增加，哪一方登记减少，取决于所记录经济业务和账户的性质。

为了具体反映经济业务的内容，除了名称和4个金额要素外，账户基本结构还应包括记录经济业务的日期、所依据记账凭证编号、经济业务摘要等内容。账户的结构如表3.4所示。

表3.4　账户的结构

会计科目：（账户名称）

年		凭证		摘要	借方	贷方	借或贷	余额
月	日	种类	号数					

为了教学方便，教材中经常用账户的简化结构——“T”形账户来说明账户结构。这是一种账户具体结构的简化，突出了账户的核心部分。其格式如图3.3所示。

左方	会计科目（账户名称）	右方

图3.3　账户的简化结构——“T”形账户

第四节　记账方法

一、复式记账法

（一）记账方法的意义和种类

记账方法是在账簿中记录经济业务的方法。经济业务的发生会引起各有关会计要素的增减变动，如何将这些经济业务记录在有关的账户中，曾有过不同的方法，其中包括单式记账法和复式记账法。

单式记账法，指对发生的经济业务，只在一个账户中进行记录的记账方法。例如，用银行存款购买材料的业务发生后，只在账户中记录银行存款的付出业务，而对材料的收入业务，却不在账户中记录。该方法一般只能记录货币资金和人欠、欠人的增减变化。单式记账法是一种比较简单、不完整的记账方法。它在选择单方面记账时，重点考虑的是现金、银行存款及债权债务方面发生的经济业务。因此，一般只设置“现金”“银行存款”“应收账款”“应付账款”等账户，而没有一套完整的账户体系，账户之间也形不成相互对应的关系，所以不能全面、系统地反映经济业务的来龙去脉，也不便于检查账户记录的正确性。

复式记账法，指对发生的每一项经济业务，都以相等的金额，在相互关联的两个或两个以上账户中进行记录的记账方法。例如，上述用银行存款购买材料业务，按照复式记账法，则应以相等的金额，一方面在“银行存款”账户中记录银行存款的减少，另一方面在“原材料”账户中记录材料增加。与单式记账法相比，复式记账法有其不可比拟的优越性。

（二）复式记账法的特点

复式记账法是以会计等式为依据建立的一种记账方法，其具有以下特点。①对于每一项经济业务，都在两个或两个以上相互关联的账户中进行记录。这样，在将全部经济业务都相互联系地记入各有关账户以后，通过账户记录不仅可以全面、清晰地反映出经济业务的来龙去脉，还能够全面、系统地反映经济活动的过程和结果；②由于每项经济业务发生后，都是以相等的金额在有关账户中进行记录，因而可据以进行试算平衡，以检查账户记录是否正确。

复式记账法由于具备上述特点，因而被世界各国公认为是一种科学的记账方法。它包括借贷记账法、增减记账法、收付记账法等几种具体的方法。其中，借贷记账法经过数百年的实践，已被全世界的会计工作者普遍接受，广泛采用，是一种比较成熟、完善的记账方法，也是世界各国通用的记账方法。目前，我国的企业和行政、事业单位采用的记账方法都是复式记账法中的借贷记账法。

二、借贷记账法

借贷记账法起源于 13 世纪的意大利。在这个时期，西方资本主义的商品经济有了长足发展，在商品交换中，为了适应商业资本和借贷资本经营者管理的需要，逐步形成了借贷记账法。这种方法的问世，被誉为会计发展史上的一个里程碑，可见其在会计核算中的地位。

借贷记账法是以“借”“贷”作为记账符号，反映各项会计要素增减变动情况及结果的一种复式记账法，是各种复式记账法中应用最广泛的一种方法。

（一）借贷记账法的理论基础

借贷记账法的对象是会计要素的增减变动过程及结果，会计要素之间的联系及增减变动情况可以用公式表示为

资产＝负债＋所有者权益

收入－费用＝利润

资产＝负债＋所有者权益＋利润

资产＝负债＋所有者权益＋（收入－费用）

资产＋费用＝负债＋所有者权益＋收入

前面已经学过，这些等式揭示了 3 个方面的内容：第一，会计主体内各会计

要素之间的数量上的平衡关系；第二，各会计要素增减变化的相互联系；第三，等式有关因素之间是对立统一的关系。这 3 个方面的内容贯穿了借贷记账法的始终。数量平衡关系要求：每一次记账的借方、贷方金额是平衡的；一定时期所有账户的借方、贷方的金额合计是平衡的；所有账户的借方余额和贷方余额的合计数是平衡的。增减变化的相互联系要求：在一个账户中记录的同时必然要有另一个或两个以上的账户的记录与之对应。对立统一关系要求：按相反方向记账。从一个账户来看是相反方向记账，借方记录增加额，贷方一定记录减少额。从等式两边的不同类账户来看，资产类账户是借方记录增加额，贷方记录减少额；与之相反，负债和所有者权益类账户是贷方记录增加额，借方记录减少额。会计等式对记账方法的要求决定了借贷记账法的账户结构、记账规则、试算平衡的基本理论，因此说会计等式是借贷记账法的理论基础。

（二）借贷记账法的记账符号与账户结构

“借”“贷”两字的含义，最初是从借贷资本家的角度来解释的，即用来表示债权（应收款）和债务（应付款）的增减变动。借贷资本家最初用“借”“贷”两字表示债权债务的变化。随着社会经济的发展，经济活动的内容日益复杂，记录的经济业务已不再局限于货币资金的借贷业务，而逐渐扩展到财产物资、经营损益等。为了求得账簿记录的统一，对于非货币资金借贷业务，也以“借”“贷”两字，记录其增减变动情况。这样，“借”“贷”两字就逐渐失去原来的含义，而转化为纯粹的记账符号。

在借贷记账法下，账户的基本结构是，左方为借方，右方为贷方。但哪一方登记增加，哪一方登记减少，则要根据账户的性质决定。

1. 资产类账户的结构

资产类账户的结构是，借方记录增加额，贷方记录减少额。在一个会计期间内，借方记录的合计数称为借方发生额，贷方记录的合计数称为贷方发生额。资产类账户的期末余额一般在借方。资产类账户的结构用“T”形账户表示如图 3.4 所示。

借方		资产类账户	贷方
期初余额 增加额	×××× ××××	减少额　××××	
本期发生额 期末余额	×××× ××××	本期发生额　××××	

资产类账户借方期末余额＝期初余额＋本期借方发生额－本期贷方发生额

图 3.4　资产类账户结构

2. 负债及所有者权益类账户的结构

由会计等式决定，负债及所有者权益类账户结构与资产类账户结构正好相反，其贷方记录负债及所有者权益的增加额，借方记录负债及所有者权益的减少额，期末余额一般在贷方。负债及所有者权益类账户的结构用“T”形账户表示如图 3.5 所示。

借方	负债及所有者权益类账户		贷方
		期初余额	××××
本期减少额	××××	本期增加额	××××
本期发生额	××××	本期发生额	××××
		期末余额	××××

负债及所有者权益类账户贷方期末余额=期初余额+本期贷方发生额—本期借方发生额

图 3.5 负债及所有者权益类账户结构

3. 收入类账户的结构

收入类账户与负债及所有者权益类账户的结构相类似，贷方登记增加额，借方登记减少额或转销额。这类账户在期末结转入“本年利润”账户，最终转化为所有者权益，因而无余额。收入类账户的结构用“T”形账户表示如图 3.6 所示。

借方	收入类账户		贷方
收入减少或结转	××××	收入增加	××××

图 3.6 收入类账户结构

4. 费用类账户的结构

费用是资金的一种耗费方式，在抵消收入之前，可将其视为一种资产。所以，费用类账户的结构与资产类账户的结构基本相同，借方登记费用增加额，贷方登记费用减少额或转销额。这类账户在期末结转入“本年利润”账户，最终转化为所有者权益，因而无余额。费用类账户结构如图 3.7 所示。

借方	费用类账户		贷方
费用增加	××××	费用减少或结转	××××

图 3.7 费用类账户结构

综上所述可以看出，“借”“贷”两个字作为记账符号所表示的经济含义是不一样的。

“借”表示资产和费用成本的增加，负债、所有者权益、收入的减少或结转；“贷”表示资产和费用成本的减少或转销，负债、所有者权益及收入的增加。

一般而言，各类账户的余额方向与增加额方向是保持一致的，即资产类账户的余额一般在借方，负债及所有者权益账户的余额一般在贷方。因此，根据账户余额所在的方向来判断账户的性质，成为借贷记账法的一个重要特点。

（三）借贷记账法的记账规则

记账规则，是指在运用记账符号记录会计事项时所产生的记账模式。借贷记账法的记账规则是“有借必有贷，借贷必相等”。即对于发生任何一项经济业务，都必须以相等的金额，借贷相反的方向，在两个或两个以上相互关联的账户中进行登记。

借贷记账法的规则是由会计等式的存在与账户的结构所决定的。

如前所述，扩展的会计等式为

资产＝负债＋所有者权益＋收入－费用

经移项为

资产＋费用＝负债＋所有者权益＋收入

左方账户为资产类账户，右方账户为权益类账户。不难发现，资产类账户增加记在借方，减少记在贷方；权益类账户则正好相反。企业所发生的经济业务包括以下几类，如图 3.8 所示。

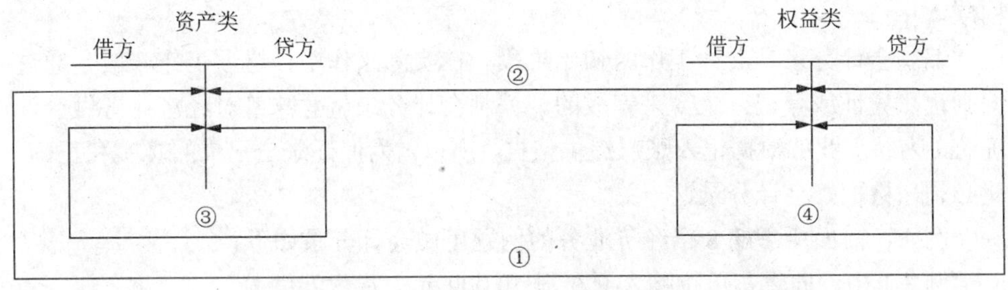

图 3.8　企业的几种经济业务类型

第①种情况，资产类账户与权益类账户同时增加，增加金额相等。资产类账户增加记借方，权益类账户增加记贷方。

第②种情况，资产类账户与权益类账户同时减少，减少金额相等。资产类账户减少记贷方，权益类账户减少记借方。

第③种情况，资产类不同账户此增彼减，增减金额相等。增加金额记借方，减少金额记贷方。

第④种情况，权益类不同账户此增彼减，增减金额相等。增加金额记贷方，减少金额记借方。

无论哪一种类型的经济业务，都将以相等的金额记入有关账户的借方，同时记入有关账户的贷方，使得“有借必有贷，借贷必相等”永远成立。

（四）账户的对应关系和会计分录

1. 账户的对应关系

采用借贷记账法，在某项经济业务发生时，会在有关账户之间形成应借应贷的关系，这种账户之间应借、应贷的关系就叫作账户的对应关系。把具有对应关系的账户称为对应账户。例如，从银行提取现金 5 000 元，就要在“库存现金”账户的借方和“银行存款”账户的贷方分别进行记录，各登记 5 000 元，这样“库存现金”和“银行存款”账户就发生了对应关系，这两个账户也就成了互为对应账户。

不同的账户之间可以有对应关系，也可能没有对应关系，如收入类账户和费用类账户之间一般就不会有对应关系。掌握账户的对应关系很重要，通过账户的对应关系可以了解经济业务的内容，检查对经济业务的处理是否正确。

2. 会计分录

会计分录（简称“分录”），是对某项经济业务列示出应借、应贷账户及其金额的一种记录。会计分录由应借应贷方向、相互对应的科目及金额 3 个要素构成。

编制会计分录是会计工作的初始阶段。在实际工作中，这项工作一般是通过编制记账凭证或登记分录簿来完成的。编制会计分录就意味着对经济业务做会计确认，为经济业务数据记入账户提供依据。所以，为保证账户记录的真实和正确，就必须严格把好会计分录这一关。

例如，前面所举的 8 个经济业务的例题可做会计分录如下。

例 3-1 中，向供货单位购入原材料 50 000 元，货款未付。

借：原材料　　50 000

　　贷：应付账款　　50 000

例 3-2 中，投资者追加投资 200 000 元，款项已收到。

借：银行存款　　200 000

　　贷：实收资本　　200 000

例 3-3 中，以银行存款归还短期借款 100 000 元。

借：短期借款　　100 000

　　贷：银行存款　　100 000

例 3-4 中，投资者抽回投资 80 000 元，款项已支付。

借：实收资本　80 000

　　贷：银行存款　80 000

例 3-5 中，从银行提取现金 70 000 元备用。

借：库存现金　70 000

　　贷：银行存款　70 000

例 3-6 中，向银行借入短期借款 30 000 元，偿还应付乙单位的应付票据 30 000 元。

借：应付票据　30 000

　　贷：短期借款　30 000

例 3-7 中，将资本公积 100 000 元转增资本金。

借：资本公积　100 000

　　贷：实收资本　100 000

例 3-8 中，企业接到某债权人通知，将原欠款 20 000 元作为向企业进行的投资。

借：应付账款　20 000

　　贷：实收资本　20 000

会计分录按其所运用账户的多少可以分为两种：一种是简单会计分录，由两个账户所组成的分录，即“一借一贷”式的会计分录，上述分录均为简单分录；另一种是复合会计分录，由两个以上账户所组成的分录，可以是“一借多贷”“多借一贷”或“多借多贷”式的会计分录。复合会计分录实际上是由若干个简单会计分录组成的，因而必要时可将其分解为若干个简单会计分录。编制复合会计分录，既可以简化记账手续，又能集中反映某项经济业务的全面情况。例如，某企业生产产品领用材料 5 000 元，车间一般消耗领用材料 500 元。若用简单的会计分录应做两笔分录，即

1）借：生产成本　5 000

　　　贷：原材料　5 000

2）借：制造费用　500

　　　贷：原材料　500

若采用复合的会计分录，上述分录也可表述为

借：生产成本　5 000

　　制造费用　500

　　贷：原材料　5 500

上面的两个会计分录为简单会计分录，下面的会计分录则为多借一贷的复合会计分录，它们反映的经济业务内容是一样的。

为了保持账户对应关系清楚，一般不应随意把不同类型的经济业务合并在一起编制复合会计分录。

编制会计分录，应按以下步骤进行。

1）一项业务发生后，分析这项业务所涉及的会计科目。

2）分析经济业务所涉及会计科目的性质。

3）判断经济业务发生引起会计科目所反映内容的增减，来确定应记账户的方向。

4）确定入账金额。

5）检查分录中应借、应贷账户是否正确；借贷方金额是否相等，有无错误。

（五）借贷记账法的试算平衡

为了检验一定时期内所发生经济业务在账户记录的正确性，在会计期末应进行账户的试算平衡。所谓试算平衡，是根据借贷记账法的记账规则来检查账户记录是否正确的过程，包括发生额平衡和余额平衡。

1. 发生额平衡

发生额平衡是根据本期所有账户借方发生额合计与贷方发生额合计的恒等关系，检验本期发生额记录是否正确的方法，其公式为

全部账户本期借方发生额合计＝全部账户本期贷方发生额合计

在借贷记账法中，根据“有借必有贷，借贷必相等”的记账规则，每一笔经济业务都要以相等的金额，分别记入两个或两个以上相关账户的借方和贷方，借贷双方的发生额必然相等。推而广之，将一定时期内的经济业务全部记入有关账户之后，所有账户的借方发生额合计与贷方发生额合计也必然相等。

2. 余额平衡

余额平衡是根据本期所有账户借方余额合计与贷方余额合计的恒等关系，检验本期账户记录是否正确的方法。根据余额时间不同，又分为期初余额平衡与期末余额平衡两类。期初余额平衡是期初全部账户借方余额合计与贷方余额合计相等，期末余额平衡是期末全部账户借方余额合计与贷方余额合计相等，这是由“资产＝负债＋所有者权益”的恒等关系决定的，其公式为

全部账户的借方期初余额合计＝全部账户的贷方期初余额合计

全部账户的借方期末余额合计＝全部账户的贷方期末余额合计

实际工作中，余额试算平衡是通过编制试算平衡表方式进行的，如表 3.5 所示。

表 3.5　总分类账户本期发生额及余额试算平衡表

年　　月　　　　单位：元

会计科目	期初余额		本期发生额		期末余额	
	借方	贷方	借方	贷方	借方	贷方
合计						

在编制试算平衡表时，应注意以下几点。

1）必须保证全部账户的余额均已记入试算表。因为会计等式是针对 6 项会计要素整体而言的，缺少任何一个账户的余额，都会造成期初或期末借方余额合计与贷方余额合计不相等。

2）如果试算表借贷不相等，肯定账户记录有错误，应认真查找，直到实现平衡为止。

3）即便实现了有关三栏的平衡关系，并不能说明账户记录绝对正确，因为有些错误并不会影响借贷双方的平衡关系。例如，①漏记某项经济业务，将使本期借贷双方的发生额发生等额减少，借贷仍然平衡；②重记某项经济业务，将使本期借贷双方的发生额等额虚增，借贷仍然平衡；③某项经济业务记错有关账户，借贷仍然平衡；④某项经济业务在账户记录中，颠倒了记账方向，借贷仍然平衡；⑤某项经济业务记录的应借应贷科目正确，但借贷双方金额同时多记或少记，且金额一致，借贷仍然平衡；⑥借方或贷方发生额中，偶然发生多记少记并相互抵消，借贷仍然平衡。因此，在编制试算平衡表之前，应认真核对有关账户记录，消除上述错误。

（六）借贷记账法举例

下面举例说明，采用借贷记账法如何编制会计分录和进行试算平衡。

1）某企业××××年 12 月 1 日，有关总分类账户的期初余额表如表 3.6 所示。

表 3.6 某企业总分类账户的月初余额表

××××年 12 月 1 日　　　　单位：元

资产	金额	负债及所有者权益	金额
银行存款	25 400	短期借款	10 000
原材料	60 000	应付账款	4 600
库存商品	8 200	实收资本	205 000
固定资产	150 000	资本公积	10 000
生产成本	6 000	盈余公积	20 000
合计	249 600	合计	249 600

2）该企业本月发生了下列经济业务。

① 用银行存款购买原材料 5 400 元，材料已验收入库。

② 向银行借入短期借款 2 600 元，直接偿还应付账款。

③ 用银行存款偿还短期借款 5 000 元。

④ 收到投资者追加投资 60 000 元，存入银行。

⑤ 本期生产产品领用材料 10 000 元。

⑥ 销售产品一批，价款 8 000 元，款项已收讫并存入银行。

⑦ 将本月收入 8 000 元结转入“本年利润”。

3）根据上述经济业务编制会计分录。

① 借：原材料　　5 400
　　贷：银行存款　　5 400

② 借：应付账款　　2 600
　　贷：短期借款　　2 600

③ 借：短期借款　　5 000
　　贷：银行存款　　5 000

④ 借：银行存款　　60 000
　　贷：实收资本　　60 000

⑤ 借：生产成本　　10 000
　　贷：原材料　　10 000

⑥ 借：银行存款　　8 000
　　贷：主营业务收入　　8 000

⑦ 借：主营业务收入　　8 000
　　贷：本年利润　　8 000

4）开设并登记账户。

借方　　银行存款　　贷方

借方		贷方	
期初余额	25 400		①5 400
			③5 000
	④60 000		
	⑥8 000		
发生额	68 000	发生额	10 400
期末余额	83 000		

借方　　原材料　　贷方

借方		贷方	
期初余额	60 000		
	① 5 400		⑤10 000
发生额	5 400	发生额	10 000
期末余额	55 400		

借方　　库存商品　　贷方

借方		贷方	
期初余额	8 200		
期末余额	8 200		

借方　　固定资产　　贷方

借方		贷方	
期初余额	150 000		
期末余额	150 000		

借方　　生产成本　　贷方

借方		贷方	
期初余额	6 000		
	⑤10 000		
发生额	10 000		
期末余额	16 000		

借方　　短期借款　　贷方

借方		贷方	
		期初余额	10 000
	③5 000		②2 600
发生额	5 000	发生额	2 600
		期末余额	7 600

借方　　应付账款　　贷方

借方		贷方	
		期初余额	4 600
	②2 600		
发生额	2 600		
		期末余额	2000

借方　　实收资本　　贷方

借方		贷方	
		期初余额	205 000
			④60 000
		发生额	60 000
		期末余额	265 000

借方　　资本公积　　贷方

借方		贷方	
		期初余额	10 000
		期末余额	10 000

借方　　盈余公积　　贷方

借方		贷方	
		期初余额	20 000
		期末余额	20 000

借方　　主营业务收入　　贷方

借方		贷方	
	⑦8 000		⑥ 8 000

借方　　本年利润　　贷方

借方		贷方	
			⑦8 000
		期末余额	8 000

5）根据账户记录进行试算平衡，总分类账户发生额及余额试算平衡表如表 3.7 所示。

表 3.7　总分类账户发生额及余额试算平衡表　　单位：元

账户名称	期初余额		本期发生额		期末余额	
	借方	贷方	借方	贷方	借方	贷方
银行存款	25 400	—	68 000	10 400	83 000	—
原材料	60 000	—	5 400	10 000	55 400	—
库存商品	8 200	—	—	—	8 200	—
固定资产	150 000	—	—	—	150 000	—
生产成本	6 000	—	10 000	—	16 000	—
短期借款	—	10 000	5 000	2 600	—	7 600
应付账款	—	4 600	2 600	—	—	2 000
实收资本	—	205 000	—	60 000	—	265 000
资本公积	—	10 000	—	—	—	10 000
盈余公积	—	20 000	—	—	—	20 000
主营业务收入	—	—	8 000	8 000	—	—
本年利润	—	—	—	8 000	—	8 000
合计	249 600	249 600	99 000	99 000	312 600	312 600

习　　题

（一）思考题

1. 简述会计确认的主要功能。
2. 会计要素的计量属性是什么，分别说明？
3. 会计记录和会计报告的主要功能是什么？
4. 会计核算方法包括哪些？它们是如何结合使用的？
5. 什么是会计等式？经济业务的发生为什么不会影响会计等式的平衡关系？
6. 结合会计等式的平衡关系，分析总结一下经济业务的类型。
7. 什么是会计科目？什么是账户？它们之间的区别与联系是什么？
8. 为什么要设置账户？账户可以分为哪几类？账户分类有何意义？
9. 什么是复式记账法？它的特点是什么？
10. 什么是借贷记账法？如何理解借贷记账法“借”“贷”两字的含义？
11. 试述借贷记账法下各类账户的结构和记账规则。
12. 什么是试算平衡？试算平衡是否可以检查出账户记录中的全部错误，为什么？

（二）业务题

1.【目的】对经济业务分类，掌握会计等式的内容。

【资料】光明电子厂 2016 年 10 月 31 日的财务状况如下。

①库存现金 350 元；②银行存款户结存额 76 700 元；③应向购货单位收回款项 7 000 元；④库存各种原材料共计 300 000 元；⑤未完工产品 36 000 元；⑥机器设备、工具器具等共计 600 000 元；⑦向银行借入的短期借款 60 000 元；⑧应交未交各项税金计 30 000 元；⑨应付光华公司购货款 130 050 元；⑩投资者投入资本 800 000 元。

【要求】

1）根据上述资料确定资产、负债及所有者权益项目。

2）分别合计资产、负债及所有者权益的总额，并对结果进行说明。

2.【目的】掌握经济业务对会计等式的影响。

【资料】

1）山川公司 2016 年 7 月 1 日资产、负债和所有者权益各项目的期初余额为：库存现金 5 000 元，银行存款 8 000 元，应收甲单位货款 2 000 元，库存材料 4 000 元，短期借款 4 000 元，应付乙商店货款 5 000 元，投资者投入资本 10 000 元。

2）山川公司 7 月依次发生以下经济业务：①以银行存款归还欠乙商店购货款 5 000 元；②向丙商店购入材料 800 元，货款未付；③收回甲单位前欠购货款 2 000 元，存入银行；④以库存现金购入材料 200 元；⑤收到投资者追加投资 3 000 元，存入银行。

【要求】

1）列出会计等式，其中包括资产、负债和所有者权益的有关项目。

2）加计金额，检验会计等式是否平衡。

3.【目的】熟悉各类账户的结构。

【资料】山川公司 8 月部分账户内容如表 3.8 所示。

表 3.8　山川公司 8 月部分账户内容　单位：元

账户名称	期初余额	本期借方发生额	本期贷方发生额	期末余额
银行存款	100 000	150 000	110 000	
固定资产	3 000 000		500 000	3 300 000
应付账款		200 000	130 000	80 000
实收资本	6 000 000	0		6 500 000

【要求】根据各类账户的结构，计算并填写上列表格的未知数据。

4.【目的】熟悉账户结构及试算平衡的方法。

【资料】闽江公司 2016 年 10 月试算平衡表如表 3.9 所示。

表 3.9 闽江公司 10 月试算平衡表 单位：元

科目名称	期初借方余额	期初贷方余额	本期借方发生额	本期贷方发生额	期末借方余额	期末贷方余额
库存现金	475	—	2 180		480	—
银行存款	1 345	—		4 230		—
应收账款		—		9 200	0	—
库存商品	2 500	—	860		2 050	—
固定资产		—	2 500	0	5 200	—
短期借款	—		1 000	0	—	0
应付账款	—	4 350	3 700	1 350	—	2 000
实收资本	—	10 000	0		—	10 000
合计	—	15 350	—	—	—	—

【要求】根据各类账户的结构及试算平衡公式，计算并填写上列表格空白处的未知数据。

5.【目的】练习编写会计分录及填写试算平衡表。

【资料】某工厂 2016 年 9 月初各账户余额如表 3.10 所示。

表 3.10 某工厂 2016 年 9 月初各账户余额 单位：元

科目名称	借方余额	科目名称	贷方余额
库存现金	1 000	短期借款	10 000
银行存款	13 000	应付账款	30 000
应收账款	14 000	实收资本	100 000
原材料	2 000	资本公积	40 000
库存商品	10 000		—
固定资产	140 000		—
合计	180 000	合计	180 000

9 月该工厂发生下列业务。

1）向甲公司购入原材料一批，计价 20 000 元，材料验收入库，货款未付。

2）向银行借入为期 6 个月的借款 50 000 元存入银行。

3）以银行存款偿还上月所欠材料款 30 000 元。

4）收到所有者投入资本 30 000 元存入银行。

5）收回乙公司前欠货款 12 000 元存入银行。

6）从银行提取现金 1 000 元。

7）以银行存款购入计算机一台，价值 6 000 元。

【要求】做出上述业务的会计分录，并填写试算平衡表，如表 3.11 所示。

表 3.11　试算平衡表　单位：元

科目名称	期初借方余额	期初贷方余额	本期借方发生额	本期贷方发生额	期末借方余额	期末贷方余额
库存现金						
银行存款						
应收账款						
原材料						
库存商品						
固定资产						
短期借款						
应付账款						
实收资本						
资本公积						

6.**【目的】**练习编制会计分录、登记“T”形账、填写试算平衡表。

【资料】某企业 2016 年 4 月 30 日资产、负债、所有者权益账户的期末余额如表 3.12 所示。

表 3.12　某企业资产、负债、所有者权益账户余额　单位：元

账户名称	借方余额	账户名称	贷方余额
库存现金	500	短期借款	18 000
银行存款	30 000	应付账款	12 000
应收账款	10 000	应付职工薪酬	1 500
原材料	30 000	实收资本	80 000
库存商品	30 000	资本公积	44 000
固定资产	100 000	盈余公积	45 000

该企业 5 月发生下列经济业务。

1）以银行存款购置汽车一辆，价款 20 000 元，交付使用。

2）收到购货单位归还所欠货款 5 000 元，存入银行。

3）从银行提取现金 1 000 元。

4）购入材料一批 10 000 元，验收入库，货款尚未支付。

5）吸收其他单位投入资金 50 000 元，存入银行。

6）以现金 1 200 元发放工资。

7）开出支票偿还货款 8 000 元。

8）以银行存款 15 000 元，归还短期借款。

【要求】

1）开设“T”形账户，并登记期初余额。

2）根据经济业务编制会计分录，并记入有关账户。

3）结出各账户的本期发生额和期末余额。

4）编制总分类账户的本期发生额、期末余额试算表，如表 3.13 所示。

表 3.13　试算平衡表　　单位：元

账户名称	期初余额		本期发生额		期末余额	
	借方	贷方	借方	贷方	借方	贷方
库存现金						
银行存款						
应收账款						
原材料						
库存商品						
固定资产						
短期借款						
应付账款						
应付职工薪酬						
实收资本						
资本公积						
盈余公积						
合计						

第四章　会计循环（二）

学习内容与要求

本章在第三章的基础上，以制造业的主要经济业务为例，进一步阐明会计账户与借贷记账方法的运用。通过对本章的学习，要求学生了解制造业主要经济活动循环过程，熟悉并正确应用会计账户，对发生的各类经济业务进行分析并做出会计处理，掌握成本计算的原理及应用。

第一节　制造业经济活动循环概述

制造企业是市场经济中实行独立核算、自主经营、自负盈亏、自我约束、自我发展的经济实体。其基本任务就是生产符合市场需要的产品或服务，取得利润，从而为国家提供更多的财政收入，为投资者提供更多的投资收益。企业从事生产经营活动，必须拥有一定数量的资金。这些资金主要是所有者投入的和债权人提供的，随着生产经营活动的进行，不断地被运用出去，其形态也相应地从货币资金变成生产资金，最后再变成货币资金。这种变化周而复始不断进行，形成了资金的循环和周转。制造企业的生产经营过程一般可以分为 3 个阶段，即供应过程、生产过程和销售过程。

企业从各种渠道筹集的资金，首先表现为货币资金。企业以货币资金建造或购买厂房、建筑物、机器设备和各种材料物资，为进行产品生产准备必要的劳动资料。这时，资金就从货币资金形态转化为固定资金形态和储备资金形态。在生产过程中，劳动者借助劳动资料对劳动对象进行加工，制造出各种为社会所需要的产品。在产品生产过程中发生的各种材料费用、固定资产折旧费用、工资费用等生产费用的总和构成了生产成本。这时，资金从固定资金、储备资金和货币资金形态转化为生产资金形态。随着产品的完工和验收入库，资金又从生产资金形态转化为产品资金形态。在销售过程中，企业将产品销售出去，收回货币资金，这时资金从产品资金形态转化为货币资金形态。为了及时总结一个企业在一定时期内的财务成果，将企业一定会计期间所取得的全部收入与全部费用支出相抵。如果收入大于费用支出，即形成利润；如果收入小于费用支出，则形成亏损；如果形成利润，还应按照有关规定进行利润分配；如果发生亏损，还要进行弥补。通过分配，一部分资金退出企业，一部分要重新投入生产周转。

综上所述，可根据制造业在生产经营活动过程中各环节的业务特点，将其主要经济业务分为资金筹集业务、固定资产购建和材料采购业务、产品生产业务、产品销售业务、财务成果形成及分配业务、资金退出和调整业务等。本章将以这些业务环节的主要内容为例，说明会计账户和借贷记账法的具体应用。

第二节　资金筹集业务的核算

企业要从事日常的生产经营活动，必须拥有一定数量的资金，作为生产经营活动的物质基础。企业所拥有的这些资金，总是通过一定的渠道筹集而来。资金的筹集渠道主要有两个：一是所有者投入；二是向债权人借入。因此，资金筹集业务的核算主要包括所有者投入资本业务的核算和向债权人借入资金业务的核算。

一、所有者投入资本业务的核算

（一）投入资本的分类

投入资本是指企业的投资者实际投入企业经营活动的各种财产物资，这部分资金是企业从事生产经营活动的基本条件，是企业独立承担民事责任的资金保证。

投入资本按其投资主体的不同，可分为国家投入资本、法人投入资本、个人投入资本和外商投入资本。

1. 国家投入资本

国家投入资本是指，有权代表国家投资的政府部门或者投资机构，以国有资产投入企业而形成的资本数额，包括国家以各种形式对企业的实物投资、货币投资，所有权属于国家的发明创造、技术成果等无形资产投资。

2. 法人投入资本

法人投入资本是指其他法人单位以其依法可以支配的资产投入企业形成的资本金数额，包括实物资产、货币资产和无形资产。

3. 个人投入资本

个人投入资本是指社会个人或本企业职工以其合法财产投入企业形成的资本金数额。个人资本金大部分是以货币形式投入的。

4. 外商投入资本

外商投入资本是指外国投资者及我国港、澳、台投资者以其合法财产投入到企业形成的资本金数额，包括实物资产、货币资产和无形资产等。

（二）投入资本的方式及计价

投入资本按其物质形式不同可分为货币投资、实物投资和无形资产投资。货币投资是指投资者以货币形式投入的资金；实物投资是指投资者以其厂房、机器设备、材料、商品等实物资产投入的资金；无形资产投资是指投资者以其所拥有的商标权、专利权、土地使用权或非专利技术等无形资产投入的资金。

企业收到投资者的投资，应按实际投资数额入账。其中，以现金出资的，应按实际收到或存入企业开户银行的金额作为实收资本入账。企业接受非现金资产投资时，应按投资合同或协议约定价值确定非现金资产价值（但投资合同或者协议约定价值不公允的除外）和在注册资本中应享有的份额。企业在生产经营过程中所取得的收入和利得、所发生的费用和损失，不得直接增减投入资本。

（三）所有者投入资本业务核算的账户设置

为了核算和监督所有者投入资本业务的增减变动情况及其结果，会计上应设置"实收资本"（或"股本"）账户。"实收资本"（或"股本"）账户属于所有者权益类账户。该账户的贷方登记企业实际收到的或者存入企业开户银行的货币资金，投资者投入的房屋、建筑物、机器设备等固定资产，无形资产及公积金转增资本的价值；借方登记实收资本的减少，即投资者按法定程序收回投资或减少的股本数；期末余额在贷方，表示企业实际拥有的资本（股本）数额。该账户应按投资者户名设置明细账，进行明细分类核算。

"实收资本"（或股本）账户的结构如图 4.1 所示。

借　　　　实收资本（或股本）	贷
本期发生额：减少的资本金数额	期初余额：企业实有的资本金数额 本期发生额：按合同或协议取得的资本金数额以及公积金转增的资本金数额
	期末余额：企业实有的资本金数额

图 4.1　"实收资本"账户的结构

（四）所有者投入资本业务的会计处理

所有者投入资本业务的核算，主要是反映实收资本的增减变化情况。

【例 4-1】企业收到国家投入的货币资金 800 000 元，款项已存入银行。

该项经济业务的发生，一方面是款项已存入银行，使得企业的银行存款增加 800 000 元；另一方面是企业收到国家的投资，使企业的资本金增加 800 000 元。因此，该项经济业务涉及"银行存款"和"实收资本"两个账户。银行存款的增加是资产的增加，应记入"银行存款"账户的借方；资本金的增加是所有者权益的增加，应记入"实收资本"账户的贷方。该项经济业务的会计分录如下。

借：银行存款　　800 000
　　贷：实收资本——国家投入资本　　800 000

该笔经济业务除登记"银行存款"和"实收资本"两个总分类账户以外，还应在"实收资本——国家投入资本"明细分类账户的贷方登记 800 000 元，在"银行存款"日记账的借方登记 800 000 元，进行明细分类核算。

【例 4-2】企业收到甲单位投入的新设备 3 台，投资合同约定价值 150 000 元，假设投资合同约定的设备价值与公允价值相符，不考虑增值税因素。

该项经济业务的发生，一方面使企业的固定资产增加 150 000 元；另一方面是企业收到法人单位的投资，使企业资本金增加 150 000 元。因此，该项经济业务涉及"固定资产"和"实收资本"两个账户。固定资产的增加是企业资产的增加，应记入"固定资产"账户的借方；资本金的增加是所有者权益的增加，应记入"实收资本"账户的贷方。该项经济业务的会计分录如下。

借：固定资产　　150 000
　　贷：实收资本——甲单位投入资本　　150 000

该笔经济业务除登记"固定资产"和"实收资本"两个总分类账户外，还应在"实收资本——甲单位投入资本"明细分类账户的贷方登记 150 000 元，在"固定资产登记簿"的借方登记 150 000 元，进行明细分类核算。

【例 4-3】企业收到个人投资者赵强一项专利权投资，投资协议约定价值为 50 000 元，假设协议约定价值与公允价值相符。

该项经济业务的发生，一方面使企业无形资产增加 50 000 元；另一方面企业收到个人投资者的无形资产投资，使企业资本金增加 50 000 元。因此，该项经济业务涉及"无形资产"和"实收资本"两个账户。无形资产的增加是企业资产的增加，应记入"无形资产"账户的借方；资本金的增加是所有者权益的增加，应记入"实收资本"账户的贷方。该项经济业务的会计分录如下。

借：无形资产——专利权　　50 000
　　贷：实收资本——赵强投入资本　　50 000

该笔经济业务除登记"无形资产"和"实收资本"两个总分类账户外，还应在"实收资本——赵强投入资本"明细账户的贷方登记 50 000 元，在"无形资产——专利权"明细分类账户的借方登记 50 000 元，进行明细分类核算。

【例 4-4】企业收到 A 单位投入的甲材料一批，投资合同约定价值 60 000 元，假设合同约定价值与公允价值相符，不考虑增值税等影响因素。

该项经济业务的发生，一方面使企业原材料增加 60 000 元；另一方面企业收到一项原材料投资，使企业资本金增加 60 000 元。因此，该项经济业务涉及"原材料"和"实收资本"两个账户。原材料的增加是企业资产的增加，应记入"原材料"账户的借方；资本金的增加是所有者权益的增加，应记入"实收资本"账户的贷方。该项经济业务的会计分录如下。

借：原材料——甲材料　60 000

　贷：实收资本——A 单位投入资本　60 000

该笔经济业务除登记“原材料”和“实收资本”两个总分类账户外，还应在“实收资本——A 单位投入资本”明细账户的贷方登记 60 000 元，在“原材料——甲材料”明细分类账户的借方登记 60 000 元，进行明细分类核算。

二、向债权人借入资金业务的核算

（一）向债权人借入资金业务核算的主要内容

企业为了进行生产经营活动或扩大生产经营规模，除了从投资者处筹集资金外，还经常需要向银行或其他金融机构借入资金，包括短期借款、长期借款和应付债券。短期借款是指企业向银行或者其他金融机构借入的期限在 1 年以下（含 1 年）的各种借款。长期借款是指企业向银行或其他金融机构借入的期限在 1 年以上的各种借款。应付债券是指企业依照法定程序发行，约定在一定期限内向债权人还本付息的具有一定价值的证券。向债权人借款业务核算的主要内容包括取得借款本金、计提利息、归还本金及利息等业务。其中，利息的计算及相应的账务处理、借款的偿还将分别在本章后续内容中阐述。

（二）向债权人借入资金业务核算的账户设置

1. “短期借款”账户

“短期借款”账户是用来核算和监督企业向银行或其他金融机构借入的期限在 1 年以下（含 1 年）的各种借款的账户。该账户属于负债类账户，其贷方登记企业借入的各种短期借款本金数额；借方登记企业归还的短期借款本金数额；期末余额在贷方，表示企业尚未偿还的短期借款本金数额。该账户应按债权人设置明细分类账，并按借款的种类进行明细分类核算。

“短期借款”账户的结构如图 4.2 所示。

借　　短期借款	贷
本期发生额：偿还的短期借款本金	期初余额：尚未偿还的短期借款本金 本期发生额：取得的短期借款本金
	期末余额：尚未偿还的短期借款本金

图 4.2　“短期借款”账户的结构

2. “长期借款”账户

“长期借款”账户是用来核算和监督企业借入的期限在 1 年以上（不含 1 年）

的各种借款的账户。该账户属于负债类账户，其贷方登记企业借入的各种长期借款的本金及利息，借方登记各种长期借款本金和利息的归还数；期末余额在贷方，表示企业尚未偿还的各种长期借款本金和利息数额。该账户可按借款单位、借款种类设置明细账，分别“本金”“利息调整”等进行明细核算。

“长期借款”账户的结构如图 4.3 所示。

借　　　　长期借款	贷
本期发生额：偿还的长期借款本金及利息	期初余额：尚未偿还的长期借款本金及利息 本期发生额：取得的长期借款本金及利息
	期末余额：尚未偿还的长期借款本金及利息

图 4.3　“长期借款”账户的结构

3. “应付债券”账户

“应付债券”账户是用来核算和监督企业为筹集长期资金而实际发行的债券及应付利息的账户。该账户属于负债类账户，其贷方登记发行债券的票面金额、溢价金额、债券应计利息及应摊销的折价金额；借方登记实际归还的债券本息、折价及应摊销的溢价金额；期末余额在贷方，表示尚未归还的本息数。该账户应按“面值”“利息调整”“应计利息”设置明细分类账户，并按债券的种类进行明细分类核算。

“应付债券”账户的结构如图 4.4 所示。

借　　　　应付债券	贷
本期发生额：实际支付的债券本金及利息调整金额	期初余额：尚未偿还的应付债券本金及利息调整 本期发生额：取得应付债券的本金及利息调整金额
	期末余额：尚未偿还的应付债券本金及利息调整

图 4.4　“应付债券”账户的结构

（三）向债权人借入资金业务核算的会计处理

【例 4-5】企业向银行借入为期 3 个月的借款，借款年利率为 3.6%，到期还本付息的银行借款 100 000 元，所得款项存入银行。

该项经济业务的发生，一方面使企业银行存款增加 100 000 元；另一方面使企业短期借款增加 100 000 元。因此，该项经济业务涉及“银行存款”和“短期借款”两个账户。银行存款的增加是企业资产的增加，应记入“银行存款”账户的借方；短期借款的增加是负债的增加，应记入“短期借款”账户的贷方。该项经济业务的会计分录如下。

借：银行存款　　　　100 000

　　贷：短期借款　　　　100 000

该笔经济业务除登记“银行存款”和“短期借款”两个总分类账户外，还应在“银行存款”日记账的借方登记 100 000 元，在“短期借款”明细分类账户的贷方登记 100 000 元，进行明细分类核算。

【例 4-6】 企业建造厂房一栋，向银行申请取得长期借款 500 000 元，已存入企业结算账户。

该项经济业务的发生，一方面使企业银行存款增加 500 000 元，另一方面使企业长期借款增加 500 000 元。因此，该项经济业务涉及“银行存款”和“长期借款”两个账户。银行存款的增加是企业资产的增加，应记入“银行存款”账户的借方；长期借款的增加是负债的增加，应记入“长期借款”账户的贷方。该项经济业务的会计分录如下。

借：银行存款　　500 000

　　贷：长期借款——本金　　500 000

该笔经济业务除登记“银行存款”和“长期借款”两个总分类账户外，还应在“银行存款”日记账的借方登记 500 000 元，在“长期借款——本金”明细分类账户的贷方登记 500 000 元，进行明细分类核算。

【例 4-7】 企业经批准，平价发行 3 年期企业债券 1 000 张，每张面值 500 元，票面利率 10%。债券到期偿还本息。债券发行完毕，所得款项已存入银行。

该项经济业务的发生，一方面使企业银行存款增加 500 000 元（1 000×500），另一方面企业按面值发行 3 年期债券使企业长期负债增加 500 000 元。因此，该项经济业务涉及“银行存款”和“应付债券”两个账户。银行存款的增加是企业资产的增加，应记入“银行存款”账户的借方；应付债券的增加是负债的增加，应记入“应付债券”账户的贷方。该项经济业务的会计分录如下。

借：银行存款　　500 000

　　贷：应付债券——面值　　500 000

该笔经济业务除登记“银行存款”和“应付债券”两个总分类账户外，还应在“银行存款”日记账的借方登记 500 000 元，在“应付债券——面值”明细分类账户的贷方登记 500 000 元，进行明细分类核算。

第三节　固定资产购建和材料采购业务的核算

一、固定资产购建业务的核算

（一）固定资产购建业务核算的主要内容

企业为了进行产品生产，必须建造厂房、建筑物和购买机器设备等固定资产。固定资产，是指企业为生产产品、提供劳务、出租或经营管理而持有的、使用时间超过 1 年的，价值达到一定标准的非货币性资产，包括房屋、建筑物、机器、机械、运输工具以及其他与生产、经营活动有关的设备、器具、工具等。固定资产是企业的劳动手段，也是企业赖以生产经营的主要资产。从会计的角度划分，固定资产一般被分为生产用固定资产、非生产用固定资产、租出固定资产、未使用固定资产、不需用固定资产、融资租赁固定资产、接受捐赠固定资产等。固定资产是指同时具有以下特征的有形资产。①为生产商品、提供劳务、出租或经营管理而持有的；②使用寿命超过一个会计年度。外购的固定资产应按其取得时的成本作为入账价值，包括购买价款、相关税费、使固定资产达到预定可使用状态前所发生的可归属于该项资产的运输费、装卸费、安装费和专业人员服务费等。

（二）固定资产购建业务核算的账户设置

为了核算固定资产购建业务，应设置“固定资产”“在建工程”等账户。

1. “固定资产”账户

“固定资产”账户是用来核算和监督企业持有固定资产原始价值情况的账户。该账户属于资产类账户，其借方登记不需要经过建造、安装即可使用的固定资产增加的原始价值；贷方登记减少固定资产的原始价值；期末余额在借方，反映企业期末固定资产的账面原价。该账户应按固定资产类别设二级账，按使用部门和每项固定资产设置“固定资产登记簿或固定资产卡片”，进行明细分类核算。

“固定资产”账户的结构如图 4.5 所示。

借　　　　　固定资产	贷
期初余额：结存的固定资产原始价值 　　　　　增加的固定资产原始价值	减少的固定资产原始价值
期末余额：持有的固定资产原始价值	

图 4.5　“固定资产”账户的结构

2. “在建工程”账户

“在建工程”账户是用来核算和监督企业进行基建工程、安装工程、技术改造工程、大修理工程等发生的实际支出（包括需要安装设备的价值）的账户。该账户属于资产类账户，其借方登记建造和安装过程中发生的全部支出；贷方登记结转完工工程实际成本；期末借方余额，反映企业尚未完工的基建工程发生的各项实际支出。该账户应按建筑工程、安装工程、技术改造工程等设置明细账，进行明细分类核算。

“在建工程”账户的结构如图 4.6 所示。

借	在建工程　　　　　　　　　　　　贷
期初余额：尚未完工的基建工程发生的各项实际支出	
建造和安装过程中所发生的全部支出	结转完工工程实际成本
期末余额：尚未完工的基建工程发生的各项实际支出	

图 4.6　“在建工程”账户的结构

（三）固定资产购建业务的会计处理

固定资产购建业务的核算，主要是反映固定资产增加的业务。现以机器设备为例说明购建固定资产业务的会计处理。

企业购置的机器设备中，有的不需要安装即可投入生产使用，有的则需要安装、调试后才能投入生产使用。如果购入的是不需要安装的设备，应按购入时的实际成本（原始价值）入账，实际成本包括买价、运杂费、包装费（不包括可以抵扣的增值税进项税额）等；如果购入的是需要安装的设备，则应通过“在建工程”账户核算其安装工程成本，将其购进时支付的买价、运杂费、包装费（不包括可以抵扣的增值税进项税额）及安装时发生的安装费用记入“在建工程”账户的借方。安装工程完工交付使用时，应按安装工程的全部支出（实际成本），从“在建工程”账户的贷方转入“固定资产”账户的借方。

【例 4-8】 企业购入不需要安装的机器设备 1 台，取得增值税专用发票，买价 4 000 元，增值税 520 元，全部款项已用银行存款支付。

该项经济业务的发生，一方面使企业固定资产增加 4 000 元，可以抵扣的增值税进项税 520 元；另一方面使企业银行存款减少 4 520 元。因此，该项经济业务涉及“固定资产”“应交税费——应交增值税（进项税额）”“银行存款”3 个账户。固定资产的增加是企业资产的增加，应记入“固定资产”账户的借方；进项税可以抵减未来的应交税费，是负债的减少，应记入“应交税费——应交增值税（进项税额）”的借方；银行存款的减少是资产的减少，应记入“银行存款”账户的贷方。该项经济业务的会计分录如下。

借：固定资产　　4 000
　　应交税费——应交增值税（进项税额）　　520
　　贷：银行存款　　4 520

该笔经济业务除登记“固定资产”“应交税费”“银行存款”3 个总分类账户外，还应在“固定资产”登记簿的借方登记 4 000 元，在“应交税费——应交增值税（进项税额）”明细账登记 520 元，在“银行存款”日记账的贷方登记 4 520 元。

【例 4-9】 企业购入需要安装的机器设备 1 台，买价 5 000 元，增值税 650 元，全部款项以银行存款支付。安装过程中耗用材料 350 元。

该项经济业务的发生，一方面使企业的在建工程支出增加 5 000 元，增值税进项税额增加 650 元，另一方面使企业银行存款减少 5 650 元，库存材料减少 350 元。

因此，该项经济业务涉及“在建工程”“应交税费”“银行存款”“原材料”4 个账户。在建工程支出的增加是资产的增加，应记入“在建工程”账户的借方；进项税可以抵减未来的应交税费，是负债的减少，应记入“应交税费——应交增值税（进项税额）”的借方；银行存款和库存材料的减少是资产的减少，应记入“银行存款”和“原材料”账户的贷方。该项经济业务的会计分录如下。

借：在建工程　　5 350
　　应交税费——应交增值税（进项税额）　　650
　　贷：银行存款　　5 650
　　　　原材料　　350

该笔经济业务除登记“在建工程”“应交税费”“银行存款”“原材料”4 个总分类账户外，还应登记相关科目的明细分类账，进行明细分类核算。

【例 4-10】 例 4-9 中所购设备安装工作完毕，经验收合格交付使用，结转安装工程成本。

安装工程完工交付使用，使企业固定资产增加 5 350 元，应按实际成本记入“固定资产”账户的借方；结转完工工程成本，记入“在建工程”账户的贷方。应编制会计分录如下。

借：固定资产　　5 350
　　贷：在建工程　　5 350

该笔经济业务除登记“固定资产”和“在建工程”两个总分类账户外，还应在固定资产登记簿的借方登记 20 350 元，在“在建工程”明细分类账户的贷方登记 20 350 元，进行明细分类核算。

二、材料采购业务的核算

（一）材料采购业务的主要内容

制造业要进行正常的生产经营活动，除购建固定资产外，还必须购买和储备一定品种和数量的材料。在企业采购材料的过程中，一方面从供应单位购进各种材料；另一方面要支付采购材料的货款和运输费、装卸费等各种采购费用，并与供应单位及其他有关单位办理款项的结算。材料运达企业后，应由仓库验收并保管，以备生产车间或管理部门领用。供应过程中，支付给供应单位的材料货款和发生的各项采购费用构成材料的采购成本。

由于结算方式的制约，在与供应单位或其他单位办理款项结算时，会出现以下 3 种情况。

1. 料到款付

企业采用支票结算方式或直接支付现金时，可以在购进材料的同时支付货款和采购费用。由于支付货款，一方面企业材料增加，另一方面企业的银行存款或现金减少。

2. 料到款未付

由于材料款尚未支付，因此形成企业的一项流动负债。这种情况一方面使得企业材料增加，另一方面负债增加，必须在将来按规定的时间偿还。

3. 款付料未到

预付购货款在先，取得材料在后。企业购进材料过程中有时需预付货款。企业虽先付款，但没有取得材料，这时不能作为材料增加处理。它实际上相当于企业一笔款项的转移，这项业务并没有使企业的资产发生变化。当收到材料时，再作为材料增加处理，同时冲减预付款项。

综上所述，材料采购业务的核算主要包括核算材料的买价和采购费用，确定材料的采购成本，以及由采购业务引起的与供货单位及其他单位的货款结算业务。

（二）材料采购业务核算的账户设置

为了核算材料采购业务，应设置“在途物资”“材料采购”“材料成本差异”“应付账款”“应付票据”“预付账款”“应交税费”等账户。

1.“在途物资”账户

“在途物资”账户用以核算企业采用实际成本进行材料、商品等物资的日常核算的账户。该账户属于资产类账户，其借方登记外购材料物资的实际采购成本，包括买价和采购费用；贷方登记已验收入库材料物资的实际成本；期末余额在借方，表示款已付款尚未运达企业或已运到企业但尚未验收入库的在途材料物资的实际成本。为了具体反映每一种材料的买价和采购费用，借以确定每一种材料的实际采购数量和成本，应按购入材料的品种或类别设置明细账，进行明细分类核算。

“在途物资”账户的结构如图 4.7 所示。

借　　　　　　　　在途物资	贷
期初余额：在途材料物资的成本 本期发生额：外购材料物资的成本（包括买价和各种采购费用）	本期发生额：已验收入库材料物资的成本
期末余额：在途材料物资的成本	

图 4.7　“在途物资”账户的结构

2. “材料采购”账户

“材料采购”账户属于资产类账户，用以核算企业采用计划成本进行材料核算而购入材料的采购成本的账户。该账户借方登记企业采用计划成本进行核算时，采购材料的实际成本及材料入库时结转的节约差异，贷方登记入库材料的计划成本及材料入库时结转的超支差异。期末余额在借方。该账户可按购入材料的品种或类别设置明细账，进行明细分类核算。

“材料采购”账户的结构如图 4.8 所示。

借　　　　材料采购	贷
期初余额：尚未验收入库材料物资的成本 本期发生额：外购材料物资的成本（包括买价和各种采购费用） 入库时结转的节约差异	本期发生额：已验收入库材料物资的计划成本 入库时结转的超支差异
期末余额：尚未验收入库材料物资的成本	

图 4.8　“材料采购”账户的结构

3. “原材料”账户

“原材料”账户是用来核算和监督企业各种库存材料增减变化和结存情况的账户。该账户属于资产类账户，其借方登记已验收入库材料的成本；贷方登记领用材料的成本；期末余额在借方，表示各种库存材料的成本。为了具体反映和监督每种库存材料的增减变化和结存情况，应按材料的品种、类别、规格等设置明细分类账，进行明细分类核算。

“原材料”账户的结构如图 4.9 所示。

借　　　　原材料	贷
期初余额：各种库存材料的成本 本期发生额：已验收入库材料的成本	本期发生额：领用（发出）材料的成本
期末余额：各种库存材料的成本	

图 4.9　“原材料”账户的结构

4. “材料成本差异”账户

“材料成本差异”账户属于资产类账户，用以核算企业采用计划成本进行日常核算的材料计划成本与实际成本的差额。该账户借方登记入库材料形成的超支差异及转出的发出材料应负担的节约差异，贷方登记入库材料形成的节约差异及转出的发出材料应负担的超支差异。期末余额在借方，反映企业库存材料等的实际成本大于计划成本的差异；期末余额在贷方，反映企业库存材料等的计划成本大于实际成本的差异。“材料成本差异”账户的结构如图 4.10 所示。

借	材料成本差异 贷
期初余额：库存材料的超支差 本期发生额：入库材料的超支差 发出材料负担的节约差	期初余额：库存材料的节约差 本期发生额：入库材料的节约差 发出材料负担的超支差
期末余额：库存材料的超支差	期末余额：库存材料的节约差

图 4.10　“材料成本差异”账户的结构

5. “应付账款”账户

“应付账款”账户是用来核算和监督企业因购买材料、商品和接受劳务供应等应付给供货单位的款项的账户。该账户属于负债类账户，其贷方登记因购买材料、商品或接受劳务供应等而发生的应付未付的款项；借方登记已经支付或已开出承兑商业汇票抵付的应付款项；期末余额在贷方，表示尚未偿还的款项。

为了具体反映企业与每一供应单位发生的货款结算关系，还应按照供应单位设置明细账，进行明细分类核算。

“应付账款”账户的结构如图 4.11 所示。

借	应付账款 贷
本期发生额：已经支付或已开出承兑商业汇票抵付的应付款项	期初余额：尚未偿还的应付账款 本期发生额：因购买材料、商品或接受劳务供应等而发生的应付未付的款项
	期末余额：尚未偿还的应付账款

图 4.11　“应付账款”账户的结构

6. “应付票据”账户

“应付票据”账户是用来核算和监督企业因购买材料、商品和接受劳务供应等而向供应单位开出、承兑商业汇票的账户。商业汇票包括银行承兑汇票和商业承兑汇票。该账户属于负债类账户，其贷方登记开出、承兑商业汇票的数额；借方登记支付到期商业汇票数额，期末余额在贷方，表示企业尚未到期的商业汇票的票面金额。

为了具体反映企业与各个供应单位发生的商业汇票的结算情况，还应按照供应单位设置明细账，进行明细分类核算。

“应付票据”账户的结构如图 4.12 所示。

借	应付票据 贷
本期发生额：支付到期商业汇票的数额	期初余额：尚未到期的应付票据 本期发生额：因购买材料、商品或接受劳务供应等而开出、承兑商业汇票的数额
	期末余额：尚未到期的应付票据

图 4.12　“应付票据”账户的结构

7. “预付账款”账户

“预付账款”账户是用来核算和监督企业按照购货合同规定，预付给供应单位的款项的账户。该账户属于资产类账户，其借方登记按照合同规定预付给供应单位的货款和补付的款项；贷方登记收到所购货物的货款和退回多付的款项；期末余额如在借方，表示企业尚未结算的预付款项；期末余额如在贷方，表示企业尚未补付的款项。

本账户应按供应单位设置明细账，进行明细分类核算。预付款项不多的企业，也可以将预付的款项直接记入“应付账款”账户的借方，不设置本账户。

“预付账款”账户的结构如图 4.13 所示。

借	预付账款　　　　贷
期初余额：企业尚未结算的预付款项 本期发生额：按照合同规定预付给供应单位的货款和补付的款项	本期发生额：收到所购货物的货款和退回多付的款项
期末余额：企业尚未结算的预付款项	

图 4.13　“预付账款”账户的结构

8. “应交税费”账户

“应交税费”账户是用来核算和监督企业与国家税务机关之间各种税金的应交和实交结算情况的账户。该账户属于负债类账户，其贷方登记应交纳的各种税金及增值税的销项税额、出口退税和进项税额转出；借方登记实际已交纳的各种税金及增值税的进项税额；期末余额在贷方，表示企业应交未交的各种税金；期末余额在借方，表示企业多交的税金或未抵扣的增值税进项税额。该账户应按税种设明细账，进行明细分类核算。其中，“应交税费——应交增值税”是用来核算和监督企业应交和实交增值税结算情况的账户，企业购买材料时向供货单位支付的增值税（进项税额）记入该账户的借方；企业销售产品时向购买单位收取增值税（销项税额）记入该账户的贷方。

“应交税费”账户的结构如图 4.14 所示。

借	应交税费　　　　贷
期初余额：多交的税金或未抵扣的增值税进项税额 本期发生额：实际交纳的各种税金及增值税进项税额	期初余额：未交的税金 本期发生额：应交纳的各种税金及增值税的销项税额、出口退税和进项税额转出
期末余额：多交的税金或未抵扣的增值税进项税额	期末余额：未交的税金

图 4.14　“应交税费”账户的结构

（三）材料采购业务核算的会计处理

材料的日常收发结存可以采用实际成本核算，也可以采用计划成本核算。

1. 实际成本法核算的账务处理

实际成本法下，一般通过“原材料”和“在途物资”等科目进行核算。企业外购材料时，按材料是否验收入库分为两种情况，如果材料已验收入库，直接借记“原材料”。如果材料尚未验收入库，先借记“在途物资”，等材料验收入库，再转入“原材料”。对于可以抵扣的增值税进项税额，一般纳税人企业应根据收到的增值税专用发票上注明的增值税额，借记“应交税费——应交增值税（进项税额）”。

材料采购业务的核算，主要涉及收料和付款两个方面。收料由材料仓库办理收料手续，会计部门根据仓库转来的收料单和供应单位开来的发票账单等办理付款并登记入账，假定企业采用实际成本法对材料进行核算。

【例 4-11】企业向 A 工厂购入甲材料，收到 A 工厂开来的增值税专用发票，数量是 1 000 千克，单价 5 元，价款 5 000 元，增值税 650 元，货款及增值税均以银行存款支付，材料尚未验收入库。

该项经济业务的发生，一方面使材料的买价支出增加 5 000 元（1 000×5），增值税进项税额支出增加 650 元；另一方面使企业银行存款减少 5 650 元。因此，该项经济业务涉及“在途物资”“应交税费”“银行存款”3 个账户。支出的材料买价构成材料采购成本，应记入“在途物资”的借方；增值税进项税额应记入“应交税费——应交增值税”账户的借方；银行存款的减少是资产的减少，应记入“银行存款”账户的贷方。该项经济业务的会计分录如下。

借：在途物资——甲材料	5 000	
应交税费——应交增值税（进项税额）	650	
贷：银行存款		5 650

该笔经济业务除了登记“在途物资”“应交税费”“银行存款”3 个总分类账户以外，还应在“在途物资——甲材料”明细分类账户的借方登记 5 000 元，在“应交税费——应交增值税”明细分类账户的借方登记 650 元，在“银行存款”日记账的贷方登记 5 650 元，进行明细分类核算。

【例 4-12】企业向 B 工厂购入乙材料，收到 B 工厂开来的增值税专用发票，数量是 2 000 千克，单价 5 元，价款 10 000 元，增值税 1 300 元，货款及增值税均未支付，材料尚未验收入库。

该项经济业务的发生，一方面使材料的买价支出增加 10 000 元（2 000×5），增值税进项税额支出增加 1 300 元；另一方面使企业应付账款增加 11 300 元。因此，该项经济业务涉及“在途物资”“应交税费”“应付账款”3 个账户。支出的材料买价构成材料采购成本，应记入“在途物资”的借方；增值税进项税额应记入“应交税费——应交增值税”账户的借方；应付账款的增加是负债的增加，应记入“应付账款”账户的贷方。该项经济业务的会计分录如下。

借：在途物资——乙材料　10 000
　应交税费——应交增值税（进项税额）　1 300
　贷：应付账款——B 工厂　11 300

该笔经济业务除了登记“在途物资”“应交税费”“应付账款”3 个总分类账户以外，还应在“在途物资——乙材料”明细分类账户的借方登记 10 000 元，在“应交税费——应交增值税”明细分类账户的借方登记 1 300 元，在“应付账款——B 工厂”明细分类账户的贷方登记 11 300 元，进行明细分类核算。

【例 4-13】 企业向 C 公司购入丙材料，收到 C 公司开来的增值税专用发票，数量是 1 000 千克，单价 12 元，价款 12 000 元，增值税 1 560 元，货款及增值税开出商业汇票，材料尚未验收入库。

该项经济业务的发生，一方面使材料的买价支出增加 12 000 元（1 000×12），增值税进项税额支出增加 1 560 元；另一方面使企业应付票据增加 13 560 元。因此，该项经济业务涉及“在途物资”“应交税费”“应付票据”3 个账户。支出的材料买价构成材料采购成本，应记入“在途物资”的借方；增值税进项税额应记入“应交税费——应交增值税”账户的借方；应付票据的增加是负债的增加，应记入“应付票据”账户的贷方。该项经济业务的会计分录如下。

借：在途物资——丙材料　12 000
　应交税费——应交增值税（进项税额）　1 560
　贷：应付票据——C 公司　13 560

该笔经济业务除了登记“在途物资”“应交税费”“应付票据”3 个总分类账户以外，还应在“在途物资——丙材料”明细分类账户的借方登记 12 000 元，在“应交税费——应交增值税”明细分类账户的借方登记 1 560 元，在“应付票据——C 公司”明细分类账户的贷方登记 13 560 元，进行明细分类核算。

【例 4-14】 企业以银行存款支付前欠 B 工厂货款 11 300 元。

该项经济业务的发生，一方面使企业应付账款减少 11 300 元；另一方面使企业银行存款减少 11 300 元。因此，该项经济业务涉及“应付账款”和“银行存款”两个账户。应付账款的减少是负债的减少，应记入“应付账款”账户的借方；银行存款的减少是资产的减少，应记入“银行存款”账户的贷方。该项经济业务的会计分录如下。

借：应付账款——B 工厂　11 300
　贷：银行存款　11 300

该笔经济业务除登记“应付账款”和“银行存款”两个总分类账户外，还应在“应付账款——B 工厂”明细分类账户的借方登记 11 300 元，在“银行存款”日记账的贷方登记 11 300 元，进行明细分类核算。

【例 4-15】商业汇票到期，企业以银行存款归还 C 公司货款 13 560 元。

该项经济业务的发生，一方面使企业应付票据减少 13 560 元，另一方面使企业银行存款减少 13 560 元。因此，该项经济业务涉及“应付票据”和“银行存款”两个账户。应付票据的减少是负债的减少，应记入“应付票据”账户的借方；银行存款的减少是资产的减少，应记入“银行存款”账户的贷方。该项经济业务的会计分录如下。

借：应付票据——C 公司　　13 560

　贷：银行存款　　13 560

该笔经济业务除登记“应付票据”和“银行存款”两个总分类账户外，还应在“应付票据——C 公司”明细分类账户的借方登记 13 560 元，在“银行存款”日记账的贷方登记 13 560 元，进行明细分类核算。

【例 4-16】企业以银行存款支付上述甲、乙、丙 3 种材料的运费 800 元，运费的增值税进项税额 72 元。

分析：购入材料的采购成本一般由买价和采购费用组成。买价，是指材料供应单位所开具发货票上填列的货款，买价可以直接确定为某种材料的成本。采购费用，是指企业在采购材料过程中所发生的各种费用，这些费用包括材料的运输费、装卸费、保险费、包装费、仓储费、运输途中的合理损耗、入库前的挑选整理费用及购入材料应负担的税金（不包括采购费用中允许扣除的增值税的进项税额）和其他费用等。采购费用中有些能分清是某种材料负担的，可以直接计入该种材料的采购成本；有些不能分清是某种材料负担的，应采用合理的分配标准，如材料的重量、买价等比例，运用一定的方法，分配计入各种材料的采购成本。采购费用的分配用公式表示为

$$\text{采购费用分配率}=\frac{\text{采购费用总额}}{\text{材料的总重量（或总买价）}}$$

某种材料应分摊的采购费用＝该种材料的采购重量（或买价）×分配率

该题目中由甲、乙、丙 3 种材料共同负担的运费 800 元，按材料重量比例分配如下。

$$\text{分配率}=\frac{800}{1\,000+2\,000+1\,000}=0.2\text{（元/千克）}$$

甲材料应分摊的采购费用＝1 000×0.2＝200（元）

乙材料应分摊的采购费用＝2 000×0.2＝400（元）

丙材料应分摊的采购费用＝1 000×0.2＝200（元）

该项经济业务的发生，一方面使材料的采购费用支出增加 800 元，增值税进项税额支出增加 72 元；另一方面使企业银行存款减少 872 元。因此，该项经济业

务涉及“在途物资”“应交税费”“银行存款”3个账户。同时材料的运费不能分清是某种材料负担的，采用合理的分配标准计算的金额，分别计入各材料的采购成本。由于材料尚未验收入库，采购费用先记入“在途物资”归集。

该项经济业务的会计分录如下。

借：在途物资——甲　　200

　　　　　　——乙　　400

　　　　　　——丙　　200

　　应交税费——应交增值税（进项税额）　　72

　　贷：银行存款　　872

该笔经济业务除了登记“在途物资”“应交税费”“银行存款”3个总分类账户以外，应在“在途物资——甲材料”“在途物资——乙材料”“在途物资——丙材料”明细分类账户的借方分别登记200元、400元和200元。在“应交税费——应交增值税”明细分类账户的借方登记72元，在“银行存款”日记账的贷方登记872元，进行明细分类核算。

【例4-17】 企业前述甲、乙、丙3种材料均已验收入库，结转其采购成本。

甲、乙、丙3种材料实际采购成本确定以后，应从“在途物资”账户的贷方转入“原材料”账户的借方。根据甲、乙、丙3种材料的材料采购明细分类账（见表4.1～表4.3），编制入库材料的采购成本计算表，如表4.4所示。

表4.1　在途物资明细分类账

材料名称：甲材料　　单位：元

20××年		凭证号数	摘要	借方			贷方
月	日			买价	运杂费	合计	
××	××	××	购入1 000千克，单价5元	5 000	—	5 000	—
××	××	××	支付运杂费	—	200	200	—
××	××	××	结转采购成本	—	—	—	5 200
××	××	××	本期发生额及余额	5 000	200	5 200	5 200

表4.2　在途物资明细分类账

材料名称：乙材料　　单位：元

20××年		凭证号数	摘要	借方			贷方
月	日			买价	运杂费	合计	
××	××	××	购入2000千克，单价5元	10 000	—	10 000	—
××	××	××	支付运杂费	—	400	400	—
××	××	××	结转采购成本	—	—	—	10 400
××	××	××	本期发生额及余额	10 000	400	10 400	10 400

表 4.3　在途物资明细分类账

材料名称：丙材料　　单位：元

20××年		凭证号数	摘要	借方			贷方
月	日			买价	运杂费	合计	
××	××	××	购入 1 000 千克，单价 12 元	12 000	—	12 000	—
××	××	××	支付运杂费	—	200	200	—
××	××	××	结转采购成本	—	—	—	12 200
××	××	××	本期发生额及余额	12 000	200	12 200	12 200

表 4.4　材料采购成本计算表

20××年×月　　单位：元

项目	甲材料（1 000 千克）		乙材料（2 000 千克）		丙材料（1 000 千克）		合计
	总成本	单位成本	总成本	单位成本	总成本	单位成本	
买价	5 000	5	10 000	5	12 000	12	117 000
采购费用	200	0.2	400	0.2	200	0.2	800
采购成本	5 200	5.2	10 400	5.2	12 200	12.2	117 800

根据表 4.4 编制会计分录如下。

借：原材料——甲材料　　5 200
　　　　——乙材料　　10 400
　　　　——丙材料　　12 200
　贷：在途物资——甲材料　　5 200
　　　　　　——乙材料　　10 400
　　　　　　——丙材料　　12 200

该笔经济业务的发生除登记“原材料”和“在途物资”两个总分类账户外，还应在“原材料——甲材料”“原材料——乙材料”“原材料——丙材料”3 个明细分类账户的借方分别登记 5 200 元、10 400 元和 12 200 元，在“在途物资——甲材料”“在途物资——乙材料”和“在途物资——丙材料”3 个明细分类账户的贷方分别登记 5 200 元、10 400 元和 12 200 元，进行明细分类核算。

【例 4-18】企业向 D 公司购买丁材料，根据合同规定预付款项 10 170 元，以银行存款支付。

该项经济业务的发生，一方面使企业预付账款增加 10 170 元，另一方面使企业银行存款减少 10 170 元。因此，该项经济业务涉及“预付账款”和“银行存款”两个账户。预付账款的增加是资产的增加，应记入“预付账款”账户的借方；银行存款的减少是资产的减少，应记入“银行存款”账户的贷方。该项经济业务的会计分录如下。

借：预付账款——D 公司　　10 170
　贷：银行存款　　10 170

该笔经济业务除登记“预付账款”和“银行存款”两个总分类账户外，还应在“预付账款——D 公司”明细分类账户的借方登记 10 170 元，在“银行存款”日记账的贷方登记 10 170 元，进行明细分类核算。

【例 4-19】企业收到上述 D 公司发来的丁材料，已验收入库。专用发票载明数量 180 千克，单价 50 元，价款 9 000 元，增值税 1 170 元。

该项经济业务的发生，一方面使材料的买价支出增加 9 000 元（180×50），增值税进项税额支出增加 1 170 元；另一方面使企业预付账款减少 10 170 元。因此，该项经济业务涉及“原材料”“应交税费”“预付账款”3 个账户。支出的材料买价构成材料采购成本，应记入“材料采购”的借方；增值税进项税额应记入“应交税费——应交增值税”账户的借方；预付账款的减少是资产的减少，应记入“预付账款”账户的贷方。该项经济业务的会计分录如下。

借：原材料——丁材料　　9 000
　　应交税费——应交增值税（进项税额）　　1 170
　　贷：预付账款——D 公司　　10 170

该笔经济业务除了登记“原材料”“应交税费”“预付账款”3 个总分类账户以外，还应在“原材料——丁材料”明细分类账户的借方登记 9 000 元，在“应交税费——应交增值税”明细分类账户的借方登记 1 170 元，在“预付账款——D 公司”明细分类账户的贷方登记 10 170 元，进行明细分类核算。

2. 计划成本法核算的账务处理

计划成本法下，一般通过“材料采购”“材料成本差异”“原材料”等科目进行核算。

按支付的实际金额，借记“材料采购”科目，贷记“银行存款”；按计划成本金额，借记“原材料”科目，贷记“材料采购”科目；按计划成本与实际成本之间的差额，借记（或贷记）“材料采购”科目，贷记（或借记）“材料成本差异”科目。

对于可以抵扣的增值税进项税额，一般纳税人企业应根据收到的增值税专用发票上注明的增值税额，借记“应交税费——应交增值税（进项税额）”科目。该部分将在财务会计中详细阐述。

第四节　产品生产业务的核算

一、产品生产业务核算的主要内容

产品生产过程是制造业经营活动的主要过程，是连接供应和销售的中心环节。在这一过程中，劳动者利用劳动资料对劳动对象进行加工，生产出符合社会需要的产品。企业的生产过程一方面是产品制造的过程；另一方面也是各种耗费发生的过程。生产业务核算的主要内容就是归集和分配各项费用，确定产品的制造成本。

为了制造一定数量的产品，企业必然要发生各种材料费用。材料在产品生产过程中要么一次性被消耗掉，要么改变原有的实物形态，其价值也随之全部地转移到新产品的价值中去，构成产品制造成本的一部分。产品在生产过程中还要使用机器、设备等固定资产，对材料进行加工。这些固定资产可以被长期地使用而保持其原有的实物形态，但其价值随着固定资产的耗费，逐渐地转移到它所参与生产的新产品中去，成为产品制造成本的一部分。固定资产使用过程中逐渐损耗而转移到产品成本中去的那部分价值，称为固定资产折旧。

产品的生产是通过劳动者的活劳动得以实现的。劳动者用自己的劳动所创造的那部分价值，企业以工资的形式支付给劳动者，形成企业的工资费用，这部分费用也构成产品制造成本的一部分。除了上述费用外，在产品生产过程中还会发生为组织和管理生产活动而支付的各项间接费用，如车间管理人员的工资及福利费、车间机物料消耗、机器的修理费等，这些费用也构成产品制造成本的一部分。

综上所述，为制造产品所发生的各种耗费，如材料费、人工费、折旧费及其他各项间接费用，构成了产品的制造成本。产品完工后，随着产成品的验收入库，为制造产品所发生的制造成本也应转入产成品成本中。

此外，企业的行政管理部门还会发生为组织和管理生产经营活动而支付的各项费用，这些费用不构成产品的制造成本，形成期间费用的一部分，计入管理费用。

二、产品生产业务核算的账户

为了核算企业生产经营过程中所发生的各项生产费用，工业企业一般应设置“生产成本”“制造费用”“库存商品”“应付职工薪酬”“累计折旧”等账户。

（一）“生产成本”账户

“生产成本”账户是用来核算和监督企业生产的各种工业产品（包括产成品、自制半成品、提供工业性劳务等）、自制材料、自制工具、自制设备等所发生的各项生产费用的账户。该账户属于成本类账户，其借方登记为生产产品所发生的各项直接材料、直接人工等费用，以及由“制造费用”账户转入的应该计入产品成本的间接费用；贷方登记生产完工并验收入库的产成品、自制半成品等的实际成本；期末余额在借方，表示尚未加工完成的各项在产品的成本。

为了具体记录和反映各种产品所发生的费用，计算各种产品的成本，应在“生产成本”账户下设置“基本生产成本”和“辅助生产成本”两个二级账户，进行明细分类核算。其中，“基本生产成本”账户用来核算生产产品的基本生产车间所发生的费用，“辅助生产成本”账户用来核算提供修理、运输、动力等服务的辅助生产车间所发生的费用。同时，还应在“基本生产成本”和“辅助生产成本”二级账户下，按不同的成本计算对象开设生产成本明细账或成本计算单，进行明细分类核算。

“生产成本”账户的结构如图 4.15 所示。

借　　生产成本	贷
期初余额：本期期初在产品成本 本期发生额：本期为生产产品所发生的各项生产费用	本期发生额：本期完工产品并验收入库的产品的生产成本
期末余额：本期期末尚未完工的在产品的生产成本	

图 4.15　“生产成本”账户的结构

（二）“制造费用”账户

“制造费用”账户是用来核算和监督生产车间为管理和组织生产所发生的各项费用，以及不能直接记入产品成本的修理、折旧等费用的账户。这里的费用包括生产单位管理人员薪酬、生产单位房屋建筑物及机器设备等的折旧费、租赁费（不包含融资租赁费）、修理费、机物料消耗、低值易耗品摊销、取暖费、水电费、办公费、差旅费、劳动保护费、季节性或修理期间的停工损失及其他制造费用。该账户属于成本类账户，其借方登记各项制造费用的发生额；贷方登记期末计入有关产品成本的制造费用的分配额；月末，除季节性生产企业外，“制造费用”账户一般应无余额。该账户应按生产车间或部门设置明细账，并按费用项目设置专栏，进行明细分类核算。

“制造费用”账户的结构如图 4.16 所示。

借　　制造费用	贷
本期发生额：归集本期实际发生的各项制造费用	本期发生额：分配计入有关产品成本的制造费用

图 4.16　“制造费用”账户的结构

（三）“库存商品”账户

“库存商品”账户是用来核算和监督企业库存各种商品成本增减变动情况的账户。该账户属于资产类账户，其借方登记已验收入库商品的成本；贷方登记发出商品的成本；期末余额在借方，表示库存商品成本。为了具体反映和监督每种库存商品的增减变化和结存情况，应按商品的种类、品种和规格等设置明细账，进行明细分类核算。

“库存商品”账户的结构如图 4.17 所示。

借　　　　库存商品	贷
期初余额：各种库存商品的成本 本期发生额：已验收入库商品的成本	本期发生额：发出商品的成本
期末余额：各种库存商品的成本	

图 4.17　“库存商品”账户的结构

（四）“应付职工薪酬”账户

职工薪酬，是指企业为获得职工提供的服务或解除劳动关系而给予的各种形式的报酬或补偿，包括短期薪酬、离职后福利、辞退福利和其他长期职工福利。

1. 短期薪酬

短期薪酬，是指企业在职工提供相应服务的年度报告期间结束后 12 个月内需要全部予以支付的职工薪酬，具体包括以下几项。

（1）职工工资、奖金、津贴和补贴

职工工资、奖金、津贴和补贴，是指按照国家统计局的规定构成工资总额的计时工资、计件工资、支付给职工的超额劳动报酬和增加节支的劳动报酬、为补偿职工特殊或额外的劳动消耗和因其他原因支付给职工的津贴，以及为了保证职工工资水平不受物价影响支付给职工的物价补贴等。

（2）职工福利费

职工福利费包括为职工卫生保健、生活等发放或支付的各项现金补贴和非货币性福利，包括职工因公赴外地就医费用、职工疗养费用、防暑降温费等；企业尚未分离的内设集体福利部门所发生的设备、设施和人员费用；发放给在职职工的生活困难补助，以及按规定发生的其他职工福利支出，如丧葬补助费、抚恤费、职工异地安家费、独生子女费等。

（3）医疗保险、工伤保险和生育保险 3 项社会保险费

3 项社会保险费，是指企业按照国家规定的基准和比例计算，向社会保险经办机构缴纳的医疗保险金、工伤保险金和生育保险金。

（4）住房公积金

住房公积金，是指企业按照国家《住房公积金管理条例》规定的基准和比例计算，向住房公积金管理机构缴存的住房公积金。

（5）工会经费和职工教育经费

工会经费和职工教育经费，是指企业为了改善职工文化生活、提高职工业务素质用于开展工会活动和职工教育及职业技能培训，根据国家的基准和比例，从成本费用中提取的金额。

（6）短期带薪缺勤

短期带薪缺勤，是指企业支付工资或提供补偿的职工缺勤，包括年休假、病假、短期伤残、婚假、产假、丧假、探亲假等。

（7）短期利润分享计划

短期利润分享计划，是指因职工提供服务而与职工达成的基于利润或其他经营成果提供薪酬的协议。

（8）非货币性福利

非货币性福利，包括企业以自己的产品或其他有形资产发放给职工作为福利、企业向职工提供无偿使用自己拥有的资产（如为企业高级管理人员提供的汽车、住房等）、企业为职工无偿提供医疗保健服务等。

（9）其他短期薪酬

2. 离职后福利

离职后福利，是指企业为获得职工提供的服务而在职工退休或与企业解除劳动关系后，提供的各种形式的报酬和福利（短期薪酬和辞退福利除外），按其特征分为以下两项。

（1）设定提存计划

设定提存计划，是指向独立的基金缴存固定费用后，企业不再承担进一步支付义务的离职后福利计划，即养老保险费和失业保险费。

（2）设定受益计划

设定受益计划，是指除设定提存计划以外的离职后福利计划。

3. 辞退福利

辞退福利，是指企业在职工劳动合同到期之前解除与职工的劳动关系，或者为鼓励职工自愿接受裁减而给予职工的补偿。

4. 其他长期职工福利

“应付职工薪酬”账户是用来核算应付职工薪酬的提取、结算、使用等情况。该账户属于负债类账户，其借方登记实际发放职工薪酬的数额；贷方登记应付职工薪酬总额，对应付的薪酬数额，应作为一项费用，按其用途分配记入有关成本、费用账户。期末如为借方余额，表示本月实际支付的薪酬数额大于应付的薪酬数额，即为多付的职工薪酬；如为贷方余额，则表示本月应付薪酬大于实际支付的薪酬数额，即应付未付的职工薪酬。“应付职工薪酬”账户应该按照“工资”“职工福利”“社会保险费”“住房公积金”“工会经费”“职工教育经费”“非货币性福利”等设置明细科目，进行明细核算。

“应付职工薪酬”账户的结构如图 4.18 所示。

借	应付职工薪酬	贷
期初余额：多付的薪酬数额 本期发生额：实际支付给职工的薪酬及代扣款项		期初余额：以前期间应付未付的薪酬 本期发生额：应付职工薪酬总额
期末余额：多付的薪酬数额		期末余额：应付未付的薪酬

图 4.18 “应付职工薪酬”账户的结构

（五）“累计折旧”账户

“累计折旧”账户是用来核算和监督企业固定资产累计损耗的价值的账户。它是固定资产的备抵账户，其贷方登记固定资产折旧的提取数，即累计折旧的增加数；借方登记出售、报废、毁损和盘亏固定资产的已提折旧额，即累计折旧的减少数；期末余额在贷方，表示现有的固定资产累计折旧额。

“累计折旧”账户的结构如图 4.19 所示。

借	累计折旧	贷
本期发生额：出售、报废、毁损和盘亏固定资产的已提折旧额		期初余额：以前期间固定资产累计折旧的实有数额 本期发生额：固定资产折旧的提取数
		期末余额：现有固定资产累计折旧的实有数额

图 4.19 “累计折旧”账户的结构

三、产品生产业务核算的会计处理

（一）材料费用的核算

制造业在生产经营过程中要发生大量的材料费用，通常生产部门或其他部门在领用材料时必须填制领料单，仓库部门根据领料单发出材料后，领料单的一联交给会计部门用以记账。会计部门对领料单进行汇总计算，按各部门及不同用途领用材料的数额分别计入有关账户。在实际工作中，材料费用的分配是通过编制“材料费用分配表”进行的。

【例 4-20】企业月末编制的“材料费用分配表”，如表 4.5 所示。

表 4.5 材料费用分配表

20××年×月　　单位：元

项目	甲材料	乙材料	丙材料	合计
制造 A 产品耗用	2 000	—	550	2 550
制造 B 产品耗用	—	1 000	250	1 250
小计	2 000	1 000	800	3 800
车间一般耗用	500	—	700	1 200
合计	2 500	1 000	1 500	5 000

根据“材料费用分配表”可知，本月生产车间共领用材料 5 000 元。其中，直接用于 A 产品生产的 2 550 元，直接用于 B 产品生产的 1 250 元，应直接记入

“生产成本”账户的借方；车间一般耗用材料 1 200 元，属于间接费用，应记入“制造费用”账户的借方；同时，仓库发出材料，使库存材料减少 5 000 元，记入“原材料”账户的贷方。该项经济业务的会计分录如下：

借：生产成本——A 产品 2 550

——B 产品 1 250

制造费用 1 200

贷：原材料——甲材料 2 500

——乙材料 1 000

——丙材料 1 500

该笔经济业务除登记“生产成本”“制造费用”“原材料”3 个总分类账户外，还应在“生产成本——A 产品”和“生产成本——B 产品”两个明细分类账户的借方“直接材料”成本项目内分别登记 2 550 元和 1 250 元，在“制造费用”明细分类账户的借方登记 1 200 元，在“原材料——甲材料”“原材料——乙材料”“原材料——丙材料”3 个明细分类账户的贷方分别登记 2 500 元、1 000 元和 1 500 元，进行明细分类核算。

（二）职工薪酬的核算

职工薪酬核算主要讲解短期薪酬的核算。企业应当在职工为其提供服务的会计期间，根据职工提供服务的收益对象，将应确认的职工薪酬（包括货币性职工薪酬和非货币性职工薪酬）计入相关产品成本或当期损益，同时确认为应付职工薪酬。

1. 货币性职工薪酬的核算

【例 4-21】企业本月应发工资 21 600 元。其中：生产车间共发生工资费用 20 000 元（直接生产 A 产品的工人的工资为 14 000 元，直接生产 B 产品的工人的工资为 6 000 元），车间管理人员工资 1 600 元。根据所在地政府规定，公司按职工工资总额的 12%计提医疗保险费、生育保险费、工伤保险费。公司预计应承担的职工福利费义务金额为职工工资总额的 2%。职工福利的受益对象为上述所有人员。“职工薪酬费用分配表”如表 4.6 所示。

表 4.6 职工薪酬费用分配表

20××年×月 单位：元

项目	工资费用	职工福利费	社会保险费	合计
制造 A 产品工人工资	14 000	280	1 680	15 960
制造 B 产品工人工资	6 000	120	720	6 840
小计	20 000	400	2 400	22 800
车间管理人员工资	1 600	32	192	1 824
合计	21 600	432	2 592	24 624

根据“职工薪酬费用分配表”可知，本月生产车间共发生职工薪酬费用 24 624 元。其中，直接生产 A 产品的工人的职工薪酬为 15 960 元，直接生产 B 产品的工人的职工薪酬为 6 840 元，应记入“生产成本”账户的借方；车间管理人员薪酬为 1 824 元，不属于直接计入费用，属于间接费用，应记入“制造费用”账户的借方。同时，由于企业所发生的职工薪酬没有实际支付，因此，形成企业对职工的负债，故应记入“应付职工薪酬——工资”“应付职工薪酬——职工福利”“应付职工薪酬——社会保险费”账户的贷方。该项经济业务的会计分录如下。

借：生产成本——A 产品	14 000	
——B 产品	6 000	
制造费用	1 600	
贷：应付职工薪酬——工资		21 600
借：生产成本——A 产品	280	
——B 产品	120	
制造费用	32	
贷：应付职工薪酬——职工福利		432
借：生产成本——A 产品	1 680	
——B 产品	720	
制造费用	192	
贷：应付职工薪酬——社会保险费		2 592

该笔经济业务除了登记“生产成本”“制造费用”“应付职工薪酬”3 个总分类账户外，还应在“生产成本——A 产品”明细分类账户的借方“直接人工”项目内登记 15 960 元，在“生产成本——B 产品”明细分类账户的借方“直接人工”项目内登记 6 840 元，在“制造费用”明细分类账户的借方登记 1 824 元，在“应付职工薪酬——工资”“应付职工薪酬——职工福利”“应付职工薪酬——社会保险费”明细分类账户的贷方分别登记 21 600 元、432 元和 2 592 元，进行明细分类核算。

2. 非货币性职工薪酬的核算

【例 4-22】企业决定为每位部门经理提供轿车免费使用，部门经理共 5 名，每辆轿车月折旧额 1 000 元。

企业将拥有的房屋等资产无偿提供给职工使用，应当根据受益对象将住房每期应计提的折旧计入相关资产成本或当期损益，同时确认应付职工薪酬。该项业务的经济处理会计分录如下。

借：管理费用　　5 000

　　贷：应付职工薪酬　　5 000

借：应付职工薪酬　　5 000

　　贷：累计折旧　　5 000

（三）制造费用的核算

如前所述，为组织和管理生产活动而发生的各项间接制造费用，不能直接计入产品的成本。为了正确计算产品的成本，必须将这些费用先记入“制造费用”账户，然后再按照一定的标准，将其分配计入有关产品的成本。

【例 4-23】企业月末计提本月生产车间用固定资产折旧 3 000 元，管理部门用固定资产折旧 2 000 元。

固定资产在使用过程中所损耗的一部分价值称为固定资产折旧。这部分价值应按照固定资产原始价值，采用一定的折旧方法按月计算折旧费用计入间接费用或期间费用。

该项经济业务的发生，一方面，企业计提的生产用固定资产折旧费增加 5 000 元，3 000 元记入“制造费用”账户的借方，2 000 元记入“管理费用”账户的借方；另一方面，固定资产损耗的价值增加 3 000 元，记入“累计折旧”账户的贷方。该项经济业务的会计分录如下。

借：制造费用　　3 000

　　管理费用　　2 000

　　贷：累计折旧　　5 000

该笔经济业务除了登记“制造费用”“管理费用”“累计折旧”3 个总分类账户外，还应在“制造费用”明细分类账户的借方登记 3 000 元，“管理费用”明细分类账的借方登记 2 000 元，“累计折旧”明细分类账户的贷方登记 5 000 元，进行明细分类核算。

【例 4-24】企业用银行存款支付生产车间的办公费 200 元、电话费 100 元。

该项经济业务的发生，一方面，由于生产车间发生办公费和电话费 300 元，使得制造费用增加 300 元，应记入“制造费用”账户的借方；另一方面，银行存款减少 300 元，应记入“银行存款”账户的贷方。该项经济业务的会计分录如下。

借：制造费用　　300

　　贷：银行存款　　300

该笔经济业务除了登记“制造费用”和“银行存款”两个总分类账户外，还应在“制造费用”明细分类账户的借方登记 300 元，在“银行存款”日记账的贷方登记 300 元，进行明细分类核算。

【例 4-25】月末，企业对本月发生的全部制造费用进行归集、分配，并转入“生产成本”账户。

制造费用是企业在生产过程中发生的，构成产品生产成本的一个组成部分，月末需要加以归集，并按照一定的标准在各生产产品之间进行分配，计算确定每种产品负担的制造费用。分配的标准一般有生产工人工资、生产工人工时、机器工时、直接原材料成本、直接总成本等。企业选用某一种分配标准时，要慎重考虑间接费用的发生与该种分配标准有无直接关系，分配结果是否接近实际，以保证产品制造成本的计算相对正确。总之，要根据企业实际情况选用适当的分配标准。在本例中以生产工人工资为标准进行分配。

企业发生的制造费用通过“制造费用”账户的借方进行归集，现根据上述资料登记“制造费用”总分类账，如表 4.7 所示。

表 4.7　“制造费用”总分类账

20××年×月　　单位：元

20××年		凭证号数	摘要	借方	贷方	借或贷	余额
月	日						
××	××	××	耗用材料	1 200	—	借	1 200
××	××	××	车间管理人员工资	1 600	—	借	2 800
××	××	××	职工福利费	32	—	借	2 832
××	××	××	社会保险费	192	—	—	3 024
××	××	××	固定资产折旧费	3 000	—	借	6 024
××	××	××	支付办公费、电话费	300	—	借	6 324
××	××	××	分配制造费用	—	6 324	平	0
—	—	—	本月合计	6 324	6 324	平	0

根据制造费用总额和生产工人工资计算分配率。

分配率＝6 324÷20 000＝0.316 2

A 产品应负担的制造费用＝14 000×0.3162＝4 426.8（元）

B 产品应负担的制造费用＝6 000×0.3162＝1 897.2（元）

制造费用分配过程及其结果列表如表 4.8 所示。

表 4.8　制造费用分配表

产品名称	生产工人工资（元）	分配率	分配金额（元）
A 产品	14 000	0.316 2	4 426.8
B 产品	6 000	0.316 2	1 897.2
合计	20 000	0.316 2	6 324

根据表 4.8 的分配结果，将制造费用从“制造费用”账户的贷方，转入“生产成本”账户的借方。同时，应在“生产成本——A 产品”和“生产成本——B 产品”两个明细分类账户的借方“制造费用”成本项目内分别登记 4 426.8 元和 1 897.2 元。其会计分录如下。

借：生产成本——A 产品　　4 426.8

　　　　　　——B 产品　　1 897.2

　贷：制造费用　　6 324

（四）产品制造成本的计算

产品制造成本的计算，就是按照企业生产的各种产品归集和分配在产品制造过程中发生的各种生产费用，并按成本项目计算各种产品的总成本和单位成本。

1. 产品制造成本的主要内容

1）劳动资料耗费的费用，包括厂房、建筑物、机器设备等固定资产折旧。

2）劳动对象耗费的费用，包括原材料、辅助材料、燃料等的耗用。

3）活劳动耗费的费用，包括职工薪酬的支出。

4）其他费用的支出，包括其他为制造产品而发生的间接费用。

2. 产品制造成本计算应归入的成本项目

1）直接材料，指企业产品制造过程中实际消耗的原材料、辅助材料、设备配件、外购半成品、燃料、包装物、低值易耗品及其他直接材料和电力、蒸汽等动力。

2）直接人工，指企业直接从事产品生产人员的工资、奖金、津贴和补贴，以及直接从事产品生产人员的职工福利费等。

3）制造费用，指企业为生产产品和提供劳务而发生的各种间接费用，如车间、分厂管理人员、技术人员的工资及福利费、车间使用的固定资产折旧费和修理费、办公费、水电费、机物料消耗、劳动保护费、季节性或修理期间的停工损失等。

3. 产品制造成本计算的程序

企业因生产工艺特点、生产组织方式及管理要求的不同，可以采用不同的成本计算方法。这些方法大致包括下列一些程序。

1）确定成本计算对象。成本计算对象，就是生产费用归集的对象。它是费用归集和分配的依据，是成本计算所要解决的主要问题。

在制造业里，成本计算对象可以是最终的产成品，也可以是加工到一定程度的半成品；可以是单独的产品，也可以是一批产品。企业应结合自身的实际情况确定自己的成本计算对象，以便正确、及时地归集和分配费用，计算成本，加强成本管理和控制。

2）归集和分配成本费用。成本计算对象确定以后，应根据成本计算的要求，对本期发生的各项费用在各成本计算对象之间进行归集和分配。

3）费用在完工产品和月末在产品之间的分配。月末计算产品成本时，如果某种产品都已完工，这种产品的各项费用之和，就是这种产品的完工产品成本；如果某种产品都未完工，这种产品的各项生产费用之和，就是这种产品的月末在产品成本；如果某种产品一部分已经完工，另一部分尚未完工，这种产品的各项费用，还应采用适当的分配方法在完工产品与月末在产品之间进行分配，分别计算完工产品成本和月末在产品成本，其计算公式为

月初在产品成本＋本月生产费用＝本月完工产品成本＋月末在产品成本

4）编制成本计算单。在成本计算过程中，为系统地归集、分配应计入各种成本计算对象的费用，按成本计算对象和成本核算项目分别设置和登记费用、成本明细分类账户，然后根据这些账户资料，编制各种成本计算表，借以计算确定各种成本计算对象的总成本和单位成本，全面、系统地反映各种成本指标的经济构成和形成情况。

下面根据前例说明产品制造成本的一般计算方法。企业发生的产品制造成本通过“生产成本”账户的借方进行归集，现根据上述资料登记 A、B 产品“生产成本”明细分类账。假设 A 产品 100 件全部完工，B 产品仍全部处在加工过程中。A、B 两种产品成本明细账如表 4.9 和表 4.10 所示。

表 4.9　生产成本明细分类账（1）

产品品种或类别：A 产品　　单位：元

20××年		凭证号数	摘要	借方				贷方	借或贷	余额
月	日			直接材料	直接人工	制造费用	合计			
××	××	××	生产耗用材料	2 550	—	—	2 550	—	借	2 550
××	××	××	分配工资	—	14 000	—	14 000	—	借	16 550
××	××	××	分配福利费及社会保险费	—	1 960	—	1 960	—	借	18 510
××	××	××	分配制造费用	—	—	4 426.8	4 426.8	—	借	22 936.8
××	××	××	结转完工产品成本	—	—	—	—	22 936.8	平	0
××	××	××	本月合计	2 550	15 960	4 426.8	22 936.8	22 936.8	平	0

表 4.10 生产成本明细分类账（2）

产品品种或类别：B 产品　　　　单位：元

20××年		凭证号数	摘要	借方				贷方	借或贷	余额
月	日			直接材料	直接人工	制造费用	合计			
××	××	××	生产耗用材料	1 250	—	—	1 250	—	借	1 250
××	××	××	分配工资	—	6 000	—	6 000	—	借	7 250
××	××	××	分配福利费及社会保险费	—	840	—	840	—	借	8 090
××	××	××	分配制造费用	—	—	1 897.2	1 897.2	—	借	9 987.2
—	—	—	本月合计	1 250	6 840	1 897.2	9 987.2	—	借	9 987.2

编制产品制造成本计算表，如表 4.11 所示。

表 4.11 生产成本计算表

单位：元

成本项目	A 产品	
	总成本（100 件）	单位成本
直接材料	2 550	25.5
直接人工	15 960	159.6
制造费用	4 426.8	44.27
产品制造成本	22 936.8	229.37

【例 4-26】本月企业 A 产品 100 件全部制造完工，并已验收入库，按其实际生产成本 22 936.8 元转账。

这笔经济业务说明，A 产品已全部制造完工，并验收入库。一方面表示库存商品增加 22 936.8 元，记入“库存商品”账户的借方；另一方面表示产品生产完成应按实际成本转账，生产成本减少 22 936.8 元，记入“生产成本”账户的贷方。

该项经济业务的会计分录如下。

借：库存商品——A 产品　　22 936.8

　　贷：生产成本——A 产品　　22 936.8

该笔经济业务除了登记“库存商品”和“生产成本”两个总分类账户外，还应在“库存商品——A 产品”明细分类账户的借方登记 22 936.8 元，在“生产成本——A 产品”明细分类账户的贷方登记 22 936.8 元，进行明细分类核算。

另外，B 产品尚未制造完工，因此，月末“生产成本——B 产品”账户的借方余额 9 987.2 元为 B 产品的在产品的实际生产成本。

第五节　销售业务的核算

一、销售业务核算的主要内容

制造业的销售过程，是生产经营活动的最后阶段，是产品价值的实现阶段。

在销售过程中，一方面，将生产出来的符合标准的产品，按照合同规定的条件发送给订货单位，以满足社会消费的需要；另一方面，按照销售价格和结算制度的规定，向购货方办理结算手续，及时收取货款或形成债权，通常把这种货款或债权称作商品销售收入。在商品销售过程中，企业为取得一定数量的销售收入，必须付出相应数量的产品，为制造这些销售产品而耗费的生产成本，称为商品销售成本。企业在取得销售收入时，应按照国家税法规定，结算缴纳企业生产经营活动应负担的税金及教育费附加，称作商品销售税金及附加。此外，企业还可能发生一些其他经营业务，取得其他业务收入和发生其他业务支出。

综上所述，销售业务核算的主要内容包括产品销售收入、产品销售成本、产品销售税金及附加及与购货单位发生的货款结算业务等。

二、产品销售收入的确认和计量

我国《企业会计准则第 14 号——收入》中规定，收入确认和计量分为五步：

第一步，识别与客户订立的合同；

第二步，识别合同中的单项履约义务；

第三步，确定交易价格；

第四步，将交易价格分摊至各单项履约义务；

第五步，履行每一项履约义务时确认收入。

其中，第一步、第二步和第五步主要与收人的确认有关，第三步和第四步主要与收人的计量有关。

（一）识别与客户订立的合同

合同，是指双方或多方之间订立有法律约束力的权利义务的协议，包括书面形式、口头形式以及其他可验证的形式（如隐含于商业惯例或企业以往的习惯做法中等）。

企业应当在履行了合同中的履约义务，即在客户取得相关商品控制权时确认收入。取得相关商品控制权，是指能够主导该商品的使用并从中获得几乎全部的经济利益。当企业与客户之间的合同同时满足下列条件时，企业应当在客户取得相关商品控制权时确认收入：

（1）合同各方已批准该合同并承诺将履行各自义务；

（2）该合同明确了合同各方与所转让商品或提供劳务相关的权利和义务；

（3）该合同有明确的与所转让商品相关的支付条款；

（4）该合同具有商业实质，即履行该合同将改变企业未来现金流量的风险、时间分布或金额；

（5）企业因向客户转让商品而有权取得的对价很可能收回。

（二）识别合同中的单项履约义务

履约义务，是指合同中企业向客户转让可明确区分商品的承诺。合同开始日，企业应当对合同进行评估，识别该合同所包含的各单项履约义务，并确定各单项履约义务是在某一时段内履行，还是在某一时点履行，然后，在履行了各单项履约义务时分别确认收入。

这一条强调的是承诺可以单独区分。由于客户几乎都可以从商品转让中收益，一般来说，只要企业能够做出明确的承诺区分，即为可以识别合同中的单项履约义务。当然，如果某一承诺是对其他商品做出了实质性修改或者与其他商品有高度关联性，必须将该项承诺与特定的商品作为一项履约义务。

（三）确定交易价格

企业应当按照分摊至各单项履约义务的交易价格计量收入。交易价格，是指企业因向客户转让商品而预期有权收取的对价金额。企业代第三方收取的款项以及企业预期将退还给客户的款项，应当作为负债进行会计处理，不计入交易价格。

企业应当根据合同条款，并结合其以往的习惯做法确定交易价格。

在确定交易价格时，企业应当综合考虑可变对价、合同中存在的重大融资成分、非现金对价、应付客户对价等因素的影响。

（四）将交易价格分摊至各单项履约义务

合同中包含两项或多项履约义务的，企业应当在合同开始日，按照各单项履约义务所承诺商品的单独售价的相对比例，将交易价格分摊至各单项履约义务。企业不得因合同开始日之后单独售价的变动而重新分摊交易价格。这强调的是合同开始日这一时点，如果合同开始日之后单独售价发生了变动，也不得重新计算分摊交易价格

（五）履行每一项履约义务时确认收入

企业应当在履行了合同中的履约义务，即客户取得相关商品控制权时确认收入。企业应当根据实际情况，首先判断履约义务是否满足在某一时段内履行的条件，如不满足，则该履约义务属于在某一时点履行的履约义务。对于在某一时段内履行的履约义务，企业应当选取恰当的方法来确定履约进度；对于在某一时点

履行的履约义务，企业应当综合分析控制权转移的迹象，判断其转移时点。

三、销售业务核算的账户设置

企业为了核算销售业务，应设置“主营业务收入”“主营业务成本”“税金及附加”“应收账款”“应收票据”“预收账款”“其他业务收入”“其他业务成本”等账户。

（一）“主营业务收入”账户

“主营业务收入”账户是用来核算和监督企业在销售商品、提供劳务及让渡资产使用权等日常活动中所产生的收入的账户。该账户属于损益类账户，其贷方登记企业销售商品（包括产成品、自制半成品等）、提供劳务或让渡资产使用权所实现的收入；借方登记发生的销售退回和转入“本年利润”账户的收入；期末将本账户的余额结转后该账户应无余额。“主营业务收入”账户应按主要业务的种类设置明细账，进行明细分类核算。

“主营业务收入”账户的结构如图 4.20 所示。

借　　主营业务收入	贷
本期发生额：发生的销售退回和转入“本年利润”账户的收入	本期发生额：企业销售商品（包括产成品、自制半成品）、提供劳务或让渡资产使用权所实现的收入

图 4.20　“主营业务收入”账户的结构

（二）“主营业务成本”账户

“主营业务成本”账户是用来核算和监督企业因销售商品、提供劳务及让渡资产使用权等日常活动而发生的实际成本的账户。该账户属于损益类账户，其借方登记企业结转已销售商品（包括产成品、自制半成品等）、提供各种劳务等的实际成本；贷方登记当期发生销售退回的商品成本（未直接从当期销售成本中扣减的销售退回的成本）和期末转入“本年利润”账户的当期销售产品的成本；期末将本账户的余额结转后该账户应无余额。“主营业务成本”账户应按主要业务的种类设置明细账，进行明细分类核算。

“主营业务成本”账户的结构如图 4.21 所示。

借　　主营业务成本	贷
本期发生额：结转已销售商品（包括产成品、自制半成品等）、提供各种劳务等的实际成本	本期发生额：当期发生销售退回的商品成本（未直接从当期销售成本中扣减的销售退回的成本）和期末转入“本年利润”账户的当期销售产品成本

图 4.21　“主营业务成本”账户的结构

（三）“税金及附加”账户

“税金及附加”账户是用来核算和监督企业在日常经营活动中应负担的税金及附加费，包括消费税、城市维护建设税、资源税、土地增值税、教育费附加、印花税、房产税、土地使用税、车船税等的账户。该账户属于损益类账户，其借方登记按照规定计算应由企业负担的税金及附加；贷方登记转入“本年利润”账户的营业税金及附加；期末将本账户的余额结转后该账户应无余额。“税金及附加”账户应按税金及附加项目设置明细账，进行明细分类核算。

“税金及附加”账户的结构如图 4.22 所示。

借　　税金及附加	贷
本期发生额：按照规定计算应负担的税金及附加	本期发生额：转入“本年利润”账户的税金及附加

图 4.22　“税金及附加”账户的结构

（四）“应收账款”账户

“应收账款”账户是用来核算和监督企业因销售商品、产品、提供劳务等，应向购货单位或接受劳务单位收取的款项的账户。不单独设置“预收账款”账户的企业，预收的账款也在本账户核算。该账户属于资产类账户，其借方登记经营收入发生的应收款和已转作坏账损失又收回的应收款，以及代购货单位垫付的包装、运杂费等；贷方登记实际收到的应收款项和企业将应收款项改用商业汇票结算而收到承兑的商业汇票，以及转作坏账损失的应收账款；期末余额在借方，表示应收但尚未收回的款项。该账户应按购货单位和接受劳务单位等设置明细分类账，进行明细分类核算。

“应收账款”账户的结构如图 4.23 所示。

借　　应收账款	贷
期初余额：应收但尚未收回的款项 本期发生额：经营收入发生的应收款和已转作坏账损失又收回的应收款，以及代购货单位垫付的包装、运杂费等	本期发生额：实际收到的应收款项和企业将应收款项改用商业汇票结算而收到承兑的商业汇票，以及转作坏账损失的应收账款
期末余额：应收但尚未收回的款项	

图 4.23　“应收账款”账户的结构

（五）“应收票据”账户

“应收票据”账户是用来核算和监督企业因销售商品、产品、提供劳务等，收到购货单位或接受劳务单位开出、承兑商业汇票的账户。该账户属于资产类账户，其借方登记经营收入发生的应收票据数额；贷方登记实际收到到期商业汇票的数额及转作应收账款的数额；期末余额在借方，表示企业收到但尚未到期的商业票据数额。该账户应按购货单位和接受劳务单位等设置明细分类账，进行明细分类核算。

“应收票据”账户的结构如图 4.24 所示。

借　应收票据	贷
期初余额：企业收到但尚未到期的商业票据数额 本期发生额：经营收入发生的应收票据数额	本期发生额：实际收到到期商业汇票的数额及转作应收账款的数额
期末余额：企业收到但尚未到期的商业票据数额	

图 4.24　“应收票据”账户的结构

（六）“预收账款”账户

“预收账款”账户是用来核算和监督企业按照合同规定向购货单位预收的款项的账户。该账户属于负债类账户，其贷方登记预收购货单位的款项和购货单位补付的款项；借方登记向购货单位发出商品销售实现的货款和退回购货单位多付的款项；期末余额一般在贷方，表示预收购货单位的款项。本账户应按购货单位设置明细账，进行明细分类核算。

“预收账款”账户的结构如图 4.25 所示。

借　预收账款	贷
本期发生额：向购货单位发出商品销售实现的货款和退回购货单位多付的款项	期初余额：预收购货单位的款项 本期发生额：预收购货单位的款项和购货单位补付的款项
	期末余额：预收购货单位的款项

图 4.25　“预收账款”账户的结构

为了核算企业除主营业务以外的其他销售或其他业务收支，企业还应设置“其他业务收入”和“其他业务成本”账户。

（七）“其他业务收入”账户

“其他业务收入”账户是用来核算和监督企业其他业务所取得的收入的账户。该账户属于损益类账户，其贷方登记企业获得的各项其他业务收入；借方登记期末结转到“本年利润”账户的已实现的其他业务收入；结转以后该账户应无余额。本账户应按其他业务的种类，如“材料销售”“固定资产出租”等设置明细账。

“其他业务收入”账户的结构如图 4.26 所示。

借	其他业务收入	贷
本期发生额：期末转入“本年利润”账户的数额		本期发生额：本期企业获得的各项其他业务收入

图 4.26 “其他业务收入”账户的结构

（八）“其他业务成本”账户

“其他业务成本”账户是用来核算和监督企业其他业务所发生的各项支出，包括为获得其他业务收入而发生的相关成本、费用及税金等的账户。该账户属于损益类账户，其借方登记其他业务所发生的各项成本；贷方登记期末结转到“本年利润”账户的其他业务成本；结转以后该账户应无余额。本账户应按其他业务的种类，如“材料销售”“固定资产出租”等设置明细账，进行明细分类核算。

“其他业务成本”账户的结构如图 4.27 所示。

借	其他业务成本	贷
本期发生额：本期所发生的各项其他业务成本		本期发生额：期末转入“本年利润”账户的其他业务成本

图 4.27 “其他业务成本”账户的结构

四、主营业务核算的会计处理

销售过程主营业务的核算主要涉及主营业务收入的实现，销售货款的结算与收回，税金及附加的计算与交纳，主营业务成本的确定与结转。

【例 4-27】企业向甲公司销售 A 产品 30 件，每件售价 500 元，货款计 15 000 元，增值税 1 950 元，款项存入银行。

该项经济业务的发生，一方面使银行存款增加 16 950 元，记入“银行存款”账户的借方。另一方面使企业主营业务收入增加 15 000 元，记入“主营业务收入”账户的贷方；企业向购货方收取的增值税销项税额增加了 1 950 元，应记入“应交税费——应交增值税”账户的贷方。该项经济业务的会计分录如下。

借：银行存款　　16 950

　　贷：主营业务收入——A 产品　　15 000

　　　　应交税费——应交增值税（销项税额）　　1 950

该笔经济业务除了登记“银行存款”“主营业务收入”“应交税费”3 个总分类账户外，还应在“银行存款”日记账的借方登记 16 950 元，在“主营业务收入——A 产品”明细分类账户的贷方登记 15 000 元，在“应交税费——应交增值税”明细分类账户的贷方登记 1 950 元，进行明细分类核算。

【例 4-28】企业向乙公司销售 A 产品 20 件，每件售价 500 元，货款计 10 000 元，增值税 1 300 元，商品已经发出，款项尚未收到。

该项经济业务的发生，一方面使企业应收账款增加 11 300 元，记入“应收账款”账户的借方。另一方面使企业主营业务收入增加 10 000 元，记入“主营业务收入”账户的贷方；企业向购货方收取的增值税销项税额增加了 1 300 元，应记入“应交税费——应交增值税”账户的贷方。该项经济业务的会计分录如下。

借：应收账款——乙公司　　11 300
　　贷：主营业务收入——A 产品　　10 000
　　　　应交税费——应交增值税（销项税额）　　1 300

该笔经济业务除了登记“应收账款”“主营业务收入”“应交税费”3 个总分类账户外，还应在“应收账款——乙公司”明细分类账户的借方登记 11 300 元，在“主营业务收入——A 产品”明细分类账户的贷方登记 10 000 元，在“应交税费——应交增值税”明细分类账户的贷方登记 1 300 元，进行明细分类核算。

【例 4-29】企业向丙公司销售 A 产品 40 件，每件售价 500 元，货款计 20 000 元，增值税 2 600 元，商品已经发出，收到丙公司开出的商业承兑汇票一张，票面金额为 22 600 元。

该项经济业务的发生，一方面使企业应收票据增加 22 600 元，记入“应收票据”账户的借方。另一方面使企业主营业务收入增加 20 000 元，记入“主营业务收入”账户的贷方；企业向购货方收取的增值税销项税额增加了 2 600 元，应记入“应交税费——应交增值税”账户的贷方。该项经济业务的会计分录如下。

借：应收票据——丙公司　　22 600
　　贷：主营业务收入——A 产品　　20 000
　　　　应交税费——应交增值税（销项税额）　　2 600

该笔经济业务除了登记“应收票据”“主营业务收入”“应交税费”3 个总分类账户外，还应在“应收票据——丙公司”明细分类账户的借方登记 22 600 元，在“主营业务收入——A 产品”明细分类账户的贷方登记 20 000 元，在“应交税费——应交增值税”明细分类账户的贷方登记 2 600 元，进行明细分类核算。

【例 4-30】根据合同规定，企业预收丁公司购买 A 产品货款 5 650 元，款项存入银行。

该项经济业务的发生，一方面使银行存款增加 5 650 元，记入“银行存款”账户的借方；另一方面使企业预收账款增加 5 650 元，记入“预收账款”账户的贷方。该项经济业务的会计分录如下。

借：银行存款　　5 650
　　贷：预收账款——丁公司　　5 650

该笔经济业务除了登记“银行存款”和“预收账款”两个总分类账户外，还应在“银行存款”日记账的借方登记 5 650 元，在“预收账款——丁公司”明细分类账户的贷方登记 5 650 元，进行明细分类核算。

【例 4-31】企业向上述丁公司发出 A 产品 10 件，每件售价 500 元，货款计 5 000 元，增值税 650 元。

该项经济业务的发生，一方面使企业预收账款减少 5 650 元，记入“预收账款”账户的借方。另一方面使企业主营业务收入增加 5 000 元，记入“主营业务收入”账户的贷方；企业向购货方收取的增值税销项税额增加了 650 元，应记入“应交税费——应交增值税”账户的贷方。该项经济业务的会计分录如下。

借：预收账款——丁公司　　5 650

　　贷：主营业务收入——A 产品　　5 000

　　　　应交税费——应交增值税（销项税额）　　650

该笔经济业务除了登记“预收账款”“主营业务收入”“应交税费”3 个总分类账户外，还应在“预收账款——丁公司”明细分类账户的借方登记 5 650 元，在“主营业务收入——A 产品”明细分类账户的贷方登记 5 000 元，在“应交税费——应交增值税”明细分类账户的贷方登记 650 元，进行明细分类核算。

【例 4-32】企业接到银行通知，收到前述向乙公司销售 A 产品销货款 11 300 元。

该项经济业务的发生，一方面使银行存款增加 11 300 元，记入“银行存款”账户的借方；另一方面使企业应收账款减少 11 300 元，记入“应收账款”账户的贷方。该项经济业务的会计分录如下。

借：银行存款　　11 300

　　贷：应收账款——乙公司　　11 300

该笔经济业务除了登记“银行存款”和“应收账款”两个总分类账户外，还应在“银行存款”日记账的借方登记 11 300 元，在“应收账款——乙公司”明细分类账户的贷方登记 11 300 元，进行明细分类核算。

【例 4-33】企业持有丙公司的商业承兑汇票到期，收到全部票款 22 600 元，存入银行。

该项经济业务的发生，一方面使企业银行存款增加 22 600 元；另一方面使企业应收票据减少 22 600 元。因此，该项经济业务涉及“银行存款”和“应收票据”两个账户。银行存款的增加是资产的增加，应记入“银行存款”账户的借方；应收票据的减少是资产的减少，应记入“应收票据”账户的贷方。该项经济业务的会计分录如下。

借：银行存款　　22 600

　　贷：应收票据——丙公司　　22 600

该笔经济业务除登记“银行存款”和“应收票据”两个总分类账户外，还应在“银行存款”日记账的借方登记 22 600 元，在“应收票据——丙公司”明细分类账户的贷方登记 22 600 元，进行明细分类核算。

【例 4-34】企业按照有关规定，计算本期应交纳的城市维护建设税 51.38 元和教育费附加 22.02 元。

该笔经济业务说明，一方面，企业在销售商品活动中，城市维护建设税增加 51.38 元，教育费附加增加 22.02 元，应记入“税金及附加”账户的借方；另一方面，城市维护建设税和教育费附加的款项尚未实际支付，形成企业的负债，使得应交税费增加 73.40 元，记入“应交税费”账户的贷方，其中，应交城市维护建设税增加 51.38 元，应交教育费附加增加 22.02 元。该项经济业务的会计分录如下。

借：税金及附加　　73.40
　　贷：应交税费——应交城市维护建设税　　51.38
　　　　　　　——应交教育费附加　　22.02

该笔经济业务除了登记“税金及附加”和“应交税费”两个总分类账户外，还应在“税金及附加”明细分类账户的借方登记 73.40 元，在“应交税费——应交城市维护建设税”明细分类账户的贷方登记 51.38 元，在“应交税费——应交教育费附加”明细分类账户的贷方登记 22.02 元，进行明细分类核算。

【例 4-35】期末企业计算并结转已售 A 产品的销售成本。

根据前述资料，A 产品的单位制造成本为 229.37 元，本期企业共销售 A 产品的数量＝20＋30＋40＋10＝100（件），那么，企业本期已售 A 产品的销售成本＝100×229.37＝22 937（元）。

该项经济业务的发生，一方面使主营业务成本增加 22 937 元，记入“主营业务成本”账户的借方；另一方面使企业库存商品减少 22 937 元，记入“库存商品”账户的贷方。该项经济业务的会计分录如下。

借：主营业务成本——A 产品　　22 937
　　贷：库存商品——A 产品　　22 937

该笔经济业务除了登记“主营业务成本”和“库存商品”两个总分类账户外，还应在“主营业务成本——A 产品”明细分类账户的借方登记 22 937 元，在“库存商品——A 产品”明细分类账户的贷方登记 22 937 元，进行明细分类核算。

五、其他业务收支核算的会计处理

其他业务的核算，主要涉及其他业务收入的取得和其他业务成本的发生。

【例 4-36】企业出售甲材料 20 千克，单价 10 元，货款 200 元，增值税 26 元，款项已存入银行。

该项经济业务的发生，一方面使企业银行存款增加了 226 元，记入“银行存款”账户的借方；另一方面使企业的其他业务收入增加了 200 元，记入“其他业务收入”账户的贷方，企业向购货方收取的增值税销项税额增加了 26 元，应记入

"应交税费"账户的贷方。该项经济业务的会计分录如下。

借：银行存款　226

　　贷：其他业务收入——材料销售　200

　　　　应交税费——应交增值税（销项税额）　26

该笔经济业务除了登记"银行存款""其他业务收入""应交税费"3个总分类账户外，还应在"银行存款"日记账的借方登记226元，在"其他业务收入——材料销售"明细分类账户的贷方登记200元，在"应交税费——应交增值税"明细分类账户的贷方登记26元，进行明细分类核算。

【例4-37】结转出售甲材料的成本160元。

该项经济业务的发生，一方面使企业的其他业务成本增加了160元，记入"其他业务成本"账户的借方；另一方面使企业库存材料减少了160元，记入"原材料"账户的贷方。该项经济业务的会计分录如下。

借：其他业务成本——材料销售　160

　　贷：原材料——甲材料　160

该笔经济业务除了登记"其他业务成本"和"原材料"两个总分类账户外，还应在"其他业务成本——材料销售"明细分类账户的借方登记160元，在"原材料——甲材料"明细分类账户的贷方登记160元，进行明细分类核算。

【例4-38】企业出租一台设备，收到租金收入1 000元，增值税130元，款项已存入银行。

该项经济业务的发生，一方面使企业银行存款增加1 130元，记入"银行存款"账户的借方；另一方面使企业的其他业务收入增加了1 000元，记入"其他业务收入"账户的贷方；企业向承租方收取的增值税销项税额增加了130元，应记入"应交税费"账户的贷方。该项经济业务的会计分录如下。

借：银行存款　1 130

　　贷：其他业务收入——固定资产出租　1 000

　　　　应交税费——应交增值税（销项税额）　130

该笔经济业务除了登记"银行存款""其他业务收入""应交税费"3个总分类账户外，还应在"银行存款"日记账的借方登记1 130元，在"其他业务收入——固定资产出租"明细分类账户的贷方登记1 000元，在"应交税费——应交增值税（销项税额）"明细分类账户的贷方登记130元，进行明细分类核算。

【例4-39】企业计提上述出租设备折旧费600元。

该项经济业务的发生，一方面使企业的其他业务成本增加了600元，记入"其他业务成本"账户的借方；另一方面使企业固定资产折旧费增加600元，记入"累计折旧"账户的贷方。该项经济业务的会计分录如下。

借：其他业务成本——固定资产出租　600

贷：累计折旧　　600

该笔经济业务除了登记“其他业务成本”和“累计折旧”两个总分类账户外，还应在“其他业务成本——固定资产出租”明细分类账户的借方登记 600 元，在“累计折旧”明细分类账户的贷方登记 600 元，进行明细分类核算。

第六节　财务成果的形成与分配业务的核算

一、期间费用的核算

（一）期间费用

期间费用是指与企业的生产经营没有直接关系或关系不密切的直接计入当期损益的各项费用。

企业在生产经营过程中，要发生各种费用，这些费用按经济用途分类，分为计入产品成本的费用（包括直接材料、直接人工和制造费用）和期间费用（包括销售费用、管理费用和财务费用）。由于期间费用不能直接归属于某个特定产品的成本，但比较容易确定其发生的期间，因此，期间费用通常在发生时计入当期损益，并在利润表中分项目列示。企业的期间费用包括销售费用、管理费用和财务费用。

1. 销售费用

销售费用是指企业在销售商品过程中发生的费用，包括企业销售商品过程中发生的运输费、装卸费、包装费、保险费、展览费和广告费，以及为销售本企业商品而专设的销售机构（含销售网点、售后服务网点等）的职工薪酬、业务费等经营费用。

2. 管理费用

管理费用是指企业管理部门为组织和管理生产经营活动所发生的费用，包括企业的董事会和行政管理部门在企业的经营管理中发生的，或者应当由企业统一负担的公司经费（包括行政管理部门职工工资、修理费、物料消耗、低值易耗品摊销、办公费和差旅费等）、工会经费、待业保险费、劳动保险费、董事会费、聘请中介机构费、咨询费（含顾问费）、诉讼法、业务招待费、房产税、车船使用税、土地使用税、印花税、技术转让费、矿产资源补偿费、职工教育经费、研究费用、排污费、存货盘亏或盘盈（不包括应计入营业外支出的存货损失）、企业生产车间和行政管理部门等发生的固定资产修理费用、企业在筹建期间内发生的开办费（包括人员工资、办公费、培训费、差旅费、印刷费、注册登记费及不计入固定资产价值的借款费用）。

3. 财务费用

财务费用，是指企业为筹集生产经营所需资金等而发生的费用，包括应当作为期间费用的利息支出（减利息收入）、汇兑损失（减汇兑收益）及相关的手续费、企业发生的现金折扣或收到的现金折扣等。

（二）期间费用核算的账户设置

为了正确核算企业的期间费用，应设置“管理费用”“财务费用”“销售费用”账户。下面仅就“管理费用”“财务费用”“销售费用”账户核算的内容及结构予以说明。

1. “管理费用”账户

“管理费用”账户是用来核算和监督企业管理部门为组织和管理生产经营活动而发生的各项费用的账户。该账户属于损益类账户，其借方登记企业发生的各项管理费用；贷方登记转入“本年利润”账户的管理费用；期末结转后该账户无余额。该账户应按照费用项目设置明细账，进行明细分类核算。

“管理费用”账户的结构如图 4.28 所示。

借　　　　　管理费用	贷
本期发生额：本期企业发生的各项管理费用	本期发生额：期末转入“本年利润”账户的管理费用

图 4.28　“管理费用”账户的结构

2. “财务费用”账户

“财务费用”账户是用来核算和监督企业为筹集生产经营所需资金而发生的各项费用的账户。该账户属于损益类账户，其借方登记企业发生的各项财务费用；贷方登记发生的应冲减财务费用的利息收入、汇兑收益和结转到“本年利润”账户的财务费用；期末结转后该账户无余额。该账户应按照费用项目设置明细账，进行明细分类核算。

“财务费用”账户的结构如图 4.29 所示。

借　　　　　财务费用	贷
本期发生额：本期企业发生的各项财务费用	本期发生额：应冲减财务费用的利息收入、汇兑收益和期末转入“本年利润”账户的管理费用

图 4.29　“财务费用”账户的结构

3. “销售费用”账户

“销售费用”账户是用来核算和监督企业在销售商品过程中发生的费用的账户。该账户属于损益类账户，其借方登记发生的各种销售费用；贷方登记转入“本年利润”账户的销售费用；期末将本账户的余额结转后该账户应无余额。“销售费用”账户应按费用项目设置明细账，进行明细分类核算。

“销售费用”账户的结构如图 4.30 所示。

借　　　　销售费用	贷
本期发生额：发生的各种销售费用	本期发生额：转入“本年利润”账户的销售费用

图 4.30　“销售费用”账户的结构

（三）期间费用核算的会计处理

【例 4-40】企业以银行存款支付销售产品的广告费 1 500 元。

该项经济业务的发生，一方面使得企业销售费用增加 1 500 元，应记入“销售费用”账户的借方；另一方面使企业银行存款减少 1 500 元，应记入“银行存款”账户的贷方。该项经济业务的会计分录如下。

借：销售费用　　1 500

　　贷：银行存款　　1 500

该笔经济业务除登记“销售费用”和“银行存款”两个总分类账户外，还应在“销售费用”明细分类账户的借方登记 1 500 元，在“银行存款”日记账的贷方登记 1 500 元，进行明细分类核算。

【例 4-41】企业行政管理部门领用乙材料 400 元。

该项经济业务的发生，一方面使企业管理费用增加 400 元，记入“管理费用”账户的借方；另一方面使企业库存乙材料减少 400 元，记入“原材料”账户的贷方。该项经济业务的会计分录如下。

借：管理费用　　400

　　贷：原材料——乙材料　　400

该笔经济业务除了登记“管理费用”和“原材料”两个总分类账户外，还应在“管理费用”明细分类账户的借方登记 400 元，在“原材料——乙材料”明细分类账户的贷方登记 400 元，进行明细分类核算。

【例 4-42】企业应付行政管理部门人员的薪酬共计 2 736 元。

该项经济业务的发生，一方面使企业管理费用增加 2 736 元，记入“管理费用”账户的借方；另一方面在职工薪酬尚未实际支付以前，形成企业对职工的负债，使得应付职工薪酬增加 2 736 元，记入“应付职工薪酬”账户贷方。该项经济业务的会计分录如下。

借：管理费用 2 736

　　贷：应付职工薪酬 2 736

该笔经济业务除了登记“管理费用”和“应付职工薪酬”两个总分类账户外，还应在“管理费用”明细分类账户的借方登记 2 736 元，在“应付职工薪酬”明细分类账户的贷方登记 2 736 元，进行明细分类核算。

【例 4-43】期末，企业计提本期行政管理部门用固定资产折旧费 1 000 元。

该项经济业务的发生，一方面使企业管理费用增加 1 000 元，记入“管理费用”账户的借方；另一方面使企业计提的行政管理用固定资产折旧费增加 1 000 元，记入“累计折旧”账户的贷方。该项经济业务的会计分录如下。

借：管理费用 1 000

　　贷：累计折旧 1 000

该笔经济业务除了登记“管理费用”和“累计折旧”两个总分类账户外，还应在“管理费用”明细分类账户的借方登记 1 000 元，在“累计折旧”明细分类账户的贷方登记 1 000 元，进行明细分类核算。

【例 4-44】期末，企业摊销无形资产价值 500 元。

企业计提的无形资产摊销额，属于管理费用。该项经济业务的发生，一方面使管理费用增加 500 元，记入“管理费用”账户的借方；另一方面使无形资产价值减少 500 元（摊销额），记入“累计摊销”账户的贷方。该项经济业务的会计分录如下。

借：管理费用 500

　　贷：累计摊销 500

该笔经济业务除了登记“管理费用”和“累计摊销”两个总分类账户外，还应在“管理费用”明细分类账户的借方登记 500 元，在“累计摊销”明细分类账户的贷方登记 500 元，进行明细分类核算。

【例 4-45】企业以银行存款支付业务招待费 800 元。

企业发生的业务招待费，是指企业为生产经营的合理需要而支付的实际应酬费用，在管理费用中列支。

该项经济业务的发生，一方面使管理费用增加 800 元，记入“管理费用”账户的借方；另一方面使银行存款减少 800 元，记入“银行存款”账户的贷方。该项经济业务的会计分录如下。

借：管理费用 800

　　贷：银行存款 800

该笔经济业务除了登记“管理费用”和“银行存款”两个总分类账户外，还应在“管理费用”明细分类账户的借方登记 800 元，在“银行存款”日记账的贷方登记 800 元，进行明细分类核算。

【例 4-46】企业财务科李明出差返回，报销差旅费 900 元（原借 1 000 元），余款退回现金。

企业财务科李明原出差借款 1 000 元，是通过“其他应收款”核算的，报销差旅费时，应冲销该账户。

该项经济业务的发生，一方面使管理费用增加 900 元，记入“管理费用”账户的借方，退回余款现金 100 元，使现金增加 100 元，记入“库存现金”账户的借方；另一方面使其他应收款减少 1 000 元，记入“其他应收款”账户的贷方。该项经济业务的会计分录如下。

借：管理费用　900
　　库存现金　100
　　贷：其他应收款——李明　1 000

该笔经济业务除了登记“管理费用”“库存现金”“其他应收款”3 个总分类账户外，还应在“管理费用”明细分类账户的借方登记 900 元，在“库存现金”日记账的借方登记 100 元，在“其他应收款——李明”明细分类账户的贷方登记 1 000 元，进行明细分类核算。

【例 4-47】企业本月应付短期借款利息 300 元（100 000×3.6%×1/12）。

该项经济业务的发生，一方面使财务费用增加 300 元，记入“财务费用”账户的借方；另一方面应付利息增加 300 元，记入“应付利息”账户的贷方。该项经济业务的会计分录如下。

借：财务费用　300
　　贷：应付利息　300

该笔经济业务除了登记“财务费用”和“应付利息”两个总分类账户外，还应在“财务费用”明细分类账户的借方登记 300 元，在“应付利息”明细分类账户的贷方登记 300 元，进行明细分类核算。

【例 4-48】企业以银行存款支付银行办理业务的手续费 100 元。

该项经济业务的发生，一方面使财务费用增加 100 元，记入“财务费用”账户的借方；另一方面使银行存款减少 100 元，记入“银行存款”账户的贷方。该项经济业务的会计分录如下。

借：财务费用　100
　　贷：银行存款　100

该笔经济业务除了登记“财务费用”和“银行存款”两个总分类账户外，还应在“财务费用”明细分类账户的借方登记 100 元，在“银行存款”日记账的贷方登记 100 元，进行明细分类核算。

期末，为了正确计算企业一定时期的财务成果，应将销售费用、管理费用和财务费用分别从“销售费用”“管理费用”和“财务费用”账户的贷方转入“本年利润”账户的借方。关于结转的有关会计处理，将在本节第二个问题阐述。

二、利润形成的核算

（一）利润的构成

利润是企业在一定期间生产经营活动的最终成果，利润包括收入减去费用后的净额、直接计入当期损益的利得和损失等。

直接计入当期利润的利得和损失，是指应当计入当期损益、会导致所有者权益发生增减变动的、与所有者投入资本或者向所有者分配利润无关的利得和损失。

企业一定时期的净利润是由营业利润、营业外收入扣除营业外支出和所得税构成的。

1. 营业利润

营业利润＝营业收入－营业成本－税金及附加－销售费用－管理费用
－研发费用－财务费用
＋其他收益＋投资收益（损失以“－”号填列）
＋净敞口套期收益（损失以“－”号填列）
＋公允价值变动收益（损失以“－”号填列）
＋信用减值损失（损失以“－”号填列）
＋资产减值损失（损失以“－”号填列）
＋资产处置收益（损失以“－”号填列）

其中，营业收入是指企业经营业务所确定的收入总额，包括主营业务收入和其他业务收入。营业成本是指企业经营业务所发生的实际成本总额，包括主营业务成本和其他业务成本。

2. 利润总额

利润总额＝营业利润＋营业外收入－营业外支出

其中，营业外收入是指企业发生的与其日常活动无直接关系的各项利得，主要包括非流动资产毁损报废利得、政府补助、盘盈利得、罚没利得、捐赠利得等；营业外支出是指企业发生的与其日常活动无直接关系的各项损失，主要包括非流动资产毁损报废损失、盘亏损失、公益性捐赠支出、罚没支出、非常损失等。

3. 净利润

净利润＝利润总额－所得税费用

其中，所得税费用是指企业应计入当期损益的所得税费用。

（二）营业外收支的核算

1. 营业外收支的核算应设置的账户

1）“营业外收入”账户。它是用来核算企业发生的与企业生产经营无直接关系的各项收入的账户。该账户属于损益类账户，其贷方登记企业取得的各项营业外收入；借方登记期末转入“本年利润”账户的营业外收入数；期末结转后应无余额。该账户应按收入项目设置明细账，进行明细分类核算。

“营业外收入”账户的结构如图 4.31 所示。

借　　　　营业外收入	贷
本期发生额：期末转入“本年利润”账户的营业外收入	本期发生额：本期企业发生的各项营业外收入

图 4.31　“营业外收入”账户的结构

2）“营业外支出”账户。它是用来核算企业发生的与企业生产经营无直接关系的各项支出的账户。该账户属于损益类账户，其借方登记企业发生的各项营业外支出数；贷方登记期末转入“本年利润”账户的营业外支出数；期末结转后应无余额。该账户应按支出项目设置明细账，进行明细分类核算。

“营业外支出”账户的结构如图 4.32 所示。

借　　　　营业外支出	贷
本期发生额：本期企业发生的各项营业外支出数	本期发生额：期末转入“本年利润”账户的营业外支出数

图 4.32　“营业外支出”账户的结构

2. 营业外收支的核算的会计处理

【例 4-49】企业收到违约罚款 2 000 元，款项已存入银行。

该项经济业务的发生，一方面使企业银行存款增加 2 000 元，记入“银行存款”账户的借方；另一方面使企业的营业外收入增加了 2 000 元，记入“营业外收入”账户的贷方。该项经济业务的会计分录如下。

借：银行存款　　　　2 000

　　贷：营业外收入——违约罚款　　　　2 000

该笔经济业务除了登记“银行存款”和“营业外收入”两个总分类账户外，还应在“银行存款”日记账的借方登记 2 000 元，在“营业外收入——违约罚款”明细分类账户的贷方登记 2 000 元，进行明细分类核算。

【例 4-50】企业以银行存款向希望工程捐赠 1 000 元。

该项经济业务的发生，一方面使企业的营业外支出增加了 1 000 元，记入“营业外支出”账户的借方；另一方面使企业银行存款减少 1 000 元，记入“银行存款”账户的贷方。该项经济业务的会计分录如下。

借：营业外支出——捐赠支出　　1 000

　　贷：银行存款　　1 000

该笔经济业务除了登记“营业外支出”和“银行存款”两个总分类账户外，还应在“营业外支出——捐赠支出”明细分类账户的借方登记 1 000 元，在“银行存款”日记账的贷方登记 1 000 元，进行明细分类核算。

（三）资产减值损失的核算

1. 设置“资产减值损失”账户

为了正确核算企业确认的资产减值损失和计提的资产减值准备，企业应设置“资产减值损失”账户。该账户属于损益类账户，其借方登记企业发生的资产减值损失，贷方登记期末转入“本年利润”账户的资产减值损失数；期末结转后应无余额。该账户按不同资产的类别分别设置“存货减值损失”“固定资产减值损失”“无形资产减值损失”等，进行明细分类核算。

“资产减值损失”账户的结构如图 4.33 所示。

借　　资产减值损失	贷
本期发生额：本期发生的各项资产减值损失数	本期发生额：期末转入“本年利润”账户的资产减值损失数

图 4.33　“资产减值损失”账户的结构

2. 资产减值损失的会计处理

【例 4-51】企业生产用机器设备发生减值，经测试和计算，确认减值损失 5 000 元。

借：资产减值损失——固定资产减值损失　　5 000

　　贷：固定资产减值准备　　5 000

该笔经济业务除了登记“资产减值损失”和“固定资产减值准备”两个总分类账户外，还应在“资产减值损失——固定资产减值损失”明细分类账户的借方登记 5 000 元，在“固定资产减值准备”明细分类账户的贷方登记 5 000 元，进行明细分类核算。

（四）投资收益的核算

1. 设置“投资收益”账户

“投资收益”账户是用来核算企业对外投资取得的收益或发生的损失的账户。

该账户属于损益类账户，其贷方登记取得的投资收益或期末投资净损失的转出数；借方登记投资损失或期末投资净收益的转出数；期末结转后该账户应无余额。该账户应按投资收益的种类设置明细账，进行明细分类核算。

“投资收益”账户的结构如图 4.34 所示。

借　　投资收益	贷
本期发生额：本期投资损失或期末投资净收益的转出数	本期发生额：本期取得的投资收益或期末投资净损失的转出数

图 4.34　“投资收益”账户的结构

2. 投资收益的会计处理

【例 4-52】企业收到从投资单位分得的投资利润 5 000 元，款项已存入银行。

该项经济业务的发生，一方面使企业银行存款增加 5 000 元，记入“银行存款”账户的借方；另一方面使企业的投资收益增加了 5 000 元，记入“投资收益”账户的贷方。该项经济业务的会计分录如下。

借：银行存款　　5 000

　　贷：投资收益　　5 000

该笔经济业务除了登记“银行存款”和“投资收益”两个总分类账户外，还应在“银行存款”日记账的借方登记 5 000 元，在“投资收益”明细分类账户的贷方登记 5 000 元，进行明细分类核算。

（五）利润总额形成的核算

1. 设置“本年利润”账户

“本年利润”账户是用来核算和监督企业实现的净利润（或发生的净亏损）情况的账户。该账户属于所有者权益账户，其贷方登记期末从“主营业务收入”“其他业务收入”“公允价值变动损益（公允价值变动收益）”“营业外收入”“投资收益”（投资净收益）等账户的转入数；借方登记期末从“主营业务成本”“营业税金及附加”“其他业务成本”“销售费用”“管理费用”“财务费用”“公允价值变动损益（公允价值变动损失）”“资产减值损失”“营业外支出”“所得税”“投资收益”（投资净损失）等账户的转入数。将本期转入的收入与费用账户的发生额进行对比，若为贷方余额表示实现的净利润；若为借方余额表示发生的净亏损。在年度中间，该账户的余额保留在本账户，不予结转，表示截止到本期本年累计实现的净利润（或亏损）。年度终了，应将“本年利润”账户的余额转入“利润分配——未分配利润”账户。结转后该账户应无余额。

“本年利润”账户的结构如图 4.35 所示。

借	本年利润 贷
本期发生额：期末转入的各项费用	本期发生额：期末转入的各项收入
期末余额：发生的净亏损	期末余额：实现的净利润

图 4.35 “本年利润”账户的结构

2. 利润总额形成的会计处理

企业为了核算一定时期的利润总额，应于会计期末将各项收入、成本、费用类账户结转到“本年利润”账户，其中将收入类账户的余额转入“本年利润”账户的贷方，将成本、支出类账户的余额转入“本年利润”账户的借方。

【例 4-53】期末，根据本章前述例题，将各项收入类账户余额转入“本年利润”账户。其中，“主营业务收入”账户贷方余额 50 000 元，“其他业务收入”账户贷方余额 1 200 元，“投资收益”账户贷方余额 5 000 元，“营业外收入”账户贷方余额 2 000 元。其会计分录如下。

借：主营业务收入 50 000
　　其他业务收入 1 200
　　投资收益 5 000
　　营业外收入 2 000
　　贷：本年利润 58 200

【例 4-54】期末，根据本章前述例题，将各项费用类账户余额转入“本年利润”账户。其中，“主营业务成本”账户借方余额 22 937 元，“税金及附加”账户借方余额 73.40 元，“其他业务成本” 账户借方余额 760 元，“销售费用”账户借方余额 1 500 元，“管理费用”账户借方余额 13 336 元，“财务费用”账户借方余额 400 元，“营业外支出”账户借方余额 1 000 元，“资产减值损失”账户借方余额 5 000 元。其会计分录如下。

借：本年利润 45 006.40
　　贷：主营业务成本 22 937
　　　　税金及附加 73.40
　　　　其他业务成本 760
　　　　销售费用 1 500
　　　　管理费用 13 336
　　　　财务费用 400
　　　　营业外支出 1 000
　　　　资产减值损失 5 000

本期利润总额＝58 200－45 006.40＝13 193.60（元），也就是期末将各项收入、成本、费用类账户结转到“本年利润”账户后的“本年利润”账户贷方余额 25 030.50

元。也可以通过计算公式进行计算为

营业收入＝50 000＋1 200＝51 200（元）

营业成本＝22 937＋760＝23 697（元）

税金及附加＝73.40（元）

期间费用＝销售费用＋管理费用＋财务费用

＝1 500＋13 336＋400＝15 236（元）

资产减值损失＝5 000（元）

公允价值变动损益＝0（元）（假设不存在公允价值变动损益）

投资收益＝5 000（元）

营业利润＝营业收入－营业成本－税金及附加－销售费用－管理费用－财务费用－资产减值损失＋公允价值变动收益（－公允价值变动损失）＋投资收益（－投资损失）

＝51 200－23 697－73.40－1 500－13 336－400－5 000＋5 000

＝12 193.60（元）

利润总额＝营业利润＋营业外收入－营业外支出

＝12 193.60＋2 000－1 000＝13 193.60（元）

（六）所得税费用的核算

1. 所得税费用的计算

利润表中的所得税费用由两个部分组成：当期所得税和递延所得税，即

所得税费用＝当期所得税＋递延所得税

（1）当期所得税

当期所得税，是指企业按照税法规定计算确定的，应交纳给税务部门的所得税金额，即当期应交所得税。

企业在确定当期应交所得税时，对当期的交易和事项，会计处理与税收处理不同，应在会计利润的基础上，按照适用税法法规的规定进行调整，计算出当期应纳税所得额，按照应纳税所得额与适用所得税税率计算确定当期应交所得税，即

当期应交所得税＝当期应纳税所得额×所得税税率

（2）递延所得税

我国所得税会计采用资产负债表债务法，要求企业从资产负债表出发，通过比较资产负债表上列示的资产、负债，按照会计准则规定确定的账面价值与按税法规定确定的计税基础，对于两者之间的差异分别应纳税暂时性差异与可抵扣暂

时性差异，确认相关的递延所得税负债与递延所得税资产。

递延所得税是指按照所得税准则规定当期应予确认的递延所得税资产和递延所得税负债金额，即递延所得税资产及递延所得税负债当期发生额的综合结果。

2. 设置“所得税费用”账户

“所得税费用”账户是用来核算企业按规定从本期损益中减去的所得税费用的账户。该账户属于损益类账户，其借方登记企业计入本期损益的所得税费用；贷方登记企业期末转入“本年利润”账户的所得税费用；期末结转后应无余额。

“所得税费用”账户的结构如图 4.36 所示。

借　　　　所得税费用	贷
本期发生额：应计入本期损益的所得税费用	本期发生额：企业期末转入“本年利润”账户的所得税费用

图 4.36　“所得税费用”账户的结构

3. 所得税费用的会计处理

【例 4-55】期末，企业按照 25%的所得税税率计算本期应交纳的所得税。

假设企业不存在需要调整纳税的所得，会计利润等于当期应纳税所得额。按实现的利润总额 13 193.60 元计算当期应交所得税为

当期应交所得税＝13 193.60×25%＝3 298.40（元）

假设企业资产负债表上列示的资产、负债按照会计准则规定确定的账面价值与按税法规定确定的计税基础相同，不形成递延所得税。

所得税费用＝当期应交所得税＋递延所得税＝3 298.40＋0＝3 298.40（元）

计算出企业当期所得税费用，一方面反映企业所得税费用增加 3 298.40 元，记入“所得税费用”账户的借方；另一方面所得税在未实际支付前，形成企业的一项负债，使企业应交税费增加 3 298.40 元，记入“应交税费”账户的贷方。该项经济业务的会计分录如下。

借：所得税费用　　3 298.40

　　贷：应交税费——应交所得税　　3 298.40

该笔经济业务除了登记“所得税费用”和“应交税费”两个总分类账户外，还应在“所得税费用”明细分类账户的借方登记 3 298.40 元，在“应交税费——应交所得税”明细分类账户的贷方登记 3 298.40 元，进行明细分类核算。

（七）净利润形成的核算

1. 净利润的计算

净利润，是指利润总额减去所得税费用后的数额。

根据前述资料，企业净利润可以用公式表示为

净利润＝利润总额－所得税费用

＝13 193.60－3 298.40＝9 895.20（元）

2. 净利润的核算通过“本年利润”账户进行

有关“本年利润”账户核算的内容和结构，前已述及，此处从略。

3. 净利润形成的会计处理

【例 4-56】期末，企业将本期“所得税费用”账户的借方余额 3 298.40 元转入“本年利润”账户。该项经济业务的会计分录如下。

	借方	贷方
借：本年利润	3 298.40	
贷：所得税费用		3 298.40

三、利润分配的核算

（一）利润分配的内容及顺序

企业的利润分配，是指按照国家的规定或企业董事会决议提请股东大会批准的年度利润分配方案，对企业实现的净利润进行的分配。企业的利润分配涉及各方面的经济利益，因此，必须严格按照企业会计制度及会计法规的有关规定来进行。

企业当期实现的净利润，加上年初未分配利润（或减去年初未弥补亏损）和其他转入后的余额，为可供分配的利润。企业可供分配的利润，应按下列顺序分配。

1. 提取法定公积金

按照《公司法》有关规定，公司制企业应当按照净利润的 10%提取法定盈余公积（非公司制企业也可按照超过 10%的比例提取）。法定盈余公积累计额已达到注册资本的 50%时，可以不再提取。

2. 提取任意公积金

公司从税后利润中提取法定公积金后，经股东会或者股东大会决议，也可以从税后利润中提取任意公积金。非公司制企业经类似权利机构批准，也可提取任意盈余公积。

企业提取的盈余公积（包括法定盈余公积和任意盈余公积）主要用于弥补亏损、转增资本等。

3. 向投资者分配利润

1）应付普通股股利，是指企业按照利润分配方案分配给普通股股东的现金股利，也包括非股份制企业分配给投资者的利润。

2）转作资本（或股本）的普通股股利，是指企业按照利润分配方案以分派股票股利的形式转作资本（或股本）的普通股股利，也包括非股份制企业以利润转增的资本。

（二）利润分配业务核算的账户设置

为了核算利润分配业务，企业应设置“利润分配”“盈余公积”“应付利润（或股利）”等账户。

1. “利润分配”账户

“利润分配”账户是用来核算企业利润的分配（或亏损的弥补）和历年分配（或弥补）后的积存余额的账户。该账户属于所有者权益账户，其借方登记按规定实际分配的利润数额，或年终时从“本年利润”账户的贷方转来的全年亏损总额；贷方平时一般不作登记，因而在年度中间该账户的期末余额为借方余额，表示截止到本期企业累计已分配利润数额。平时，将“本年利润”账户的贷方余额（累计实现的利润）与“利润分配”的借方余额（累计已分配的利润）相减，可以求得未分配的利润余额。年终时，企业将全年实现的净利润总额，从“本年利润”账户的借方转入本账户的贷方；年终结转后，该账户如为贷方余额表示历年积存的未分配利润，如为借方余额则表示历年积存的未弥补亏损。

为了具体地反映和监督企业利润分配的去向和历年分配后的结余金额，该账户按利润分配的具体项目，一般应设置“提取法定盈余公积”“提取任意盈余公积”“应付利润（或股利）”“其他转入”“未分配利润”等明细账，进行明细分类核算。

“利润分配”账户的结构如图 4.37 所示。

借　　利润分配	贷
期初余额：历年积存的未弥补亏损 本期发生额：实际分配的利润数，或年终时从“本年利润”账户的贷方转来的全年发生的亏损总额	期初余额：历年积存的未分配利润 本期发生额：年终时从“本年利润”账户的借方转来的全年实现的净利润总额
期初余额：年度中间为累计已分配利润数，年末结账后为历年积存的未弥补亏损	期末余额：历年积存的未分配利润

图 4.37　“利润分配”账户的结构

2. “盈余公积”账户

“盈余公积”账户是用来核算企业从净利润中提取的盈余公积金的账户。该账户属于所有者权益类账户，其贷方登记企业从净利润中提取的盈余公积；借方登记以盈余公积弥补亏损、转增资本的数额；期末余额在贷方，表示企业提取盈余公积的实际结存数额。企业应按盈余公积的种类设置明细账，进行明细分类核算。

“盈余公积”账户的结构如图 4.38 所示。

借　　盈余公积	贷
本期发生额：企业以盈余公积弥补亏损、转增资本的数额	期初余额：历年积存的盈余公积数额 本期发生额：企业从净利润提取的盈余公积数额
	期末余额：企业提取盈余公积的实际结存数额

图 4.38　“盈余公积”账户的结构

3. “应付利润（或股利）”账户

“应付利润（或股利）”账户是用来核算企业经董事会或股东大会，或类似机构决议确定分配的利润或现金股利的账户。该账户属于负债类账户，其贷方登记根据通过的股利或利润分配方案，应支付的利润或现金股利；借方登记实际支付数；期末余额在贷方，表示企业尚未支付的利润或现金股利。

“应付利润（或股利）”账户的结构如图 4.39 所示。

借　　应付利润（或股利）	贷
本期发生额：企业实际支付的利润或现金股利数额	期初余额：企业尚未支付的利润或现金股利 本期发生额：企业应支付的利润或现金股利数额
	期末余额：企业尚未支付的利润或现金股利

图 4.39　“应付利润”账户的结构

（三）利润分配业务核算的会计处理

利润分配业务的核算，主要涉及提取盈余公积金、向投资者分配的利润或股利等。

【例 4-57】企业根据规定按净利润的 10%提取法定盈余公积金。

企业应提取的法定盈余公积金＝9 895.20×10%＝989.52（元）

该项经济业务说明，企业计提法定盈余公积金，属于利润分配的一项内容。一方面，企业提取法定盈余公积金 989.52 元，记入“利润分配”账户的借方；另一方面，企业盈余公积金增加 989.52 元，记入“盈余公积”账户的贷方。其会计分录如下。

借：利润分配——提取法定盈余公积　989.52

　　贷：盈余公积——法定盈余公积　989.52

该笔经济业务除了登记“利润分配”和“盈余公积”两个总分类账户外，还应在“利润分配——提取法定盈余公积”明细分类账户的借方登记 989.52 元，在“盈余公积——法定盈余公积”明细分类账户的贷方登记 989.52 元，进行明细分类核算。

【例 4-58】企业根据规定按净利润的 5%提取任意盈余公积金。

企业应提取的任意盈余公积金＝9 895.20×5%＝494.76（元）

该项经济业务说明，企业计提任意盈余公积金，属于利润分配的一项内容。一方面，企业提取任意盈余公积金 494.76 元，记入“利润分配”账户的借方；另一方面，企业任意盈余公积金增加 494.76 元，记入“盈余公积”账户的贷方。其会计分录如下。

借：利润分配——提取任意盈余公积　494.76

　　贷：盈余公积——任意盈余公积　494.76

该笔经济业务除了登记“利润分配”和“盈余公积”两个总分类账户外，还应在“利润分配——提取任意盈余公积”明细分类账户的借方登记 494.76 元，在“盈余公积——任意盈余公积”明细分类账户的贷方登记 494.76 元，进行明细分类核算。

【例 4-59】企业根据批准的利润分配方案，向投资者分配利润 5 000 元。

该项经济业务说明，企业向投资者分配利润，属于利润分配的一项内容。一方面，企业向投资者分配利润 5 000 元，记入“利润分配”账户的借方；另一方面，企业向投资者分配利润 5 000 元，在没有实际支付之前，形成了企业的一项负债，记入“应付利润”账户的贷方。其会计分录如下。

借：利润分配——应付利润　5 000

　　贷：应付利润　5 000

该笔经济业务除了登记“利润分配”和“应付利润”两个总分类账户外，还应在“利润分配——应付利润”明细分类账户的借方登记 5 000 元，在“应付利润”明细分类账户的贷方登记 5 000 元，进行明细分类核算。

【例 4-60】年终决算时，企业结转全年实现的净利润 9 895.20 元。

年终决算时，企业应将“本年利润”账户的借贷方差额转入“利润分配”总账及其所属的“未分配利润”明细账，结平“本年利润”账户。根据前述资料，“本年利润”账户的贷方余额为 9 895.20 元。因此，企业应将该余额从“本年利润”的借方转入“利润分配”总账及其所属的“未分配利润”明细账的贷方。其会计分录如下。

借：本年利润　　9 895.20

　　贷：利润分配——未分配利润　　9 895.20

该笔经济业务除了登记“本年利润”和“利润分配”两个总分类账户外，还应在“本年利润”明细分类账户的借方登记 9 895.20 元，在“利润分配——未分配利润”明细分类账户的贷方登记 9 895.20 元，进行明细分类核算。

【例 4-61】年终决算时，企业结转全年已分配的利润 10 815.93 元。

年终决算时，企业应将“利润分配”账户所属的各明细分类账户的借方合计数 6 484.28 元（989.52＋494.76＋5 000），结转到“利润分配——未分配利润”明细分类账户的借方。其会计分录如下。

借：利润分配——未分配利润　　6 484.28

　　贷：利润分配——提取法定盈余公积　　989.52

　　　　　　　　——提取任意盈余公积　　494.76

　　　　　　　　——应付利润　　5 000

该笔经济业务除了登记“利润分配”总分类账户外，还应在“利润分配——未分配利润”明细分类账户的借方登记 6 484.28 元，在“利润分配——提取法定盈余公积”“利润分配——提取任意盈余公积”“利润分配——应付利润”明细分类账户的贷方分别登记 989.52 元、494.76 元和 5 000 元，进行明细分类核算。

经过上述结转后，“利润分配——未分配利润”明细分类账户的借方合计为 6 484.28 元，贷方合计为 9 895.20 元，借贷方相抵后的差额为 3 410.92 元，即为年末的未分配利润，结转到下年为年初余额。“利润分配”账户所属其他各明细分类账户的借贷方合计数相等，年末没有余额。

第七节　资金退出和调整业务的核算

除了前面第二节至第六节所述制造业主要经济业务核算以外，在资金使用过程中，还有一些资金退出和调整的业务，包括向投资者支付薪酬和利润、上交税金、使用福利费、归还借款、资产转换、对外投资及其他各项支出等。其中，有些经济业务的核算前面已述及，这里就前面未述及的经济业务核算简要加以补充说明。

一、支付工资业务的核算

【例 4-62】企业从银行提取现金 24 000 元，准备发放职工工资。

该项经济业务的发生，一方面使企业银行存款减少 24 000 元；另一方面使企业现金增加 24 000 元。因此，该项经济业务涉及“库存现金”和“银行存款”两个账户。现金的增加是企业资产的增加，应记入“库存现金”账户的借方；银行存款的减少是资产的减少，应记入“银行存款”账户的贷方。该项经济业务的会计分录如下。

借：库存现金　　24 000
　　贷：银行存款　　24 000

该笔经济业务除登记“库存现金”“银行存款”两个总分类账户外，还应在“库存现金”日记账的借方登记 24 000 元，在“银行存款”日记账的贷方登记 24 000 元。

【例 4-63】企业以现金 24 000 元发放职工工资。

该项经济业务的发生，一方面使企业应付职工薪酬减少 24 000 元；另一方面使企业库存现金减少 24 000 元。因此，该项经济业务涉及“应付职工薪酬”和“库存现金”两个账户。应付职工薪酬的减少是企业负债的减少，应记入“应付职工薪酬”账户的借方；库存现金的减少是资产的减少，应记入“库存现金”账户的贷方。该项经济业务的会计分录如下。

借：应付职工薪酬——工资　　24 000
　　贷：库存现金　　24 000

该笔经济业务除登记“应付职工薪酬”和“库存现金”两个总分类账户外，还应在“应付职工薪酬——工资”明细分类账户的借方登记 24 000 元，在“库存现金”日记账的贷方登记 24 000 元。

二、上交税金业务的核算

【例 4-64】企业以银行存款上交增值税 734 元、城市维护建设税 51.38 元、教育费附加 22.02 元和所得税 6 257.63 元。

该项经济业务的发生，一方面使企业应交税费减少 4 105.80 元；另一方面使企业银行存款减少 4 105.80 元。因此，该项经济业务涉及“应交税费”和“银行存款”两个账户。应交税费的减少是企业负债的减少，应记入“应交税费”账户的借方；银行存款的减少是资产的减少，应记入“银行存款”账户的贷方。该项经济业务的会计分录如下。

借：应交税费——应交增值税　　734
　　　　　　——应交城市维护建设税　　51.38
　　　　　　——应交所得税　　3 298.40
　　　　　　——应交教育费附加　　22.02
　　贷：银行存款　　4 105.80

该笔经济业务除登记“应交税费”和“银行存款”两个总分类账户外，还应在“应交税费——应交增值税”“应交税费——应交城市维护建设税”“应交税费——应交所得税”“应交税费——应交教育费附加”明细账的借方分别登记734元、51.38元、3 298.40元和22.02元，在“银行存款”日记账的贷方登记4 105.80元。

三、福利费支出业务的核算

【例4-65】企业以现金购入医药用品600元，支付职工困难补助费400元。

该项经济业务的发生，一方面使企业福利费支出增加1 000元；另一方面使企业现金减少1 000元。因此，该项经济业务涉及“应付职工薪酬”和“库存现金”两个账户。福利费支出的增加是企业负债的减少，应记入“应付职工薪酬”账户的借方；现金的减少是资产的减少，应记入“库存现金”账户的贷方。该项经济业务的会计分录如下。

借：应付职工薪酬——职工福利　　1 000

　　贷：库存现金　　1 000

该笔经济业务除登记“应付职工薪酬”和“库存现金”两个总分类账户外，还应在“应付职工薪酬——职工福利”明细分类账户的借方登记1 000元，在“现金”日记账的贷方登记1 000元。

四、向投资者支付利润业务的核算

【例4-66】企业以银行存款5 000元向投资者支付利润。

该项经济业务的发生，一方面使企业应付利润减少5 000元；另一方面使企业银行存款减少5 000元。因此，该项经济业务涉及“应付利润”和“银行存款”两个账户。应付利润的减少是企业负债的减少，应记入“应付利润”账户的借方；银行存款的减少是资产的减少，应记入“银行存款”账户的贷方。该项经济业务的会计分录如下。

借：应付利润　　5 000

　　贷：银行存款　　5 000

该笔经济业务除登记“应付利润”和“银行存款”两个总分类账户外，还应在“应付利润”明细分类账户的借方登记5 000元，在“银行存款”日记账的贷方登记5 000元。

五、归还银行借款业务的核算

【例4-67】企业前述短期借款到期，以银行存款支付本金100 000元。

该项经济业务的发生，一方面使企业短期借款减少 100 000 元；另一方面使企业银行存款减少 100 000 元。因此，该项经济业务涉及“短期借款”和“银行存款”两个账户。短期借款的减少是企业负债的减少，应记入“短期借款”账户的借方；银行存款的减少是资产的减少，应记入“银行存款”账户的贷方。该项经济业务的会计分录如下。

借：短期借款　　100 000
　　贷：银行存款　　100 000

该笔经济业务除登记“短期借款”和“银行存款”两个总分类账户外，还应在“短期借款”明细分类账户的借方登记 100 000 元，在“银行存款”日记账的贷方登记 100 000 元。

六、固定资产减少业务的核算

企业固定资产减少的业务，主要包括企业固定资产出售、对外投资、报废和毁损等业务。固定资产出售、对外投资、报废和毁损应通过“固定资产清理”账户核算。该账户属于资产类账户，用来核算企业因出售、对外投资、报废和毁损等原因转入清理的固定资产价值及其在清理过程中所发生的清理费用和清理收入等。其借方登记因出售、对外投资、报废和毁损等原因而转销的固定资产净值及其在清理过程中所发生的清理费用和清理净收益的转出数；贷方登记因出售、对外投资、报废和毁损等原因转入清理的固定资产的价款、残料价值和变价收入及清理净收入的转出数。

固定资产清理完成后。对清理净损益，应区分不同情况进行账务处理：属于生产经营期间正常的处置损益，计入“资产处置损益”；属于自然灾害等非正常原因造成的损失，计入营业外收支。固定资产清理账户借方余额表示固定资产清理后的净损失，应转入“资产处置损益”或“营业外支出”账户；贷方余额表示固定资产清理后的净收益，应转入“资产处置损益”或“营业外收入”账户，结转后应无余额。该账户应按被清理的固定资产设置明细分类账。

“固定资产清理”账户的结构如图 4.40 所示。

借　　固定资产清理	贷
期初余额：固定资产清理后的净损失 本期发生额：因出售、对外投资、报废和毁损等原因而转销的固定资产净值及其在清理过程中所发生的清理费用和清理净收益的转出数	期初余额：固定资产清理后的净收益 本期发生额：因出售、对外投资、报废和毁损等原因转入清理的固定资产的价款、残料价值和变价收入及清理净收入的转出数
期末余额：固定资产清理后的净损失	期末余额：固定资产清理后的净收益

图 4.40　“固定资产清理”账户的结构

【例 4-68】企业出售设备一台，原价 40 000 元，已提折旧 20 000 元，售价 30 000 元，价款已收到并存入银行（增值税暂不考虑）。

该项经济业务的发生，一方面企业要转销累计折旧 20 000 元，并通过“固定资产清理”账户反映出售固定资产的净值 20 000 元，应分别记入“累计折旧”和“固定资产清理”账户的借方；另一方面使企业固定资产原价减少 40 000 元，应记入“固定资产”账户的贷方。在收到价款 30 000 元时，记入“银行存款”账户的借方；在确认清理收入 30 000 元时，记入“固定资产清理”账户的贷方。固定资产清理的净收益 10 000 元，应转入“资产处置损益”账户。该项经济业务的会计分录如下。

借：固定资产清理	20 000	
累计折旧	20 000	
贷：固定资产		40 000
借：银行存款	30 000	
贷：固定资产清理		30 000
借：固定资产清理	10 000	
贷：资产处置损益		10 000

七、企业对外投资业务的核算

企业除了使用资金进行生产经营活动以外，还可以用资金对外投资，以获取经济利益。核算对外投资业务的账户有“交易性金融资产”“长期股权投资”等。

交易性金融资产主要是企业为了近期的出售或回购而持有的金融资产，如企业以赚取差价为目的从二级市场购入的股票、债券、基金等投资。

“长期股权投资”核算企业持有的对其子公司、合营企业及联营企业的权益性投资。

【例 4-69】企业支付 10 000 元从二级市场购入某公司发行的股票 1 000 股，每股价格 10 元，款项已通过银行付讫。企业将此股权划分为交易性金融资产，且持有股权后对其无重大影响。

该项经济业务的发生，一方面使企业银行存款减少 10 000 元；另一方面使企业交易性金融资产增加 10 000 元。因此，该项经济业务涉及“交易性金融资产”和“银行存款”两个账户。短期投资的增加是企业资产的增加，应记入“交易性金融资产”账户的借方；银行存款的减少是资产的减少，应记入“银行存款”账户的贷方。该项经济业务的会计分录如下。

借：交易性金融资产	10 000	
贷：银行存款		10 000

【例 4-70】企业支付价款 400 000 元取得某公司 55%的股权。企业将购入的股

权作为长期股权投资核算。

该项经济业务的发生，一方面使企业长期股权投资增加 400 000 元；另一方面使企业银行存款减少 400 000 元。因此，该项经济业务涉及“长期股权投资”和“银行存款”两个账户。长期股权投资的增加是企业资产的增加，应记入“长期股权投资”账户的借方；银行存款的减少是资产的减少，应记入“银行存款”账户的贷方。该项经济业务的会计分录如下。

借：长期股权投资	400 000	
贷：银行存款		400 000

该笔经济业务除登记“长期股权投资”和“银行存款”两个总分类账户外，还应在“长期股权投资”明细分类账户的借方登记 400 000 元，在“银行存款”日记账的贷方登记 400 000 元。

习　题

1.**【目的】**熟悉和掌握制造业资金筹集业务的核算。

【资料】中原公司 20××年 9 月发生下列经济业务。

1）1 日，收到国家增拨的投资 200 000 元，款项已存入银行。

2）10 日，从银行取得借款 500 000 元，期限 6 个月，年利率为 6%，利息于季度末结算，所得款项存入银行。

3）15 日，收到大华公司投入的生产线，其原值 600 000 元，已提折旧 50 000 元，双方协商作价为 560 000 元。（协商价格与公允价值相等）

4）20 日，企业将盈余公积 100 000 元转增资本。

5）26 日，企业收到王辉专利权投资，价值 50 000 元（增值税暂不考虑）。

【要求】根据上述经济业务编制会计分录。

2.**【目的】**熟悉和掌握制造业固定资产购建业务的核算。

【资料】红星公司 20××年 4 月发生下列经济业务（运费、保险费、包装费的增值税暂不考虑）。

1）2 日，购入不需要安装的机器一台，买价为 80 000 元，增值税 10 400 元，包装费 500 元，运费 400 元，全部款项已用银行存款支付。

2）12 日，购入需要安装的一条生产线，买价为 200 000 元，增值税 26 000 元，另支付包装费 1 000 元，运输途中的保险费及运输费共计 1 200 元，全部款项用银行存款支付。

3）16 日，在安装生产线过程中，耗用材料 1 500 元，耗用人工 2 500 元。

4）28 日，生产线安装完毕，经验收合格交付使用。

【要求】根据所给经济业务编制会计分录并开设、登记“在建工程”“固定资产”两个“T”形账户。

3.【目的】熟悉和掌握制造业材料采购业务的核算。

【资料】志强工厂 20××年 4 月发生下列材料采购业务（运费、保险费、包装费的增值税暂不考虑）。

1）3 日，从长江工厂购入 A 材料 800 千克，每千克 25 元，运费 200 元，增值税进项税额为 2 600 元，款项尚未支付。

2）5 日，以银行存款 50 000 元向中原工厂预付购买 B 材料的货款。

3）9 日，从新雨工厂购入 C、D 两种材料，材料的买价为：

C 材料	300 千克	单价 100 元	合计　30 000 元
D 材料	500 千克	单价 200 元	合计 100 000 元
			总计 130 000 元

购入材料共发生运杂费 800 元，增值税进项税额 16 900 元。上述款项全部用银行存款支付。

4）11 日，以银行存款 50 000 元，偿还所欠宏达工厂的货款。

5）14 日，从唐丰工厂购入 B 材料 500 千克，单价 130 元，运费 200 元，增值税进项税额为 8 450 元，企业开出并承兑 3 个月到期的商业承兑汇票一张，但材料尚未运达企业。

6）19 日，收到中原工厂发来的已预付货款的 B 材料 500 千克，单价 110 元，增值税进项税额 7 150 元。

7）21 日，向中原工厂补付货款 12 150 元。

8）25 日，收到利华工厂发来的 A 材料 1 000 千克，单价 24 元，代垫运费 600 元，增值税进项税额 3 120 元，冲销上月预付款 10 000 元，其余部分已用银行存款补付。

9）30 日，计算 A、B、C、D 4 种已入库材料的采购成本，并一次结转入库材料的成本（运杂费按材料的重量分配）。

【要求】根据上述经济业务编制会计分录并开设“在途物资”的“T”形账户进行登记，结出“在途物资”账户的本期发生额及余额，说明余额的含义。

4.【目的】熟悉和掌握制造业材料采购成本的计算。

【资料】田信公司购入 A、B 两种材料，共 5 000 千克，其中 A 材料 3 000 千克，单价 15 元；B 材料 2 000 千克，单价 10 元。两种材料共发生运费 800 元（运费的增值税暂不考虑）。

【要求】根据上述资料计算 A、B 材料的采购成本，并编制材料采购成本计算表（运费按两种材料的重量比例进行分配）。试将各数据填入表 4.12。

表 4.12　材料采购成本计算表　　单位：元

材料名称	单位	数量	单价	买价	运杂费（分配率）	总成本	单位成本
A							
B							
合 计							

5.【目的】熟悉和掌握制造业产品生产业务的核算。

【资料】某工业企业 20××年 9 月生产甲、乙两种产品，有关经济业务如下。

1）26 日，将本月生产车间领用材料按用途汇总，如表 4.13 所示。

表 4.13　领用材料汇总表　　单位：元

项目	A 材料	B 材料	C 材料	合计
生产产品耗用	55 000	35 000	10 000	100 000
其中：甲产品	35 000	12 000	6 000	53 000
乙产品	20 000	23 000	4 000	47 000
车间一般耗用	800	—	200	1 000
合计	55 800	35 000	10 200	101 000

2）27 日，计算出本月应付职工薪酬 114 000 元，具体分配如下。

生产工人工资　　86 000 元

其中：甲产品生产工人工资　　46 000 元

乙产品生产工人工资　　40 000 元

车间管理人员工资　　22 000 元

行政部门人员工资　　6 000 元

合计 114 000 元

3）27 日，按工资总额的 20%计提应由企业负担的医疗保险费等保险费，按职工工资总额的 10%计提住房公积金，按职工工资总额的 2%计提职工福利费，分别按照职工工资总额的 2%和 8%计提工会经费和职工教育经费。

4）以银行存款发放职工工资，并代扣应由职工自己负担的 10%的社会保险费和 10%的住房公积金。

5）将应由企业和职工自己负担的社会保险费和住房公积金缴纳给当地社会保险经办机构和住房公积金管理机构。

6）29 日，以银行存款购入车间用办公用品及劳保用品 1 400 元。

7）29 日，租入厂房 1 间，用于产品生产，预付半年的租金 6 000 元。

8）30 日，计提本月生产车间固定资产折旧费 15 000 元。

9）30日，支付生产车间的固定资产日常修理费1 020元。

10）30日，根据上述业务，汇总制造费用，按甲、乙两种产品的生产工时进行分摊，甲产品生产工时6 000小时，乙产品生产工时4 000小时。

11）30日，计算甲、乙两种产品成本。甲产品全部完工，结转完工入库产品生产成本（工资费用按工时分配），乙产品全部未完工。

【要求】

1）根据所给资料编制会计分录。

2）开设“制造费用”和“生产成本”的“T”形账户，并结出本期发生额及余额。

6. **【目的】**熟悉和掌握制造业产品销售业务的核算。

【资料】某制造企业20××年12月发生下列销售业务。

1）4日，向日升公司销售A产品1 000件，每件售价200元，代垫运杂费150元，增值税26 000元，款尚未收到。

2）8日，预收金田公司货款50 000元存入银行。

3）向方正公司销售B产品一批计100件，每件售价80元，增值税1 040元，收到转账支票一张。

4）13日，发出A产品200件给金田公司，每件售价200元，增值税5 200元，余款退回金田公司。

5）收到日升公司A产品的货款，增值税及运杂费226 150元。

6）16日，向四海公司销售B产品1 000件，每件80元，增值税10 400元，收到四海公司签发的6个月的商业承兑汇票一张，面值90 400元。

7）28日，结转本月销售A、B两种产品的成本，A产品单位成本160元，B产品单位成本50元。

8）30日，以银行存款支付本期销售产品的广告宣传费6 200元。

9）31日，按规定计算出本月应负担的城市维护建设税1 750元，教育费附加750元。

【要求】根据所给资料编制会计分录。

7. **【目的】**熟悉和掌握制造业财务成果形成和分配业务的核算。

【资料】某企业20××年12月发生下列业务。

1）10日，以现金支付本月违约罚金2 400元。

2）14日，王芳报销差旅费900元，上个月出差时预借差旅费1 000元，余款退回现金。

3）25日，银行存款支付本月的短期借款利息800元。

4）27日，行政科领用材料600元。

5）28日，出售设备一台，价款7 000元存入银行，该设备原值12 000元，已提折旧4 000元。

6）30 日，企业清理长期无法支付的应付账款 8 000 元。

7）31 日，计算出本月累计应纳所得税 38 359.20 元。（假设无递延所得税）

8）31 日，计算并结转本年利润，该企业有关损益类账户 12 月期末余额如表 4.14 所示。

9）31 日，按规定提取盈余公积 11 682.12 元。

10）31 日，按规定应付投资者利润 20 000 元。

11）31 日，结转本年实现的净利润 77 880.80 元。

表 4.14　损益类账户 12 月期末余额　　单位：元

账户名称	借方余额	贷方余额
主营业务收入	—	512 000
营业外收入	—	2 000
主营业务成本	342 000	—
销售费用	9 000	—
税金及附加	12 300	—
管理费用	14 000	—
财务费用	20 100	—
营业外支出	360	—
所得税费用	38 359.20	—

【要求】

1）根据所给资料编制会计分录。

2）开设“本年利润”和“利润分配”的“T”形账户，登账并进行结账。

8. **【目的】** 熟悉和掌握借贷记账法在制造业主要经济业务中的综合应用。

【资料】 中原制造厂 20××年 12 月发生下列经济业务。

1）1 日，收到国家投入的货币资金 250 000 元存入银行。

2）3 日，收到大明公司投入使用过的设备一台，该设备原值 150 000 元，已提折旧 40 000 元，经双方协商作价 100 000 元。（协商价格与公允价值相等）

3）5 日，向银行取得借款 80 000 元，期限为 6 个月，年利率为 7.2%，利息每季度结算一次，所得借款存入银行。

4）6 日，购入 A 材料 10 吨，货款 20 000 元，运费 1 000 元，增值税进项税额 2 600 元，货款已于上月预付 20 000 元，当即用银行存款补付 3 600 元，材料已验收入库。（运费增值税暂不考虑）

5）6 日，结转 A 材料入库的实际成本。

6）8 日，购入 A、B、C 3 种材料，买价 64 000 元，增值税进项税额 8 320 元，货款尚未支付。

A 材料　10 吨　单价 2 000 元　计 20 000 元
B 材料　40 吨　单价　700 元　计 28 000 元
C 材料　20 吨　单价　800 元　计 16 000 元
合计 64 000 元

7）8 日，以银行存款支付 A、B、C 3 种材料的运费及装卸费 2 800 元（按材料重量分配，运费和装卸费的增值税暂不考虑）。

8）8 日，A、B、C 3 种材料验收入库，计算并结转入库材料实际成本 66 800 元。

9）10 日，仓库发出材料，发料汇总情况如表 4.15 所示。

表 4.15　发料汇总情况表　单位：元

项目	A 材料	B 材料	C 材料	合计
生产产品耗用	24 000	13 000	9 800	46 800
甲产品	14 000	5 000	3 800	22 800
乙产品	10 000	8 000	6 000	24 000
车间一般耗用	7 000	3 000	—	10 000
厂部一般耗用	3 000	—	1 000	4 000
合计	34 000	16 000	10 800	60 800

10）12 日，结算本月应付职工工资。

生产工人工资　104 000 元
其中：甲产品工人工资　68 000 元
乙产品工人工资　36 000 元
车间管理人员工资　7 000 元
行政管理人员工资　5 000 元
合计 116 000 元

11）13 日，按工资总额的 20%计提应由企业负担的医疗保险费等保险费，按工资总额的 10%计提住房公积金，按职工工资总额的 2%计提职工福利费，分别按照职工工资总额的 2%和 8%计提工会经费和职工教育经费。

12）以银行存款发放职工工资，并代扣应由职工自己负担的 10%的社会保险和 10%的住房公积金。

13）将应由企业和职工自己负担的社会保险费和住房公积金缴纳给当地社会保险经办机构和住房公积金管理机构。

14）16 日，以银行存款支付 8 日的购料款及增值税额。

15）19 日，生产科李亮报销差旅费 800 元，李亮出差时预借差旅费 1 000 元，余款退回现金。

16）21 日，开出转账支票一张，购买办公用品 300 元，交厂部使用。

17）21 日，支付违约罚金 4 000 元。

18）22 日，收到购买单位偿付的前欠货款 28 000 元。

19）26 日，销售乙产品一批，货款 40 000 元，增值税的销项税额 5 200 元，代垫运费 1 200 元，已向银行办理托收手续。

20）27 日，出售不需用的设备一台，收到价款 9 400 元存入银行。该设备原值 32 000 元，已提折旧 21 000 元。

21）28 日，企业清理无法支付的应付账款 8 000 元转入营业外收入。

22）29 日，以银行存款支付广告费 1 000 元。

23）30 日，销售甲产品一批，货款 50 000 元，增值税的销项税额 6 500 元，收到面值 56 500 元、期限 3 个月的商业承兑汇票一张。

24）31 日，计提企业本月固定资产的折旧费 6 800 元，其中车间用固定资产应计提折旧 5 000 元，厂部用固定资产应计提折旧 1 800 元。

25）31 日，计算并分配结转本月发生的制造费用（按生产工时的比例分配，其中甲产品的工时为 6 000 小时、乙产品的工时为 4000 小时）。

26）31 日，本月甲产品投入 500 件全部完工、乙产品投入 300 件全部未完工，结转甲产品入库的实际成本。

27）31 日，结转本月已售产品的生产成本 44 000 元，其中已售甲产品成本 14 500 元、已售乙产品成本 29 500 元。

28）31 日，按照规定计算出本月应负担的产品销售税金及附加费 7 600 元。

29）结转本月的损益类账户的发生额结转到“本年利润”账户，计算本月的利润总额。

30）按利润总额的 25%计算应纳所得税。

31）将“所得税费用”账户的发生额转入“本年利润”账户，计算本月净利润。

【要求】

1）根据上述经济业务编制会计分录。

2）根据有关会计分录登记甲、乙产品生产成本明细账，开设并登记“制造费用”和“管理费用”的“T”形账户，如表 4.16 和表 4.17 所示。

表 4.16　产品成本明细账

产品名称：甲产品　　　　单位：元

项目	产量（件）	直接材料费	直接人工费	制造费用	合计
本月生产费用					
结转完工产品成本					
完工产品单位成本					

表 4.17　产品成本明细账

产品名称：乙产品　　　　单位：元

项目	产量（件）	直接材料费	直接人工费	制造费用	合计
本月生产费用					
月末在产品成本					

第五章　会计循环（三）

学习内容与要求

会计实务中，为了实现会计目标而进行的会计核算，一般需要经过“会计凭证—会计账簿—会计报表”的处理步骤，并采用相应的核算方法，由此构成会计处理循环。本章是会计学的实务基础，主要讲授组织会计核算的基本流程，会计凭证、会计账簿、会计报表的内容及编制方法，财务报表分析的基础知识等。通过对本章的学习，要求学生掌握会计凭证和账簿的基本内容，财务报表的种类及各种报表的编制原理和方法，了解不同的会计核算组织程序和财务报表分析的基本方法等内容。

第一节　凭证与账簿

会计凭证是记录经济业务，明确经济责任，作为记账依据的书面证明。会计凭证是记账的依据，会计账簿是编制会计报表的依据，填制和审核会计凭证，设置和登记账簿都是会计核算的专门方法，也是会计实务的基本工作。

一、原始凭证的填制与审核

（一）原始凭证的意义

原始凭证，是在经济业务发生或完成时取得或填制的，用以记录、证明经济业务已经发生或完成的原始单据，是进行会计核算的原始资料。原始凭证记载着大量的经济信息，是证明经济业务发生的初始文件，具有较强的法律效力。

会计主体发生任何一项经济业务，都必须有凭证为据。由执行或完成该项经济业务的有关人员填制或取得原始凭证，详细说明该项业务的内容，并在凭证上签名或盖章，以明确经济责任。填制或取得原始凭证后，要由审核人员进行审核，经审核无误，并由审核人员签字盖章后，才可作为记账的依据。

原始凭证的填制和审核，对于如实反映经济业务的内容，有效监督经济业务的合理性和合法性，保证会计核算资料的真实性、可靠性、合理性，发挥会计在经济管理中的作用，具有重要意义。

（二）原始凭证的作用

原始凭证作为会计实务核算的起点，在经济管理中具有重要作用。具体而言，主要有以下 4 个方面的作用。

1. 提供经济信息

会计人员可以根据原始凭证，对日常大量、分散的各种经济业务，进行记录、整理、分类、汇总，并经过会计处理，为经济管理提供有用的会计信息。

2. 监督、控制经济活动

通过对原始凭证的审核，可以检查经济业务的发生是否符合有关的法令、制度，是否符合业务经营、财务收支和计划及预算的规定，以确保经济业务的合法性、合理性和有效性。监督经济业务的发生、发展，控制经济业务的有效实施，是发挥会计管理职能的重要内容。

3. 提供记账依据

原始凭证是记账的原始依据，通过原始凭证的填制、取得与审核，相关人员按一定方法对原始凭证进行整理、分类、汇总，为会计记账提供真实、可靠的依据，并通过原始凭证的及时传递，对经济业务适时地进行记录。

4. 加强经济责任制

经济业务发生后，要取得或填制适当的原始凭证，证明经济业务已经发生或完成；同时要由有关的经办人员，在凭证上签字、盖章，明确业务责任人。通过原始凭证的填制、取得和审核，使有关责任人在其职权范围内各司其职、各负其责；同时，利用凭证填制、取得和审核的手续制度，可以进一步加强经济责任制。

（三）原始凭证的分类

原始凭证是多种多样的，可以按照不同的标准进行分类。实务中，主要按来源将其分为外来原始凭证和自制原始凭证两大类。

1. 外来原始凭证

外来原始凭证是指会计主体同外部单位发生经济往来时，从外部单位取得的原始凭证，如购货时取得的增值税专用发票、付款时所取得的发票及收据等。

增值税专用发票的一般格式如表 5.1 所示。外来原始凭证均为一次性凭证，即只能使用一次，不可重复使用。

表 5.1　上海市增值税专用发票

3100061140　上海增值税专用发票　No.14521154

发票联

开票日期：

<table>
<tr><td rowspan="4">购
买
单
位</td><td colspan="5">名称：
纳税人识别号：
地址、电话：
开户行及账号：</td><td>密
码
区</td><td colspan="3"></td></tr>
<tr><td colspan="2">货物或应税劳务、服务名称</td><td>规格型号</td><td>单位</td><td>数量</td><td>单价</td><td>金额</td><td>税率</td><td>税额</td></tr>
<tr><td colspan="2">

合计</td><td></td><td></td><td></td><td></td><td></td><td></td><td></td></tr>
<tr><td colspan="2">价税合计（大写）</td><td colspan="7">（小写）</td></tr>
<tr><td>销
售
单
位</td><td colspan="5">名称：
纳税人识别号：
地址、电话：
开户行及账号：</td><td>备
注</td><td colspan="3"></td></tr>
</table>

收款人：　复核：　开票人：　销售单位：（章）

2. 自制原始凭证

自制原始凭证是指由会计主体内部经办经济业务的部门或人员，在办理经济业务时所填制的凭证。例如，商品、材料入库、出库时，由仓库保管人员填制的入库单及出库单；商品销售时，由业务部门开出的提货单；提取现金时，财务部门开出的现金支票存根；会计人员自行编制的生产成本计算单；汇总领料单等。其一般格式如表 5.2～表 5.9 所示。

表 5.2　入库单

供货单位：　年　月　日　收货单位：

库别：　库别：

类	种	品	规格	等级	品名	单位	数量	单价	金额	包装数量	件数
合计											

验收单位：　复核：　记账员：　制单：

表 5.3　提货单

购货单位：　　　　　　　　年　　月　　日　　　　　　运输方式：
收货地址：　　　　　　　　　　　　　　　　　　　　　编号：

产品编号	产品名称	规格	单位	数量	单价	金额	备注
合计							

销售部门负责人：　　　　　发货人：　　　　　提货人：　　　　　制票：

表 5.4　借款单

资金性质______　　　　　　　　　　年　　月　　日

借款单位：		
借款理由：		
借款数额：人民币（大写）　　　　　　¥		
本单位负责人意见：　　　　　　借款人（签章）		
领导批示：	会计主管人员核批：	付款记录： 年　月　日以第　号 支票或现金支出凭单付给

会计主管：　　　　　会计：　　　　　审核：　　　　　出纳：

除上述原始凭证外，企业实际工作中还有许多其他的原始凭证，在此不能一一列举。

企业的自制原始凭证可以按其内容分为以下几类。

1）一次凭证。在自制的原始凭证中，凭证的填制手续是一次完成的，已填制的凭证不能再重复使用，这类原始凭证被称为一次性凭证。例如，表 5.1、表 5.3～表 5.6 等。

表 5.5　差旅费报销单

出差人姓名：　　职别：　　级别：　　事由：　　出差起止日期：　　计___天

起止日期	车船飞机票			未购卧铺补助	出差补助费			宿费	住勤交通费	其他	合计金额
	种类	起止地点	金额		天数	标准	金额				
合计：人民币（大写）											
说明											

单位公章：　　　　　单位负责人：　　　　　领款人：　　　　　报销日期：

表 5.6　销售产品成本计算表

品种	数量	计量单位	单位成本	总成本
合计				

会计主管：　　会计：　　审核：　　制单：

表 5.7　发出材料汇总表

材料品种 / 领用部门	甲种材料		乙种材料		丙种材料		合计	
	数量	金额	数量	金额	数量	金额	数量	金额
合计								

会计主管：　　会计：　　审核：　　制单：

2）累计凭证。在一些特定单位，为了连续反映某一时期内不断重复发生而分次进行的特定业务，需要在一张凭证上连续累计填列该项特定业务的具体情况，这种凭证被称为累计凭证。例如，工业企业所使用的限额领料单，限额领料单中标明了某种材料在规定期限内的领用额度，用料单位每次领料及退料，都要由经办人员在限额领料单上逐笔记录、签章，并结出限额结余。使用这种凭证，既可以做到对领用材料的事前控制，又可减少凭证填制的手续。但因这种凭证要反复使用，必须严格制定和执行凭证的保管制度和材料收发手续。限额领料单的一般格式如表 5.8 所示。

3）记账编制凭证。在企业自制的各种原始凭证中，一般都是以实际发生或完成的经济业务为依据，由经办人员填制并签章。但有些自制原始凭证，则是由会计人员根据已经入账的结果，对某些特定事项进行归类、整理而编制的，这种根据账簿记录而填制的原始凭证，被称为记账编制凭证。例如，会计人员月末确定已销商品成本时，根据库存商品账簿记录所编制的销售产品成本计算表，其格式如表 5.6 所示；月末计算产品生产成本时，所编制的制造费用分配表及利润分配计算表等。

表 5.8　限额领料单

领料部门：　　　　　　　　　年　月　日　　　　　　　发料仓库：

用途：

材料编号	名称规格	计量单位	计划投产量	单位消耗定额	领用限额	实发		
						数量	单价	金额

日期	领料			退料			限额节余数量
	数量	发料人	领料人	数量	收料人	退料人	

生产计划部门：　　　　　　供销部门：　　　　　　仓库：

表 5.9　中国工商银行现金支票存根

支票号码：

科　目____________

对方科目____________

签发日期　　年　月　日

收款人：

金　额：

用　途：

备　注：

单位主管：　　　　　会计：

4）汇总原始凭证。实际工作中，为了集中反映某类经济业务的总括情况，并简化记账凭证的填制工作，往往将一定时期内若干记录同类性质经济业务的原始凭证汇总编制成一张原始凭证，这种凭证被称为汇总原始凭证。例如，商品收货汇总表、商品销货汇总表、发出材料汇总表和工资结算汇总表等，发出材料汇总表的格式如表 5.7 所示。汇总原始凭证所汇总的内容，只能是同类经济业务，即将反映同类经济业务的各原始凭证汇总，编制一张汇总原始凭证，不能汇总两类或两类以上的经济业务。

（四）原始凭证的填制

1. 原始凭证的基本要素

在会计实务中，由于各种经济业务的内容和经济管理的要求不同，原始凭证的名称、格式和内容多种多样，其填制与审核的具体内容也因此而多种多样。为了满足经营管理的需要，自制原始凭证备有补充的内容，为了便于使用原始凭证，有关部门制定了统一的凭证格式，如银行结算凭证、增值税专用发票等。但是无论原始凭证是何种格式的，作为证明经济业务已经发生或已经完成的原始证据，其必须反映经济业务发生或完成的情况，并明确有关经济责任人的责任，所以各种原始凭证都必须具备以下基本内容。

1）原始凭证的名称。原始凭证的名称应标明原始凭证所记录业务内容的种类，反映原始凭证的用途，如“差旅费报销单”“增值税专用发票”“出库单”等。

2）填制凭证日期。填制原始凭证的日期一般是业务发生或完成的日期。如果在业务发生或完成时，因各种原因未能及时填制原始凭证的，应以实际填制日期为准。销售商品、产品时未能及时开出发货票的，补开发货票的日期应为实际填制时的日期。

3）接受凭证的单位名称（俗称“抬头”）。将接受凭证的单位与填制凭证的单位或填制人员相联系，标明经济业务的来龙去脉。

4）经济业务内容。经济业务内容主要是说明经济业务的具体情况。

5）数量、单价和金额。表明经济业务的计量内容，这也是会计核算的主要内容，因此该项内容为原始凭证的核心内容。

6）填制凭证的单位和有关人员签章。与会计主体外部单位发生业务往来所涉及的原始凭证上，必须加盖填制凭证单位的财务章或发票专用章，才具有法律效力。要求经办人员签名盖章是为了明确在该项经济业务中经办人员所负的经济责任。

2. 原始凭证的填制要求

填制原始凭证要由填制人员将各项原始凭证内容按规定填写齐全，办妥签字盖章手续，以明确经济责任。

原始凭证的填制有 3 种形式，一是根据实际发生或完成的经济业务，由经办人员直接填制，如“领料单”“借款单”等；二是根据已经入账的有关经济业务，由会计人员利用账簿资料进行加工整理填制，如各种记账编制凭证；三是根据若干张反映同类经济业务的原始凭证定期汇总填制汇总原始凭证。

原始凭证的种类不同，其具体填制方法和要求也不尽一致，但就原始凭证应反映经济业务、明确经济责任而言，原始凭证填制的一般要求是相同的。为了确保会计核算资料的真实、正确并及时反映，应按下列要求填制原始凭证。

1）内容要真实。凭证填制的内容、数字等，必须根据实际情况填列，确保原始凭证所反映的经济业务真实可靠，符合实际情况。从外单位取得的原始凭证如有遗失，应取得原签发单位盖有公章的证明，并注明原来凭证的号码、金额和内容等，由经办单位会计机构负责人、会计主管人员和单位领导人批准后，才可代作原始凭证。如果确实无法取得证明的，如火车票、轮船票、飞机票等凭证，由当事人写出详细情况，由经办单位会计机构负责人、会计主管人员和单位领导人批准后，可代作原始凭证。

2）责任要明确。填制的原始凭证必须由经办人员和部门签章。从外单位取得的原始凭证必须盖有填制单位的公章；从个人取得的原始凭证，必须有填制人员的签名或盖章。自制原始凭证必须有经办单位负责人或其指定人员的签名或盖章。对外开出的原始凭证，必须加盖本单位公章。

3）填写要完整准确。原始凭证的各项内容，必须详尽地填写齐全，不得遗漏，而且凭证填写的手续必须完备，符合内部牵制原则。凡是填有大写和小写金额的原始凭证，大写与小写金额必须相符；一式几联的原始凭证，应当注明各联的用途，只能以一联作为报销凭证；一式几联的发票和收据，必须用双面复写纸（发票和收据本身具备复写纸功能的除外）套写，并连续编号，作废时应加盖“作废”戳记，连同存根一起保存，不得撕毁。购买实物的原始凭证，必须有实物验收证明；支付款项的原始凭证，必须有收款单位和收款人的收款证明。发生销货退回时，除填制退货发票外，还必须有退货验收证明，退款时必须取得对方的收款收据或汇款银行的汇出凭证，不得以退货发票代替收据。职工因公出差的借款收据，必须附在记账凭证上，收回借款时，应另开收据或退还借据副本，不得退还原借款收据。经有关部门批准办理的某些特殊业务，应将批准的文件作为原始凭证的附件；若批准文件需要单独归档，应在凭证上注明批准机关名称、日期和文件字号。

4）书写要规范。原始凭证要用蓝色或黑色笔书写，字迹必须清楚、工整、规范，填写支票必须使用碳素笔，属于需要套写的凭证，必须一次套写清楚。

阿拉伯数字应一个一个地写，不得连笔写。合计的小写金额前应加注币值符号，如“¥”“＄”等，币值符号与阿拉伯金额数字之间及各金额数字之间不得留有空隙。凡阿拉伯数字前写有币值符号的，数字后面不再写“元”字。所有以元为单位的阿拉伯数字，除表示单价等情况外，一律填写到角、分。无角、分的，角位和分位可写“00”；有角无分的，分位应写“0”。

汉字大写金额数字，一律用正楷字或行书字书写，如壹、贰、叁、肆、伍、陆、柒、捌、玖、拾、佰、仟、万、亿、圆、角、分、零等，使其易于辨认、不易涂改。不得用一、二（两）、三、四、五、六、七、八、九、十、毛、另（或0）等字样代替，不得任意自选简化字。大写金额有分的，后面不加“整”字，其余一律在末尾加“整”字，大写金额前还应加注币值单位，注明“人民币”“美元”等字样，且币值单位与金额数字之间及各金额数字之间不得留有空隙。阿拉伯金额数字中间有“0”时，汉字大写金额要写“零”字，如¥602.50，汉字大写金额应写成人民币陆佰零贰元伍角整。阿拉伯金额数字中间连续有几个“0” 时，汉字大写金额中可以只写一个“零”字，如¥3 007.84，汉字大写金额应写成人民币叁仟零柒元捌角肆分。

各种原始凭证不得随意涂改、刮擦、挖补，若填写错误，应当由开出单位重开或采用规定的方法予以更正，更正处应该加盖开出单位的公章。对于重要的原始凭证，如支票及各种结算凭证，一律不得涂改。对于预先印有编号及一式多联的各种凭证，在填写错误后，每一联次均要加盖“作废”戳记，并单独保管。

（五） 原始凭证的审核

只有经过审核无误的凭证，才能作为记账的依据，为了正确反映并监督各项经济业务，会计部门的经办人员必须严格审核各项原始凭证，以确保会计核算资料的真实、合法、准确。原始凭证的审核，主要包括以下 3 个方面的内容。

1. 合规性审核

根据有关的法令、制度、政策等，审核原始凭证所记录的经济业务是否合规、合法，有无违反法令、制度的行为；审核原始凭证所记录的经济业务是否合理正常，有无不合情理，非正常的情况；审核经济业务是否按规定的程序予以办理，对于弄虚作假、涂改或经济业务不合法、不合理的凭证，应拒绝受理，并报请上级有关人员处理。

2. 完整性审核

根据原始凭证的要素，逐项审核原始凭证的内容是否完整，原始凭证的各项目是否按规定填写齐全，是否按规定手续办理。若原始凭证的内容填写不全，手续不完备，应退经办人员补办完整后，才予以受理。

3. 正确性审核

根据原始凭证的填写要求，审核原始凭证的摘要、数字及其他项目是否填写正确，数量、单价、金额、合计是否填写正确，大、小写金额是否相符。若有差错，应退还经办人员予以更正。

二、分录簿和记账凭证

（一）分录簿

1. 分录簿的概念

由于原始凭证上记载的信息都是未经整理的经济信息，如果想把这些信息纳入会计核算系统，就必须通过复式记账的方法将经济信息转化为可以被会计信息系统接受的会计信息。国外目前比较广泛地使用分录簿的形式来完成经济信息向会计信息的转换。

分录簿是按经济业务发生或完成时间的先后顺序逐日逐笔进行登记的账簿，又称序时账或流水账。它把每天发生的、原始凭证所记载的全部经济业务编制成会计分录，然后按时间顺序逐一进行登记，是早期的普通日记账形式。

2. 分录簿的格式

分录簿的登记内容包括经济业务发生的时间、具体内容，经济业务涉及的账户名称及其增减变动的金额，其具体格式如表 5.10 所示。这种格式一般被称为"两栏式"，因其主要分为"借方金额"和"贷方金额"两栏而得名，主要登记每一笔分录的借方账户、贷方账户及金额，分录簿不结余额。

表 5.10　分录簿

20××年		摘要	账户名称	借方金额	贷方金额	过账
月	日					
1	1	以银行存款支付预付货款	预付账款 银行存款	1 200	1 200	√
1	2	管理部门耗用材料	管理费用 原材料	200	200	√
1	3	从银行提取现金	现金 银行存款	50 000	50 000	√
1	3	现金支付本月职工工资	应付工资 现金	50 000	50 000	√
1	4	员工报销差旅费 7 000 元	管理费用 其他应收款	7 000	7 000	√

设置分录簿的优点是可以全面、集中、简明地反映每一笔经济业务的全貌及每个会计期间企业所发生的全部经济业务；缺点是不便于分工记账，不能分类归集反映不同的经济业务类型，而且在企业业务量较大时，记账工作量繁重。我国实际工作中，目前用于沟通原始凭账和账簿的桥梁是记账凭证。

（二）记账凭证

1. 记账凭证的概念

记账凭证是会计人员根据审核无误的原始凭证进行归类、整理，并确定会计分录而编制的凭证，是登记账簿的依据。记账凭证记载的是会计信息，从原始凭证到记账凭证是经济信息转换成会计信息的过程，是一种质的飞跃。

记账凭证要根据原始凭证所反映的经济业务，按规定的会计科目和复式记账方法，编成会计分录，以确保账簿记录的准确性。由于原始凭证只表明经济业务的具体内容，不能反映其归类的会计科目和记账方向，不能据以直接入账，而且原始凭证多种多样，数量大，其格式、大小也不尽一致。为了做到分类反映经济业务的内容，必须按会计核算方法的要求，将其归类、整理为满足记账要求的凭证形式，指明应记入的账户名称及应借、应贷的金额。

2. 记账凭证与原始凭证的区别

记账凭证和原始凭证同属于会计凭证，但二者存在着以下差别。

1）填制依据不同。原始凭证根据发生或完成的经济业务填制；记账凭证根据审核后的原始凭证填制。

2）填制目的、作用不同。原始凭证仅用于记录、证明经济业务已经发生或完成；记账凭证要依据会计科目对已经发生或完成的经济业务进行归类、整理，满足记账要求。

3）服务对象不同。原始凭证是填制记账凭证的依据；记账凭证是登记账簿的依据。

4）填制人不同。原始凭证是由经办人员或会计人员填制的；记账凭证一律由会计人员填制。

3. 记账凭证的种类

（1）按用途分

根据不同单位的记账需要，一般可选用以下两种记账凭证。

1）通用凭证。记账凭证的一般格式如表 5.11 所示。这种格式具有通用性，可以记录各种经济业务，因此各行业如无特殊需要均可采用此格式。

表 5.11 记账凭证

年 月 日 字第 号

摘要	总账科目	明细科目	借方金额							贷方金额							记账符号	附单据
			万	千	百	十	元	角	分	万	千	百	十	元	角	分		
合计																		张

财务主管： 记账： 出纳： 审核： 制单：

2）专用凭证。在实际工作中，由于货币资金的管理是财会人员的一项重要工作，为了单独反映货币资金的收付情况，在货币资金收付业务较多的单位，往往对货币资金的收付业务编制专用的记账凭证。记账凭证按其反映的经济业务是否与货币资金有关，可以分为收款凭证、付款凭证和转账凭证。

收款凭证，是用于反映货币资金收入业务的记账凭证，根据货币资金收入业务的原始凭证填制而成。实际工作中，出纳人员应根据会计管理人员或指定人员审核批准的收款凭证，作为记录货币资金收入的依据。出纳人员在根据收款凭证收款（尤其是收入现金）时，要在凭证上加盖“收讫”戳记，以避免差错。收款凭证一般按现金和银行存款分别编制，其格式如表 5.12 所示。

付款凭证，是用于反映货币资金付出业务的记账凭证，根据货币资金付出业务的原始凭证填制而成。实际工作中，出纳人员应将会计管理人员或指定人员审核批准的付款凭证，作为记录货币资金支出并付出货币资金的依据。出纳人员在根据付款凭证付款（尤其是支出现金）时，要在凭证上加盖“付讫”戳记，以免重复支付。付款凭证一般也按现金和银行存款分别编制，其格式如表 5.13 所示。

表 5.12　收款凭证

借方科目＿＿＿＿　　　年　月　日　　　字第　　号

摘要	贷方科目		金额										记账符号	附单据　张
	总账科目	明细科目	千	百	十	万	千	百	十	元	角	分		
合计														

会计主管：　　记账：　　稽核：　　出纳：　　制单：

表 5.13　付款凭证

贷方科目＿＿＿＿　　　年　月　日　　　字第　　号

摘要	借方科目		金额										记账符号	附单据　张
	总账科目	明细科目	千	百	十	万	千	百	十	元	角	分		
合计														

会计主管：　　记账：　　稽核：　　出纳：　　制单：

转账凭证，是用于反映与货币资金收付无关的转账业务的凭证，根据有关转账业务的原始凭证或记账编制凭证填制而成。其格式与通用记账凭证的格式相同，如表 5.14 所示。

表 5.14　转账凭证

年　月　日　　　　字第　号

摘要	总账科目	明细科目	借方金额									贷方金额								记账符号	附单据张
			十	万	千	百	十	元	角	分		十	万	千	百	十	元	角	分		
合计																					

财务主管：　　记账：　　出纳：　　审核：　　制单：

收款凭证、付款凭证和转账凭证分别用以记录货币资金收入事项、支出事项和转账业务（与货币资金收支无关的业务），为便于识别，各种记账凭证一般印制成不同的颜色。一般收款凭证为红色，付款凭证为绿色或浅蓝色，转账凭证为黑色。

会计实务中，有些经济业务既是货币资金收入业务，也是货币资金支出业务，如现金和银行存款之间的划转业务。为了避免重复记账，对于这类货币资金之间互相转化的业务规定只编制付款凭证，不编制收款凭证：即将现金存入银行时，只编制现金付款凭证；从银行提取现金时，只编制银行存款付款凭证。

（2）按填制方法分

记账凭证除了按其用途分为以上两种外，还可以按其填制方法分为复式（或多项）记账凭证和单式（或单项）记账凭证两种。

1）复式记账凭证，是把一项经济业务完整地填列在一张记账凭证中，即该项经济业务所涉及的所有会计科目在一张记账凭证中集中反映。前述各种记账凭证都是复式记账凭证。

复式记账凭证可以在一张记账凭证上反映一笔完整的经济业务，便于反映经济业务的全貌及会计科目间的对应关系，可减少记账凭证的数量，但采用复式记账凭证，不便于同时汇总计算每一个会计科目的发生额，也不利于会计人员分工记账。

2）单式记账凭证，即按照一项经济业务所涉及的每个会计科目单独编制记账凭证，每张记账凭证中只登记一个会计科目。一项经济业务如果涉及两个会计科目，就填制两张单式记账凭证；如果涉及 3 个会计科目，就填制 3 张单式记账凭证，依此类推。其中，填列借方账户的凭证被称为借项凭证，填列贷方账户的凭证被称为贷项凭证。两者可用不同颜色表示，以作区别。由于单式记账凭证是将一项经济业务所涉及的会计科目及其对应关系，通过借项凭证、贷项凭证予以分别反映，所以单式记账凭证又称单项记账凭证，其格式如表 5.15 和表 5.16 所示。

表 5.15　借项记账凭证

年　月　日　　　　　　凭证编号

摘要	一级科目	明细科目	账页	金额
对应一级科目：	合计			

会计主管：　　　记账：　　　复核：　　　出纳：　　　制单：

表 5.16　贷项记账凭证

年　月　日　　　　　　凭证编号

摘要	一级科目	明细科目	账页	金额
对应一级科目：	合计			

会计主管：　　　记账：　　　复核：　　　出纳：　　　制单：

采用单式记账凭证，便于同时汇总计算每一个会计科目的发生额，也便于分工记账，但不便于反映经济业务的全貌及会计科目的对应关系，一般适用于业务量较大，会计部门内部分工较细的会计主体。

另外，在会计实务中，为了简化登记总分类账的手续，减少工作量，可以把多张反映同类经济业务的记账凭证汇总编制成汇总记账凭证，如汇总收款凭证、汇总付款凭证、汇总转账凭证等。把反映多类经济业务的记账凭证汇总成科目汇总表，其格式如表 5.17 所示。这些汇总记账凭证、科目汇总表等，也属于记账凭证的范畴。

表 5.17　科目汇总表

年　月　日

会计科目	借方发生额	贷方发生额
合计		

会计主管：　　　记账：　　　稽核：　　　制单：

（三）记账凭证的编制

1. 记账凭证的基本内容

记账凭证主要是用来将经济信息转化为会计信息，对经济业务进行分类核算的凭证。它可以根据每项经济业务编制，即根据每项经济业务的原始凭证编制，也可以根据若干项同类经济业务编制，即根据同类原始凭证汇总编制。记账凭证有多种形式，但作为确定会计分录和进行款项收付、账簿记录的依据，它必须反映经济业务归类核算的项目、填制依据及有关人员的责任，所以，记账凭证必须包括一些基本内容这些基本内容主要涉及以下 6 个方面。

1）记账凭证的名称。

2）填制凭证的日期和凭证的编号。

3）经济业务内容摘要。

4）记账方向、账户名称（即会计科目，包括一级、二级和明细科目）和记账金额。

5）所附原始凭证张数。

6）填制单位的名称和有关人员的签章。

2. 记账凭证的填制要求

填制记账凭证，就是要由会计人员将各项记账凭证内容按规定方法填写齐全，便于登记账簿。记账凭证虽有不同格式，但就记账凭证确定会计分录，便于保管和查阅会计资料的功能来看，各种记账凭证除严格按原始凭证的填制要求填制外，还应注意以下填制要求。

1）摘要简明。记账凭证的摘要栏要用简明扼要的语言，概括出经济业务内容的要点，这主要是为了便于查阅凭证和登记账簿。

2）记录明确。在一张记账凭证上，不能把不同内容和类型的经济业务合并填制，一张记账凭证只能反映某一项经济业务，或若干项同类经济业务。这主要是为了明确经济业务的来龙去脉和账户对应关系。所以，记账凭证可以根据每一张原始凭证填制，也可以根据若干张同类原始凭证汇总填制，但不得将不同内容和类别的原始凭证汇总填制在一张记账凭证上。

3）会计科目运用准确。凭证中的会计科目，必须按会计准则应用指南统一规定填写，不得任意简化或改动，不得只填写会计科目的编号，不填写会计科目的名称，明细科目也要填列齐全。应借、应贷的记账方向和账户的对应关系必须清楚。

4）附件齐全。记账凭证所附的原始凭证必须完整无缺，并在记账凭证上注明原始凭证的张数，以便核对摘要及所编会计分录是否准确无误。对于同一张原始凭证需填制几张记账凭证的，可以把原始凭证附在一张主要的记账凭证后面，并在未附原始凭证的记账凭证上注明有该原始凭证的记账凭证的编号或者附原始凭证复印件，以便查阅。对于转账和更正错账的记账凭证，可以不附原始凭证。

一张原始凭证所列支出需要几个单位共同负担的，应将其他单位负担的部分，开给对方原始凭证分割单，进行结算。原始凭证分割单必须具备原始凭证的基本内容：凭证名称、填制凭证日期、填制凭证单位名称或者填制人姓名、经办人的签名或者盖章、接受凭证单位名称、经济业务内容、数量、单价、金额和费用分摊情况等。

5）填制内容完整。记账凭证中的各项内容必须填写完整，并按规定程序办理签章手续，不得简化。记账凭证填制完经济业务事项后，如有空行，应当自金额栏最后一笔金额数字下的空行处至合计数上的空行处画线注销。

6）连续编号。采用通用记账凭证，可以按全部经济业务发生的先后顺序编号，每月从第 1 号编起；采用专用记账凭证，可按不同种类的记账凭证分别连续编号，每月从收字第 1 号、付字第 1 号和转字第 1 号编起。若一笔经济业务，需填制多张记账凭证的，可以采用按该项经济业务的记账凭证数量编列分数顺序号的方法，如 $4^1/_2$、$4^2/_2$，前面的整数为总顺序号，后面的分数为该项经济业务的分号，分母表示该项经济业务的记账凭证总张数，分子表示该项经济业务记账凭证的顺序号。

3. 科目汇总表的填制要求

科目汇总表是根据记账凭证所涉及的会计科目，按相同会计科目的借方和贷方分别加总填制而成的一种汇总表。科目汇总表可以每天或定期汇总填制一次，但最长不能超过一个月。科目汇总表可以直接用于登记总账，不需根据记账凭证逐笔登记总分类账。

它的优点是根据该表登记总分类账，可以大大减少登记总账的工作量；而且通过该表试算平衡后再记账，还可以减少记账差错。缺点是由于该表由反映多类经济业务的记账凭证汇总而成，汇总表上反映不出账户间的对应关系。

（四）记账凭证的审核

记账凭证是登记账簿的直接依据，为了确保账簿记录的准确，监督款项收付，全面提供会计信息，必须严格按照要求填制记账凭证，同时要由专人对已经填制的记账凭证严格审核。只有经审核无误后的记账凭证，才能作为记账的依据。记账凭证的审核主要包括以下 3 项内容。

1. 合规性审核

根据执行的会计准则、会计政策及会计制度的规定，审核记账凭证所确定的会计分录是否合规，这就要求审核人员必须根据记账凭证所附原始凭证的经济内容，同时审核记账凭证是否附有审核无误的原始凭证，所附原始凭证的张数及其内容是否与记账凭证一致。

2. 完整性审核

根据记账凭证包括的基本内容，逐项审核是否按规定要求填制完整无缺，各项目是否按规定填写并按规定手续办理。

3. 技术性审核

根据记账凭证的填制要求，审核记账凭证的摘要、应借、应贷会计科目及金额是否正确，账户的对应关系是否清楚，核算内容是否符合会计准则、会计政策和会计制度的要求。

审核中若发现差错，应查明原因予以重填或予以更正，并由更正人员在更正处签章。

（五）会计凭证的保管

会计凭证是一个单位重要的经济档案，必须妥善保管，以备日后查阅。保管的方法和要求如下。

1）每月记账完毕，要将本月的记账凭证按编号顺序整理，检查有无缺号和附件是否齐全，然后加上封面、封底，装订成册，以防散失。为了防止任意拆装，在装订处要贴上封签，加盖印章。最后，要将凭证按封面大小折叠整齐，在封面上写明年度、月份、册数和每册的起讫号数，以备日后查阅。

2）某些原始凭证数量过多，可以另外装订或单独保管，在封面上注明记账凭证日期、编号、种类，同时应该在记账凭证中注明“附件另存”，并标明原始凭证的名称及编号。各种经济合同、存出保证金收据及涉外文件等重要原始凭据，应当另编目录，单独登记保管，并在有关的记账凭证和原始凭证上相互注明日期和编号。

3）原始凭证不得外借，其他单位如遇到特殊情况或因特殊原因需要使用原始凭证，如发生贪污、盗窃等经济犯罪案件，需要某项凭证作证时，经本单位会计机构负责人、会计主管人员批准，可以复制，应避免抽出原凭证，致使原册残缺。向外单位提供的原始凭证复印件，应当在专设的登记簿上登记，并由提供人员和收取人员共同签名或者盖章。

4）会计凭证要集中保管，按年分月顺序排列，以便查阅，查阅时应有一定的手续制度。凭证的销毁要按规定办理。

三、账簿

账簿是由若干张具有一定格式的账页组成的，序时地、分类地记录经济业务的账卡或簿籍，它以会计凭证为依据，对全部经济业务进行序时地、分类地核算。设置、登记账簿是会计工作的一个重要环节。在我国，账簿主要包括特种日记账和分类账。

（一）设置账簿的意义及作用

在实际工作中，簿籍是账簿的外表形式，账户记录是账簿的内容。设置、登记会计账簿主要是企业、单位为加强经济核算、提高经济管理水平而产生的对企业会计信息的需要。会计凭证的填制和审核能对每日发生的经济业务进行记录和反映，但会计凭证所提供的信息资料是零星而分散的，且数量庞杂，不能反映各类资金的变动过程和变动结果。为了全面地、连续地、系统地、分类地反映会计主体的经济活动情况，需要设置相应的账簿把会计凭证所记载的大量分散的资料进行分类、整理。

通过账簿记录，既能对经济活动进行序时核算，又能进行分类核算；既可提供各项总括的核算资料，又可提供详细核算资料。企业资金运动的过程及其结果就可以通过账簿得到全面、系统地记录和反映。同时，会计账簿记录还是编制财务报告的依据，财务报告则是对会计主体财务状况、经营成果更精炼、更浓缩、更总括的反映。科学地设置和准确地登记账簿，对保证财务报告的准确性和编报工作的及时性有着十分重要的意义。因此，设置并登记会计账簿在整个会计工作中起着承前启后的重要作用。

合理地设置和登记账簿，能系统地记录和提供企业经济活动的各种数据。设置和登记会计账簿是会计工作的重要环节，它对加强经济核算，改善和提高经营管理方面的作用，主要表现在3个方面。

1. 设置和登记账簿是系统地归纳和积累会计核算资料的根本途径

企业经营管理的提高需要资金运用与管理的信息。账簿序时核算和分类核算所提供的资料能使企业的经营活动情况、财务成果的构成情况、现金的流动情况，以及财物的购置、使用、保管情况，全面、系统地得以反映，以利于检查计划的完成情况、预算的执行情况和资金的合理有效使用情况。

2. 设置和登记账簿是计算财务成果、编制财务报告的基础

账簿记录资金的动态和静态资料，是分析企业经济活动过程及结果的重要资料来源。根据账簿记录的成本、费用和收入、成果资料，可以正确计算一定时期的成本和利润，并据以考核收入计划、成本费用计划和利润计划的完成情况。经核对无误的账簿资料为编制财务报告提供了总括和具体的资料，是编制财务报告的主要依据。

3. 设置和登记账簿是利用账簿的核算资料开展财务分析和会计检查的基本依据

对账簿资料的检查和分析不仅可以了解企业贯彻有关方针、政策、制度的情况，还可以考核经济工作各项计划的完成情况。此外，还可对是否合理使用资金、是否按标准开支费用、有无提高经济效益、利润的形成与分配是否符合相关规定等做出评价分析，找出差距，挖掘内在潜力，提出改进措施。

（二）账簿的种类

账簿的种类较多，在实际工作中，根据不同的标志和依据可以对账簿做出各

种不同的分类，为了更好地了解和正确地运用账簿，对账簿按其用途和外表形式进行分类。

1. 账簿按用途分类

按不同用途，账簿可以分为 3 大类：序时账、分类账和备查簿。

1）序时账（又称“日记账”）。它是按经济业务发生或完成时间的先后顺序逐日逐笔进行登记的账簿。早期的日记账往往表现为普通日记账的形式，表 5.11 分录簿就是一种普通日记账。但由于登记和查阅普通日记账要花费大量的时间和精力，所以，这种形式的普通日记账很快就被各种形式的特种日记账取而代之。

所谓特种日记账，就是仅将性质相同、发生频率高、可能发生舞弊行为而需经常查核的经济业务，按时间顺序逐笔登记的日记账。我国企业目前主要设置的现金日记账和银行存款日记账，就是基于这一原理在实际工作中普遍使用的专用日记账，其主要的作用在于加强对货币资金的控制和监督。

2）分类账。它是按照会计科目设置对经济业务进行分类核算和监督的账簿。分类账按反映内容的详细程度不同，可分为总分类账和明细分类账两种。总分类账（简称“总账”），是按一级会计科目设置的，总括反映全部经济业务和资金状况的账簿。明细分类账是按二级或二级以下科目设置的，详细记录某类经济业务引起的资金变动及结果增减的账簿。明细分类账（简称“明细账”），是用来提供详细核算资料的账簿，是对总账的补充，是总账的具体化，并受总账的统驭和控制。

3）备查簿（也称“辅助账”）。它是对某些序时账和分类账等主要账簿未能反映和记录的事项进行补充登记的账簿。它主要用来记录一些供日后查考的有关经济事项，如代销商品登记簿、租入固定资产登记簿等。备查簿可以对一些需要提供详细参考资料的经济内容进行登记，是对账簿记录的一种补充辅助登记，有备查的性质，与其他账簿之间不存在严密的依存和钩稽关系，也没有固定的格式，可根据企业管理的实际需要来进行具体设计。这种账簿不是企业必须设置的，企业可根据实际的需要自行决定是否设置。

2. 账簿按外表形式分类

按外表形式的不同，账簿可分为订本账、活页账和卡片账 3 种。

1）订本账。它是在启用前固定装订成册并预先按顺序固定编号的账簿。订本账一般用于现金日记账、银行存款日记账和总分类账的登记。它的优点是可以防止账页的散失和非法抽换，能够更好地起到控制作用；缺点是账页固定后，不便于分工记账，在同一时间内，只能由一人登记，也不能根据记账需要增减账页，可能存在预留空白账页过多或不足的情况。这种账簿主要适用于总账和日记账。

2）活页账。它是在启用前账页不预先编号，不预先装订在账夹内，可以根据管理需要增添或取出账页的一种账簿。这种账簿的优点是可以根据需要增加或重新排列账页，并且有利于分工记账，提高记账效率；缺点是账页容易丢失和被抽换。为了防止这种情况的出现，活页账的空白账页在使用期间应按顺序编号，由相关的记账人员在账簿使用记录上做好记载，并签名、盖章，明确经济责任。在会计期末按实际账页数顺序编号装订成册，装订完毕后，应加记目录。活页账使用完毕后，不需继续登记时，应按顺序登记造册，移交相关人员或部门妥善保管。这种账簿主要用于各种明细分类账。

3）卡片账。它是根据核算和管理的特殊需要，采用分散的卡片形式，设计专门格式和栏次记录相关指标和内容的一种账簿，其实质是活页账的变形。这种账簿主要用于“固定资产明细账”等需特殊管理的项目。这种账簿一般用卡片箱装置，可以随取随放，使用起来比较灵活，反映的内容比较详细具体。卡片账除具有一般活页账的优缺点外，还具有不需每年更换，可以跨年度使用，便于分类汇总，并根据管理的需要灵活移动等特点。

（三）账簿设置原则

会计账簿的设置，包括确定账簿的种类，设计账页的格式、内容，规定账簿登记的方法等。因此，为了充分发挥会计账簿的作用，并切实做好记账工作，设置账簿应遵循以下基本原则。

第一，设置账簿要做到繁简得当。不但要保证完成会计任务的需要，还要结合本企业科学管理的要求，既要防止账簿重叠、辗转誊抄、烦琐复杂，也要防止过于简化，以至于不能提供日常管理所需的资料和编制报表的数据，使人力、物力、财力得到合理利用。

第二，设置账簿要组织严密、层次分明。账簿之间要互相衔接、互相补充、互相制约，能清晰地反映账户间的对应关系，以便能提供完整、系统的资料。

第三，设置账簿要考虑企业经营规模的大小和经济业务的特点。企业经营规模的大小和经济业务的特点不同，就要求不同的账簿体系与之相适应。企业的各种账簿之间既要相互联系又要有合理的分工，使之形成相互联系又密切配合的账簿体系，以满足不同的需要。

第四，设置账簿要遵循内部控制原则，要在账簿设计中体现出会计业务分工与岗位责任制的紧密结合，既要保证会计工作的合理分工，又要注意会计工作各岗位的职责划分，以保证会计信息的真实性、完整性，保护企业资产的安全、完整。

第五，设置账簿要遵守相关财经法律、法规的规定。相关财经法律法规为财会工作的顺利进行提供了法律保障，设置账簿时遵循相关的法律法规既是对会计工作人员的行为约束，又是对他们的合理保护。例如，《会计法》规定各单位发生的各项经济业务事项应当在依法设置的会计账簿上统一登记、核算，不得违反会计法和国家统一的会计准则的规定，私设会计账簿登记、核算。

（四）账簿的基本内容

不同会计主体的会计账簿，记录的经济业务内容不同，表现形式各异，但却存在着许多共同的内容。

1. 封面

账簿封面主要用以表明使用单位、账簿名称和会计年度。

2. 扉页

账簿扉页的正面一般是一页红字印刷的“账簿启用登记表”和“账簿经管人员一览表”（有的合称“账簿启用及交接表”），其格式如表 5.18 所示，反面是“科目索引”，其格式如表 5.19 所示。

表 5.18　账簿启用和经管人员一览表

<table>
<tr><td>单位名称</td><td colspan="3"></td><td>账簿名称</td><td colspan="2"></td></tr>
<tr><td>账簿编号</td><td colspan="3">字第　号第　册共　册</td><td rowspan="3">单位主管签章</td><td colspan="2" rowspan="3"></td></tr>
<tr><td>账簿页数</td><td colspan="3">自第　页起至第　页止共　页</td></tr>
<tr><td>启用截止日期</td><td colspan="3">年　月　日起至　年　月　日止</td></tr>
<tr><td rowspan="2">责任者（签章）</td><td colspan="2">会计主管</td><td>会计</td><td>记账</td><td colspan="2">审核</td></tr>
<tr><td colspan="2"></td><td></td><td></td><td colspan="2"></td></tr>
<tr><td>经管人员姓名</td><td>经管日期</td><td>签章</td><td>移交日期</td><td>签章</td><td>监交人姓名</td><td>签章</td></tr>
<tr><td></td><td>年　月　日</td><td></td><td>年　月　日</td><td></td><td></td><td></td></tr>
<tr><td></td><td>年　月　日</td><td></td><td>年　月　日</td><td></td><td></td><td></td></tr>
<tr><td></td><td>年　月　日</td><td></td><td>年　月　日</td><td></td><td></td><td></td></tr>
<tr><td colspan="7">备考</td></tr>
</table>

表 5.19　科目索引

序号	会计科目	页次	序号	会计科目	页次

3. 账页

账页根据经济业务的不同具有多种格式，其基本内容应包括以下几个方面。

1）账户的名称。账户的名称即会计科目的名称，应按照相关规定规范填写。

2）账户的类别。账户的类别是指设置账户的会计科目的级次。根据会计科目的级次开设的账簿类别是指总账、明细账或日记账等内容。

3）记账日期栏。记账日期栏是年、月、日等要素。在这一栏填写登记账簿的日期。其中，年度和月份通常只在年度、月份开始重新换账页时填写。也就是说，每一账页记录的第一行须全都填写年度、月份和日期各项内容，以后的账页只填写月份、日期等项。

4）凭证种类和号数栏。凭证种类是指登记账簿所用的收、付、转凭证和登记总账所用的汇收、汇付、汇转凭证（汇总记账凭证会计核算程序）或科汇凭证（科目汇总表会计核算组织程序）等凭证类别。号数为记账凭证的顺序编号。对凭证种类和凭证号数的记录主要是为方便日后查找相关记账凭证指明顺序。

5）摘要栏。摘要栏主要用于对经济业务作简要的说明或简要阐明编制会计分录的原因，账簿中的摘要栏的内容应与记账凭证中的摘要栏相吻合。

6）借方、贷方、余额等金额栏和余额方向栏。借方、贷方、余额等金额栏和余额方向栏用以记录经济业务的增减变动情况及其应借金额、应贷金额、余额及余额的方向。

（五）会计账簿的设置与登记

1. 特种日记账的设置与登记

特种日记账是对特定经济业务进行序时记录的账簿。设置特种日记账的基本原则是，特种日记账主要记录本单位大量发生、重复次数很多的经济业务。企业常见的特种日记账是“现金日记账”和“银行存款日记账”。除此之外，有的集团企业还设置“转账日记账”，商业企业设置“购货日记账”和“销货日记账”。特种日记账的设置不但有利于分工记录，而且还能够对大量重复发生的经济业务进行分类反映；缺点是不能全面集中反映企业在会计期间所发生的全部经济业务。

1）现金日记账。它是按“库存现金”科目设置的，由出纳人员根据审核无误的现金收款凭证、现金付款凭证和银行存款付款凭证，逐日逐笔登记，反映现金增减变化及其结果的一种特种日记账。一般的现金日记账是指现金收付日记账，它设有借方（收入）、贷方（付出）、余额（结存）3 栏，反映现金的增减变动及结余情况。“对应科目”栏记录与现金相对应的账户。一些企业设置账簿时可进一步细分为“现金收入日记账”和“现金付出日记账”。

一般“现金日记账”的格式如表 5.20 所示，它的基本结构为“借方”“贷方”“余额”3 栏。出纳人员在每日业务终了，应将收、付款项序时逐笔登记，并结出余额，同库存现金相核对，借以检查每日现金的收、付、存情况及库存现金限额的执行情况。

表 5.20 现金日记账

单位：元

2016年		凭证字号	对方科目	摘要	借方	贷方	余额
月	日						
5	1	—	—	期初余额	—	—	500
5	1	现付 1	其他应收款	张静借支差旅费	—	400	100
5	1	银付 1	银行存款	从银行提取现金	1 000	—	1 100
5	1	现付 2	管理费用	购买办公用品	—	950	150
5	1	银收 1	银行存款	从银行提取现金	80 000	—	80 150
5	1	现付 3	应付职工薪酬	发放工资	—	80 000	150
	1	现收 1	主营业务收入	零星商品销售	800		950
5	⋮	……	……	……	⋮	⋮	⋮
	31			本期发生额及余额	86 400	86 250	650

“现金收入日记账”的格式如表 5.21 所示，“现金付出日记账”的格式如表 5.22 所示。其结构要点是，现金收入要记录对应“贷方科目”，将金额记入“收入金额”栏内；现金支出要记录对应“借方科目”，将金额记入“支出金额”栏内。每日终了要将现金收入日记账的收入合计结出余额，登入现金收入日记账的“余额”栏；将现金支出日记账的支出合计结出余额，登入现金支出日记账的“余额”栏。

表 5.21 现金收入日记账

单位：元

2016年		凭证字号	摘要	结算凭证		贷方科目	收入金额	余额
月	日			种类	号数			
5	1	—	期初余额	—	—	—	—	500
5	4	银付 1	从银行提取现金	现支	3 748	银行存款	1 000	1 500
5	6	现收 1	零星商品销售	收款单	N056	主营业务收入 应交税金 ——应交增值税	800 128	2 428
	⋮	……	……	……	……	⋮	⋮	⋮
5	31	—	本期发生额及余额	—	—	—	6 528	7 028

表 5.22 现金付出日记账

单位：元

2016年		凭证字号	摘要	结算凭证		借方科目	支出金额	余额
月	日			种类	号数			
5	3	现付 1	张静借支差旅费	付款单	N048	其他应收款	400	400
5	3	现付 2	购买办公用品	付款单	N049	管理费用	950	1 350
5	3	—	本期发生额及余额	—	—	—	6 250	6 250

2）银行存款日记账。银行存款日记账是按“银行存款”科目设置的，由出纳人员根据审核无误的银行存款收款凭证、银行存款付款凭证和现金付款凭证逐日

逐笔登记，反映银行存款增减变化及其结果的一种特种日记账。银行存款日记账一般是银行存款收付日记账，也可以进一步细分为“银行存款收入日记账”和“银行存款付出日记账”。

银行存款日记账的格式与现金日记账相同，可以采用三栏式，也可以采用多栏式，格式与表 5.20～表 5.22 相似。与现金日记账所不同的是，银行存款日记账按存款种类分别设置“基本存款账户”“一般存款账户”“临时存款账户”“专用存款账户”等账簿。对外币银行存款，应按不同的币种和开户银行分别设置日记账。

登记三栏式日记账要注意：第一，“年、月、日”和“凭证字号栏”必须与记账凭证一致；第二，“摘要栏”应列明银行存款收、付款的原因；第三，“收入栏”应根据银行存款收款凭证或现金付款凭证逐笔登记；“付出栏”应根据银行存款付款凭证逐笔登记；第四，“对应科目”栏，应根据记账凭证的对应关系填列；第五，登记银行存款日记账时，应逐笔结出余额，以加强对银行存款的控制。

在会计实务中，为了在日记账中反映货币资金的收入来源和支出用途，也可以采用多栏式的现金日记账和银行存款日记账格式，即收入栏（借方栏）按与现金和银行存款相对应的贷方科目设置专栏；支出栏（贷方栏）按与现金和银行存款相对应的借方科目设置专栏。如果现金和银行存款的对应科目较多，为了避免账页过宽，可以分别设置“现金收入日记账”“现金支出日记账”“银行存款收入日记账”“银行存款支出日记账”。多栏式日记账与多栏式收入日记账、多栏式支出日记账的一般格式见表 5.23～表 5.25。

表 5.23　现金（银行存款）日记账

年		凭证字号	摘要	结算凭证		收入应贷科目						支出应借科目						余额
月	日			种类	号数						合计						合计	

表 5.24　现金（银行存款）收入日记账

年		凭证字号	摘要	结算凭证		贷方科目					收入合计	余额
月	日			种类	号数							

表 5.25 现金（银行存款）支出日记账

年		凭证字号	摘要	结算凭证		借方科目					支出合计	余额
月	日			种类	号数							

在设置多栏式现金日记账和多栏式银行存款日记账的情况下，可将多栏式日记账中各科目的发生额作为登记总分类账的依据，但必须加强对多栏式日记账的控制和监督。多栏式日记账的登记，可以采用以下两种方法。

① 由出纳人员根据审核后的收、付款凭证逐日逐笔登记现金和银行存款的收入日记账和支出日记账，每日应将支出日记账中当日支出合计数，转入收入日记账中当日支出合计栏内，以结算当日账面结余额。会计人员应对多栏式现金日记账和多栏式银行存款日记账的记录加强监督检查，并于月末根据多栏式现金日记账和多栏式银行存款日记账各专栏的合计数，分别登记有关总分类账户。

② 另外设置现金和银行存款出纳登记簿，并由出纳人员根据审核后的收、付款凭证逐日逐笔登记，以便掌握库存现金收付情况并同银行核对收付款项。然后将收、付款凭证交给会计人员，由其据以逐日汇总登记多栏式现金日记账和多栏式银行存款日记账，并于期末根据日记账登记总账。出纳登记簿与多栏式现金日记账和多栏式银行存款日记账要互相核对。采用这种登账方法有利于加强内部控制和监督。

采用多栏式日记账可以将同类经济业务汇总后一次登记入总分类账，减少了登记总账的工作量，并且能够提供一些明细分析资料，便于财务人员对业务进行分析。但是如果专栏设置过多的话，会使账页过宽，账页格式过于复杂，给记账工作带来一定的困难。

无论日记账格式采用三栏式还是多栏式，为了坚持内部牵制原则，实行钱、账分管，出纳人员不得负责登记现金日记账和银行存款日记账以外的任何账簿。出纳人员登记现金日记账和银行存款日记账后，应将各种收付款凭证交给会计人员登记总分类账及有关的明细分类账。通过“现金”和“银行存款”总账与日记账的定期核对，达到控制现金日记账和银行存款日记账的目的。

2. 分类账的设置与登记

分类账簿是对各项经济业务按照账户进行分类登记的一种账簿。在会计核算中，分类账的主要作用是，系统地归纳、综合同类经济业务，提供资产、负债和所有者权益、费用、收入等总括或明细资料，为编制会计报表做好基础准备。分类账簿按其提供指标的详略程度不同，可分为总分类账簿和明细分类账簿。按照会计制度的规定，每一会计单位都应设置这两种分类账。

1）总分类账（也称总账）。它是按一级会计科目设置的，总括反映全部经济业务和资金状况的账簿。总账按一级会计科目进行分类登记，能全面、总括地反映和记录经济业务引起的资金运动和财务收支情况。因此，每一单位都必须设置总分类账。总分类账的设置应按照会计科目的编号顺序，为每个一级会计科目开设账户。总账的外表形式一般采用订本式账簿。总分类账一般有以下两种形式。

① 三栏式总分类账。总账一般采用借、贷、余三栏式，其格式如表 5.26 所示。为了便于反映经济业务的具体内容并方便检查监督，还应登记记账日期、凭证种类及号数、摘要等。三栏式总分类账的登记依据由于企业账务处理形式的不同而有所区别。具体而言，总分类账可以按记账凭证逐笔进行登记，也可以对记账凭证定期进行汇总后再登记。

② 多栏式总分类账。它是按会计科目分设专栏，将所有科目的总分类核算集中在一张账页上进行登记，其格式如表 5.27 所示。这种总账只适用于业务量少、所设总账科目不多的企业。所以，多栏式总分类账一般单位较少采用。

表 5.26　三栏式总分类账

年		凭证		摘要	借方	贷方	借或贷	余额
月	日	种类	号数					

表 5.27　多栏式总分类账

年		凭证		摘要	发生额	库存现金		银行存款		应收账款		应付账款		主营业务收入		主营业务成本		管理费用	
月	日	种类	号数			借方	贷方	借方	贷方	借方	贷方	借方	贷方	借方	贷方	借方	贷方	借方	贷方

由于会计核算组织程序有多种，下面仅以记账凭证会计核算方式下总分类账的登记为例讲解总分类账的登记程序。

第一，按照记账凭证的顺序编号，依次登记记账凭证中会计分录所涉及的相关总分类账户。一般情况下，先过入借方账户，再过入贷方账户。如果贷方账户的账页在总账中排列的次序在借方账户的账页之前，也可以先过入贷方账户。

第二，记账日期、凭证种类及编号、借方金额、贷方金额各栏，均应根据记账凭证注明的内容誊抄一遍。总分类账摘要栏应与记账凭证上注明的摘要基本一致。每笔账过完后，应在记账凭证上的“过账”栏内做出相应的过账标记，一般用“√”表示。

第三，结算并登记余额栏。账户的余额在计算并填入相应的栏次后，还应指明余额的借贷方向。资产类账户（除累计折旧、坏账准备等账户）的余额通常在借方，负债和所有者权益类账户的余额通常在贷方。若账户余额为零时，应在余额的“借或贷”栏内填“平”字，并在余额栏内作标记。现金和银行存款总账的余额应定期与现金日记账和银行存款日记账核对相符，其他总账的余额在会计期末必须与之所属的明细账核对相符。

2）明细分类账（也称明细账）。它是按二级或二级以下科目设置的，详细记录某一种经济业务增减变化及其结果的账簿。它能分类详细地反映和记录资产、负债、所有者权益、费用、成本、收入及财务成果的各种资料，也是编制会计报表的基础资料。企业对重要的财产物资、债权债务、费用成本、收入成果等都应设置明细分类账，进行明细分类核算。

明细账的设置可依据企业管理的需要和财务管理的相关规定而定。由于企业经济业务繁多，明细账所需登记的具体内容不尽相同，明细账格式也会有较大差异。常用的明细分类账格式一般有 3 种，即三栏式明细账、数量金额式明细账、多栏式明细账。

① 三栏式明细账。它的格式与总账的格式基本相同，如表 5.28 所示。它只设借方、贷方和余额 3 个金额栏，不设数量单价栏。它一般适合于只要求对经济业务的金额进行核算的明细账，如应收账款、应付账款等结算类账户。

表 5.28　明细分类账（三栏式）

年		凭证		摘要	借方	贷方	借或贷	余额
月	日	种类	号数					

② 数量金额式明细账。它的格式如表 5.29 所示。它在收入、发出、结存三栏内，再分别设置“数量”“单价”“金额”等栏次，以分别登记实物的数量和金额。它能提供各种财产物资收入、发出、结存等的数量和金额资料，适用于需要同时核算金额和数量的材料、产成品、低值易耗品等财产物资明细账。此外，为

满足管理上的要求，往往在账页的上端，另外设计一些必要的项目（如产品质量特征、型号等），以便掌握一些需要的信息资料。

表 5.29　明细分类账（数量金额式）

年		凭证		摘要	收入			发出			结存		
月	日	种类	号数		数量	单价	金额	数量	单价	金额	数量	单价	金额

③ 多栏式明细账。它的格式视管理需要而呈多样化。它是在三栏式的基础上设置若干个专栏，用以集中核算明细科目有关构成项目的一种账簿，主要适用于对成本费用进行详细核算的一类明细账。如制造费用明细分类账（表 5.30）、材料采购明细分类账（表 5.31）、生产成本明细账（表 5.32）。制造费用明细账在借方栏下分设若干专栏，如薪酬费、折旧费、修理费、办公费等，企业发生的制造费用，记入本账户的借方栏，分配计入有关成本核算对象时，记入本账户的贷方栏除季节性生产企业外，本账户月末应无余额；材料采购明细账在借方设置买价、采购费用、合计等专栏以分别提供采购成本的构成；生产成本明细账在借方设置直接材料、直接人工、制造费用、其他等专栏以分别提供产品成本构成的资料。这种明细分类账一般用于关于费用、成本、收入、利润类科目的明细核算。

表 5.30　制造费用明细分类账（多栏式）

年		凭证		摘要	借方						贷方	余额
月	日	种类	号数		薪酬	折旧费	修理费	办公费	水电费	劳保费		

表 5.31　材料采购明细分类账（多栏式）

年		凭证		摘要	借方金额			贷方金额	结余金额
月	日	种类	号数		买价	采购费用	合计		

表 5.32　生产成本明细分类账（多栏式）

年		凭证		摘要	借方金额					贷方金额	结余金额
月	日	种类	号数		直接材料	直接人工	制造费用	其他	合计		

3. 总分类账户与明细分类账户的平行登记

总分类账户与其所属的明细分类账户所反映的内容是相同的，登账时所依据的是同一原始凭证，分别以总括指标和详细指标的形式反映同一项内容。总分类账户是对所属的明细分类账户的综合，而明细分类账户是总分类账户的具体化。因此，总分类账户对其所属的明细分类账户起着统驭和控制的作用，而明细分类账户对其总分类账户起着补充和说明的作用。一般将总分类账户称为统驭账户，把其所属的明细分类账户称为从属账户。

为了使总分类账户与其所属的明细分类账户之间能起到统驭与补充的作用，便于账户核对，并确保核算资料的正确、完整，必须采用平行登记的方法，在总分类账户及其所属的明细分类账户中进行记录。所谓平行登记，是指经济业务发生后，根据会计凭证，凡是涉及明细账户的同一项业务要在有关的总分类账户和其所属的各有关明细分类账户中按同期、同向、等额的方法进行登记。

采用平行登记规则应注意以下要点。

1）同期登记。对于需要提供详细指标的每一项经济业务，应根据审核无误的记账凭证，及所附原始凭证，一方面记入有关的总分类账户，另一方面记入同期总分类账所属的各有关明细分类账户。这里所指的同期是指在同一会计期间，而并非同一时间，因为明细账一般根据记账凭证及其所附的原始凭证于平时登记，而总分类账因会计核算组织程序不同，可能在平时登记，也可能定期汇总登记。但登记总账和明细账必须在同一会计期间内完成。

2）方向相同。记入总分类账户和明细分类账户的方向相同。即如果总分类账户登记在借方，明细分类账户也应登记在借方；总分类账户登记在贷方，明细分类账户也应登记在贷方。

3）金额相等。总分类账户提供总括指标，明细分类账户提供总分类账户所记内容的具体指标，所以记入总分类账户的金额与记入所属的明细分类账户的金额相等。如果总分类账户同时涉及几个明细分类账户，则在总分类账户中登记的金额应当与在其所属的明细分类账户中登记的金额合计数相等。

综上所述，总分类账户与其所属的明细分类账户按平行登记规则记账之后，它们之间产生了下列数量关系。

① 总分类账户本期发生额与其所属各明细分类账户本期发生额的合计数必然相等，以公式表示为

总账本期借方发生额＝所属明细账本期借方发生额合计

总账本期贷方发生额＝所属明细账本期贷方发生额合计

② 总分类账户期末余额与其所属各明细分类账户期末余额的合计数必然相等，以公式表示为

总账期末余额＝所属明细账期末余额合计

在会计核算工作中，可以利用上述关系检查账簿记录的正确性，检查时，编制明细分类账户的本期发生额和余额的明细表，同其相应的总分类账户本期发生额和余额互相核对，以检查记录的正确性。如有不等，就表明记账出现了差错，应立即查明更正。核对的方法，可编制本期发生额及余额明细表与总分类账户核对，或将各明细账户的本期发生额及余额相加，与总分类账户直接核对。

【例 5-1】某企业 2017 年 9 月 1 日企业应付账款余额：永吉公司 14 000 元，华南公司 6 000 元，山川公司 5 000 元，昆明公司 10 000 元。共发生涉及应付账款的业务如下。

4 日，向永吉公司购买甲材料 500 千克，采购价格为每千克 150 元，货款共计 75 000 元，增值税款 9 750 元，货款及税款尚未支付；

11 日，向华南公司购买乙材料 150 千克，采购价格为每千克 100 元，货款共计 15 000 元，增值税款 1 950 元，货款及税款尚未支付；

12 日，以银行存款支付前欠山川公司货款 5 000 元；

15 日，向昆明公司购买丙材料 1 000 千克，采购价格为每千克 47 元，货款共计 47 000 元，增值税款 6 110 元，货款及税款尚未支付；

19 日，以银行存款支付前欠华南公司货款 16 000 元；

29 日，以银行存款支付前欠货款共计 77 000 元，其中昆明公司货款 31 000 元，永吉公司货款 46 000 元。

上述业务应编制的记账凭证上的会计分录如下：

		借方	贷方
4 日	借：原材料——甲材料	75 000	
	应交税费——应交增值税	9 750	
	贷：应付账款——永吉公司		84 750
11 日	借：原材料——乙材料	15 000	
	应交税费——应交增值税	1 950	
	贷：应付账款——华南公司		16 950
12 日	借：应付账款——山川公司	5 000	
	贷：银行存款		5 000
15 日	借：原材料——丙材料	47 000	
	应交税费——应交增值税	6 110	
	贷：应付账款——昆明公司		53 110
19 日	借：应付账款——华南公司	16 000	
	贷：银行存款		16 000
29 日	借：应付账款——永吉公司	46 000	
	——昆明公司	31 000	
	贷：银行存款		77 000

将上述记账凭证逐日逐笔登记入应付账款的明细账，如表 5.33～表 5.36 所示。

表 5.33　应付账款的明细分类账

会计科目：永吉公司　　单位：元

2017 年		凭证字号	摘要	借方	贷方	借或贷	余额
月	日						
9	1	—	期初余额	—	—	贷	14 000
9	4	转 14	—	—	84 750	贷	98 750
9	29	付 49	—	46 000	—	贷	52 750
—	—	—	本期发生额及余额	46 000	84 750	贷	52 750

表 5.34　应付账款的明细分类账

会计科目：华南公司　　单位：元

2017 年		凭证字号	摘要	借方	贷方	借或贷	余额
月	日						
9	1	—	期初余额	—	—	贷	6 000
9	11	转 27	—	—	16 950	贷	22 950
9	19	付 36	—	16 000	—	贷	6 950
—	—	—	本期发生额及余额	16 000	16 950	贷	6 950

表 5.35　应付账款的明细分类账

会计科目：山川公司　　单位：元

2017 年		凭证字号	摘要	借方	贷方	借或贷	余额
月	日						
9	1	—	期初余额	—	—	贷	5 000
9	12	付 29	—	5 000	—	平	0
—	—	—	本期发生额及余额	5 000	—	平	0

表 5.36　应付账款的明细分类账

会计科目：昆明公司　　单位：元

2017 年		凭证字号	摘要	借方	贷方	借或贷	余额
月	日						
9	1	—	期初余额	—	—	贷	10 000
9	15	转 35	—	—	53 110	贷	63 110
9	29	付 49	—	31 000	—	贷	32 110
—	—	—	本期发生额及余额	31 000	53 110	贷	32 110

根据应付账款明细账内容编制明细分类账户本期发生额及余额明细表，如表 5.37 所示。

表 5.37　应付账款明细分类账户本期发生额及余额明细表　　单位：元

明细科目	期初余额		本期发生额		期末余额	
	借方	贷方	借方	贷方	借方	贷方
华南公司	—	6 000	16 000	16 950	—	6 950
山川公司	—	5 000	5 000	—	—	—
永吉公司	—	14 000	46 000	84 750	—	52 750
昆明公司	—	10 000	31 000	53 110	—	32 110
合计	—	35 000	98 000	154 810	—	91 810

按照 10 天汇总一次的方法汇总登记应付账款的总分类账，如表 5.38 所示

表 5.38　应付账款总分类账

会计科目：应付账款　　单位：元

2017 年		凭证字号	摘要	借方	贷方	借或贷	余额
月	日						
9	1	—	期初余额	—	—	贷	35 000
9	10	汇转 5	—	—	84 750	贷	119 750
9	20	汇付 9	—	21 000	—	贷	98 750
9	25	汇转 11	—	—	70 060	贷	168 810
9	30	汇付 15	—	77 000	—	贷	91 810
—	—	—	本期发生额及余额	98 000	154 810	贷	91 810

通过应付账款的总分类账户内容与其所属的明细分类账户本期发生额及余额明细表内容，可以相互进行核对。

（六）会计账簿的启用规则

会计账簿是企业一种需要长期保管的重要经济档案，应由专人来负责其登记、审核、保管等工作。以明确责任，保证账簿记录的合法性、合理性，保证账簿资料的完整性，防止舞弊行为。

首先，启用新的会计账簿时，应在扉页上填制“账簿启用表和经管账簿人员一览表”。应详细填明企业名称、账簿名称、账簿编号、账簿页数（如为活页账应在装订成册后写明页数）和启用日期等，并填写会计主管人员、记账人员姓名、加盖公章，由会计主管人员和记账人员签章。如果更换记账人员时，应在主管会计监督下办理交接手续，并在表内注明交接日期。移交人和接管人双方都应签章，明确责任。账簿启用和经管人员一览表的格式如表 5.18 所示。

其次，会计人员应在启用前正确选择账簿的外表形式。账簿的外表形式应根据其用途来决定。总账和日记账一般应采用订本式，明细账采用活页式，财产物资的明细账可采用卡片式。订本账编有固定页码，使用时不得任意撕毁账页。活页账的账夹上应当写明账簿的名称，年度结束应装订成册，加编科目索引表。科

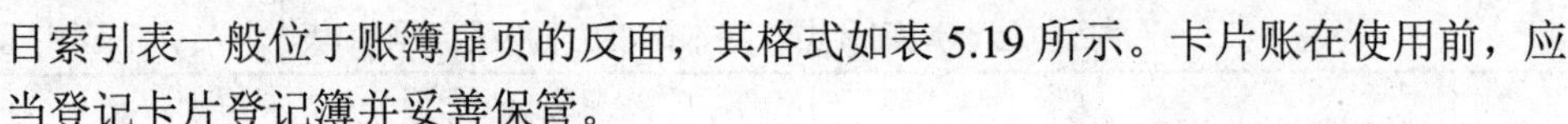

目索引表一般位于账簿扉页的反面，其格式如表 5.19 所示。卡片账在使用前，应当登记卡片登记簿并妥善保管。

（七）记账规则

登记账簿是会计核算的一项基础工作，为了保证记账工作的质量，必须遵循记账的一般规则。《会计法》规定，各单位应按规定设置会计科目和会计账簿，会计机构根据经过审核的原始凭证和记账凭证，按照相应的规定记账。

账簿是企业编制会计报表、进行会计分析与检查的重要依据。因此，登记账簿必须认真求实、正确及时、内容完整、摘要简明、数字无误、字迹清晰，不能漏记、错记、重记和积压账目。具体而言，登记账簿要遵循以下规则。

1）准确完整：账簿应该根据审核无误的会计凭证及时登记。

2）注明记账符号：记账后应在记账凭证的过账栏注明账簿的页数或做出“√”符号，并同时将记账凭证的种类、号数记入账页的相关栏次。

3）平常记账必须使用钢笔和蓝黑墨水书写，不得使用铅笔和圆珠笔登账，红色墨水只有在结账、画线、改错、冲账及表示余额为负数时采用。

4）顺序登记：账簿登记不得隔页跳行，如果不慎出现隔页跳行，不得撕毁账页。

5）书写留空：账簿登记要及时正确，不得拖延和积欠账目。摘要应该简明扼要，金额应与账页上的位数对齐，文字或数字要贴底线书写，占格的 1/2。

6）结出余额：凡需结出余额的账户，结出余额后应在“借或贷”栏标明余额的方向；无余额的应在“借或贷”栏填“平”字，并在金额栏的元位填“0”。

7）过次承前：本页登记完毕加计本页发生额和余额，并在“摘要”栏内填明“过次页”；同时在新账页的第一行登记上页转入数，并在“摘要”栏内填明“承前页”。

8）不得刮、擦、挖、补和使用涂改液涂改：账簿记录发生错误时，要按规定的方法进行更正。

（八）更正错账的方法

账簿记录应保持整齐清洁，为此记账时应力求正确和清楚，避免差错。如果有错误，一经发现，应立即予以更正。但因其发生错误的具体情况不同、时间的先后不同，因此更正错误的方法也应不同。在手工记账的情况下，一般常用的更正错账的方法有画线更正法、红字更正法和补充登记法 3 种。

1. 划线更正法

1）适用范围。记账凭证正确，在记账或结账过程中发生账簿记录中文字或数字有错误，如过账时因笔误或计算错误造成的记账方向、金额及过错账户等。

2）更正方法。更正时，先在错误的文字或数字上划一道红线注销，并使原来的错误文字或数字仍清晰可辨，然后在红线上方空白处用蓝字填上正确的文字或数字，并在更正处由记账人员盖章。对改正错误的数字一定要用红线全部划去，不能只改个别数字；对于文字错误，可只划去错误的部分。

【例 5-2】会计人员李四在过账时不慎将应付账款 8 500 元错记成 5 800 元。

应采用划线更正法予以更正，将 5 800 整个数字全部用红线划去，再在红线上面空白处用蓝字写 8 500，予以更正，同时在更正处旁边加盖姓名章。在账户的简化格式——“T”形账户中表示，如图 5.1 所示。

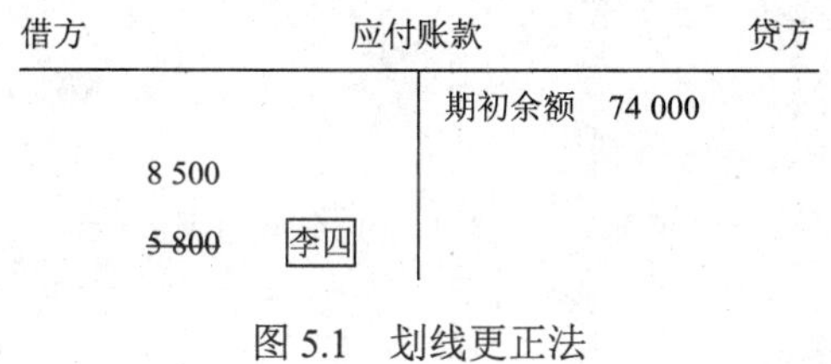

图 5.1　划线更正法

2. 红字更正法

红字更正法也叫赤字冲账法或红笔订正法。红字更正法在两种不同的情况下适用。

1）记账凭证中，会计科目错误（无论金额正确还是错误），凭证已登记入账。这种错误无论是结账前还是结账后发现，更正时，先用红字金额填制一张内容与错误记账凭证完全相同的记账凭证，在摘要中写明“冲销第×号凭证错误”，并据以用红字金额登记入账，以冲销原有的错误记录；然后，再用蓝字重新填制一张正确的记账凭证，在摘要中写明“更正第×号凭证错误”，并登记入账，即可将错误改正过来。

【例 5-3】管理部门领用乙材料 800 元，编制 5 号记账凭证时，借方科目误写为“销售费用”并已登记入账。错误的分录为：

借：销售费用　800

　　贷：原材料——乙材料　800

这种错误就是记账凭证上的应记科目发生错误，并已登记入账，适用于红字更正法。更正上述错误的正确方法，首先是用红字金额填制一张内容与错误凭证完全相同的记账凭证，在摘要中写明“更正第 5 号凭证错误”：

借：销售费用　[800]

　　贷：原材料——乙材料　[800]

（注：[800]表示红字 800 元。）

将该凭证的内容登记入账。在账户的简化格式——“T”形账户中表示如图 5.2 所示。

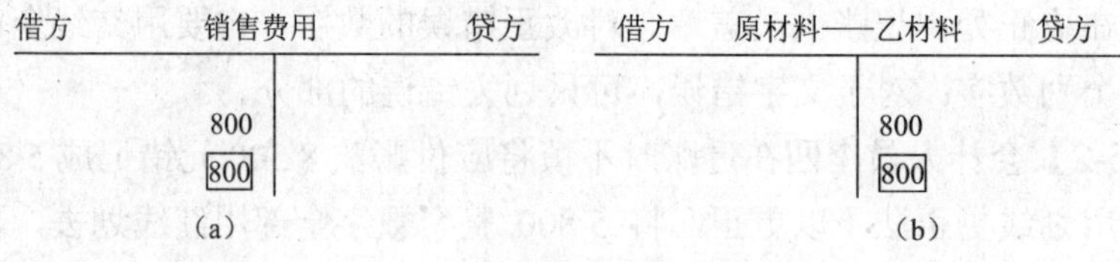

图 5.2　原错误“T”形账

然后，再用蓝字重新填制一张正确的记账凭证，在摘要中写明“更正第 5 号凭证错误”：

借：管理费用　　800

　　贷：原材料——乙材料　　800

将该凭证的内容登记入账。在账户的简化格式——“T”形账户中表示如图 5.3 所示。

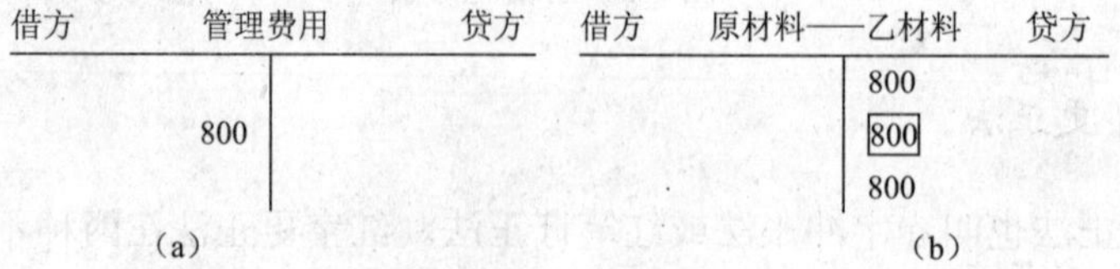

图 5.3　红字更正法（1）

将上述两张记账凭证登记入账后，账簿记录的错误得以更正。

2）在记账后发现记账凭证中应借、应贷的会计科目没有错，只是所记金额大于应记金额，更正时填制一张会计科目与错误凭证相同，金额为红字多记差额的记账凭证，在“摘要”栏内注明“冲转第×号凭证多记数”，并据以入账，以冲销原来多记的金额。

【例 5-4】车间管理部门从仓库领用甲材料 900 元。填制 8 号记账凭证时，将金额记为 9 000 元，并已登记入账。错误的分录为：

借：制造费用　　9 000

　　贷：原材料——甲材料　　9 000

发现上述错误时，可编制一张与原记账凭证会计科目相同的记账凭证，金额为多记的 8 100 元，用红字表示，以更正原来的错误。在摘要中写明“冲转第 8 号凭证多记金额”：

借：制造费用　　8 100

　　贷：原材料——甲材料　　8 100

将上述更正错误的记账凭证，登记入账。在账户的简化格式——“T”形账户中表示如图 5.4 所示。

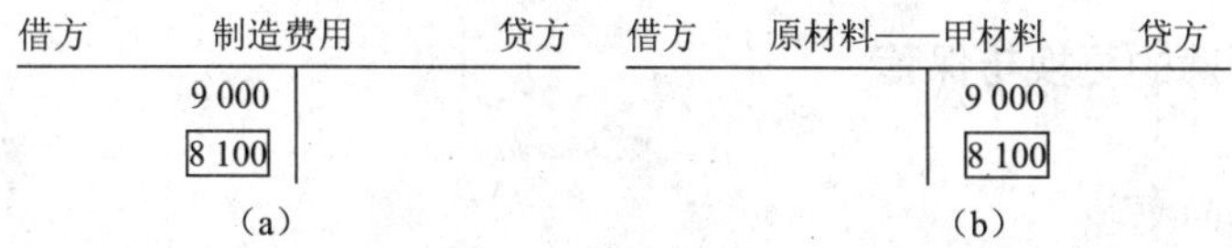

图 5.4　红字更正法（2）

通过这种方法处理，原账簿中的错误记录就被更正为正确的记录了。

3. 补充登记法

1）适用范围。登账后发现记账凭证中应借、应贷的会计科目正确，但所记金额小于应记金额的情况。

2）更正方法。更正时，编制一张会计科目与原凭证相同，金额为蓝字少记的金额的记账凭证，在“摘要”栏内注明“补记第×号凭证少记数”，并据以登记入账。这样便将少记的金额补充记入账簿。

【例 5-5】某企业以银行存款支付购入的办公用品费，共计 6 000 元，填制记账凭证时误将金额记为 600 元，并已登记入账，凭证号为 25 号，其会计分录如下。

借：管理费用　600

　　贷：银行存款　600

这种错误就是在登账后发现记账凭证中应借、应贷的会计科目正确，但所填的金额小于正确金额的情况，适用于补充登记法。为了补记少记的 5 400 元，应用蓝字填制一张与原记账凭证会计科相同的记账凭证，金额为补记的 5 400 元，并在摘要中注明“补记第 25 号凭证少记数额”，其会计分录如下。

借：管理费用　5 400

　　贷：银行存款　5 400

将上述更正凭证登记入账，在账户的简化格式——“T”形账户中表示如图 5.5 所示。

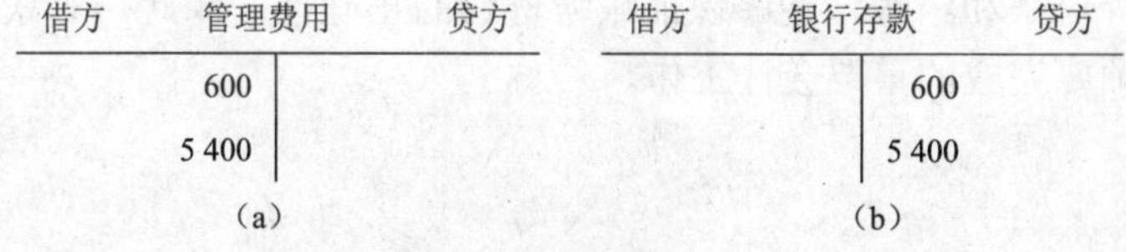

图 5.5　补充登记法

通过这种方法处理，使账簿中的原错误记录得以更正。

注意，在用红字更正法和补充登记法更正错误时，在更正错误的记账凭证上，一定要注明被更正的记账凭证的日期和编号，以便核对查考。

（九）账簿的更换与保管

1. 账簿的更换

为了保持会计账簿资料的连贯性，在每一会计年度结束，新的会计年度开始时，应按会计制度规定，进行账簿的更换工作。

1）总账、日记账和大部分明细账必须每年更换1次。年初，将旧账簿中各账户的余额直接记入新账簿中的首行“余额”栏内，在“摘要”栏内加盖“上年结转”戳记；同时，将旧账页最后一页的空行划一条斜红线注销，并在旧账页最后一行“摘要”栏内加盖“结转下年”戳记。在新旧账户之间结转余额，不必另外填制记账凭证。若在年度内，订本账记满需更换新账时，与年初更换新账簿的程序相同。

2）部分明细账，如固定资产明细账等，因年度内变动不多，年初可不必更换账簿。但在“摘要”栏内，要加盖“结转下年”戳记，以划分新旧年度之间的记账界限。

2. 账簿的保管

按照新《会计法》的规定，会计账簿、会计凭证和会计报表等都属于企业重要的经济档案，必须妥善保管，不得任意丢失和销毁，各种账簿的保管年限和销毁的审批程序，应按会计制度的规定严格执行，否则要承担相应的法律责任。

年末结账后，会计人员应在活页账簿前面加放“账簿启用表”和“经管账簿人员一览表”装订成册，并加上封面，统一编号后，与各种订本账一并归档。各种账簿应按年度分类归档，编制目录，妥善保管。既保证在需要时能迅速查阅，又保证各种账簿的安全和完整。

第二节　对账和结账

定期进行对账和结账，能够保证账簿资料的正确性。因此，对账和结账是编制报表前必须要完成的重要会计工作。

一、对账

在账簿记录中，由于主客观的原因，常常会有账簿记录差错和账实不符的情况发生。为了使账簿能如实地反映经济活动的情况，在结转会计期间的账簿记录之前，必须对账簿记录进行核对。因此，对账是日常会计工作的一个必要的重要环节。

所谓对账，简单而言，就是核对账目，即对账簿所记录的有关数据进行检查和核对，以保证账簿记录的真实可靠。对账是会计核算的一项重要内容。一般应在月末，将本月的全部经济业务登记入账并结出各账户的期末余额后、结账之前进行对账。如遇特殊情况，如人员调动或发生非常事件，则应根据需要随时对账。

在会计核算工作中，有时难免发生各种差错和账实不符的情况。例如，填制记账凭证的差错，记账或过账的差错，数量和金额计算的差错，以及财产物资的盘亏和盘盈等。发生这些差错，有的是由于工作疏忽失职和存在不正常行为而引起的，是可以避免的；而有的是由于财产物资本身的性质或自然原因造成的，是不可以避免的。因此，为了保证各种账簿记录的完整和正确，如实地反映和监督经济活动的状况，就必须核对各种账簿记录，检查记账工作有无差错，确保账证相符、账账相符、账实相符，为编制会计报表提供真实可靠的资料。所以，对账工作应包括账证核对、账账核对、账实核对。

（一）账证核对

会计凭证是登记账簿的依据。账证核对工作，平常是通过编制凭证和记账中的“复核”环节进行的，在月末结账时，应将账簿的记录数字与会计凭证数字进行核对，做到账证相符。对主要内容有疑问之处，应进行重点抽查与核对。账证核对是账账相符、账实相符的基础。

账证核对的方法是将原始凭证、记账凭证与日记账、分类账进行核对，检查会计凭证上所记录的每笔经济业务会计分录的内容、数量、金额与各种账簿中的记录是否相符，既可以逐笔核对，也可抽查核对；如果发现差错，应及时查明原因。

（二）账账核对

账账核对就是把各种账簿记录进行相互核对，使相关账簿之间的数字核对相符，具体的核对包括以下几个方面的内容。

1）总分类账中，全部账户的借方余额合计数应同贷方余额合计数相符。

2）总分类账中，“现金”“银行存款”账户的余额数应同相对应的日记账余额数核对相符。

3）总分类账中，各账户的月末余额，应与所属明细分类账户月末余额之和核对相符。

4）会计部门有关财产物资的明细分类账的余额，与财产物资保管部门或使用部门相应的明细账（卡）核对相符。

总账与总账之间的记录核对首先要编制“总分类账户本期发生额及余额试算平衡表”，若平衡表上全部账户的期初借方余额合计等于全部账户期初贷方余额合计、全部账户本期借方发生额合计等于全部账户本期贷方发生额合计、全部账户期末借方余额合计等于全部账户期末贷方余额合计，一般说明已经达到“账账相符”的要求；如果借、贷双方金额不平衡，则说明总账记录有差错，应查明原因。

总账与明细账的记录核对首先要编制“明细分类账户本期发生额及余额试算平衡表”，若平衡表上账户的期初借方余额合计等于贷方余额合计、本期借方发生额合计等于贷方发生额合计、期末借方余额合计等于贷方余额合计，一般说明已经达到“账账相符”的要求；如果借、贷双方金额不平衡，则说明明细分类账记录有差错，应查明原因。

由于总账与所属明细账的记录都是按照平行登记的要求进行的，所以，各明细账的期初或期末余额之和与本期借、贷方发生额之和就应当同总账的期初或期末余额与本期借、贷方发生额相等。

（三）账实核对

账实核对是指有关财产物资明细账的结存量应定期与实存量核对相符。这包括现金日记账的账面余额与现金的实际库存额每日核对相符；银行存款日记账的账面余额与银行对账单每月核对相符；还有各种财产物资明细账的结存数量与实物实存数量定期核对相符；有关债权、债务明细账的余额，应经常或定期与有关债务人、债权人之间的账目数字核对相符；已上交的税金及其他预交款应按规定时间与有关监交部门核对相符。这种账实核对相符在会计核算方法中也称财产清查，在财产清查中产生的盘盈、盘亏等核算问题将在后面的章节中介绍。

二、结账

（一）结账的概念

结账就是在把一定时期内发生的会计事项全部登记入账的基础上，结算出每个账户的本期发生额和期末余额，并将余额结转下期的方法。结账在每个会计期末终了时进行，以便进一步根据账簿资料编制会计报表。结账是会计处理循环的一个基本步骤。

（二）结账工作包括的内容

1）检查本期所发生的各类经济业务是否都已填制会计凭证，登记入账；按照权责发生制的要求，检查应调整的账项是否进行了调整并登记入账；为保证会计资料的真实可靠，结账的时间既不能提前，也不能将本期的业务延至下期登记。结账前一定要做好对账工作，在核对无误的基础上才能进行结账。

2）编制结账分录，将收入、费用类账户结清。对于收入和费用类账户，因其是在一定会计期间内积累有关数据的过渡性账户，设置和运用这些账户，是为了提供编制利润表的有关资料，因此，期末将这些账户结清，使之余额为零。也就是将这些账户在计算发生额的基础上确定差额，并将差额转到相关账户，编制结账分录。所谓结账分录，就是指把一个账户的差额转记到另一个账户中去所编制的会计分录。例如，将“收入”和“费用”类账户的发生额差额转入“本年利润”账户中去的会计分录。

3）计算各账户的本期发生额和期末余额。经过上述账务处理后，应分别结出各种日记账、总分类账、明细分类账的本期发生额和期末余额，并按规定在账簿上做出结账处理。结账包括月结、季结和年结。

① 月结。月终，在全部经济业务登记入账之后，进行月结。结账时，应先在各账户记录的最后一笔数字下端，画一条通栏单红线，再将借、贷两栏本月发生额加计总数，并用蓝字写在红线下面，同时在摘要栏内注明“本月发生额及期末余额”或“本月合计”字样，然后结出本月余额，填入余额栏内，最后在本月发生额下端再画一条通栏单红线，以示月结。本月没有发生额的账户，不必进行月结。对需要逐月结转累计发生额的账户，在结出本月发生额及期末余额后，应在下一行增加“本年累计发生额”，然后再在数字下端画一条通栏单红线。

② 季结。季末，应在各账户本季度最后一个月的月结下面（需按月结出累计发生额的，应在“本年累计”下面）画一条通栏单红线，表示本季结束；然后，在红线下结算出本季发生额和季末余额，并在摘要栏内注明“第×季度发生额及余额”或“本季合计”字样；最后，在该合计行下面画一条通栏单红线，表示完成季结工作。

③ 年结。年结即年终进行的结账工作。年度结账时，要将各个账户结平，并将各账户余额结转到下年度新开的账户中去。办理年结时，先在12月份月结数字下面（需办理季结的，应在第4季度的季结下面；需结出本年累计发生额的，应在“本年累计”下面）画一条通栏单红线，表示年度终了；然后在红线下面计算填列全年12个月的合计数，并在摘要栏内注明“本年发生额及余额”或“本年合计”等字样；然后，在下一行“摘要”栏内注明“结转下年”字样，并以与期末余额相反的方向，以同一数额记入“借方”或“贷方”金额栏内，即借方期末余额记入贷方金额栏内，贷方期末余额记入借方金额栏内，以结平各账户余额。最后，在这行的下面画两条通栏平行红线，表示“封账”，以示全年记账的结束。年度结账后，根据各账户的年末余额，过入新账簿，结转至下年度，如表5.39所示。

在新的会计年度开始建立新账时，可将有关账户的余额，从旧账直接转入新账，不需要另编记账凭证，只是在新开设的同一账户第一行填写日期1月1日，在摘要栏中注明“上年结转”字样，余额栏按上年结转的金额填写。

表 5.39 生产成本总分类账 单位：元

20××年		凭证		摘要	借方	贷方	借或贷	余额
月	日	种类	号数					
12	1			上月结转			借	4 000
	8	转	4	生产产品耗用材料	12 000	—		
	31	转	8	制造费用	5 000	—		
	31	转	9	本月应付工资	35 000	—		
	31	转	10	社会保险和公积金	4 900	—		
	31	转	11	结转完工产品生产成本		55 000		
12	31	—	—	本月发生额及余额	56 900	55 000	借	5 900
12	31	—	—	本年发生额及余额	648 000	642 100	借	5 900
12	31	—	—	结转下年		5 900	平	—

第三节 财 务 报 告

一、财务报告概述

（一）财务报告的概念及意义

财务报告，是指企业对外提供的反映企业某一特定日期的财务状况和某一会计期间的经营成果、现金流量等会计信息的文件。财务报告包括财务报表和其他应在财务报告中披露的相关信息和资料。

企业的管理者、投资者、债权人、政府机构及其他与企业有利害关系的单位或个人，不能直接使用日常会计核算中比较分散的会计记录来分析评价企业的财务状况和经营成果。因此，企业必须定期地对日常会计资料进行分类调整、汇总，按照一定的表格形式编制财务报告，总括、综合地反映企业经济活动的过程和结果。所以，编制财务报告有着重要的意义。

1）财务报告为企业加强和改善经营管理提供重要信息。

2）财务报告为国家经济管理部门进行宏观调控和管理提供重要信息。

3）财务报告为投资者和债权人进行决策提供重要信息。

（二）财务报表的定义和构成

财务报表是对企业财务状况、经营成果和现金流量的结构性表述。财务报表至少应当包括下列组成部分：①资产负债表；②利润表；③现金流量表；④所有者权益（或股东权益，下同）变动表；⑤附注。

资产负债表、利润表和现金流量表分别从不同角度反映企业的财务状况、经营成果和现金流量。资产负债表反映企业某一特定日期所拥有的资产、需偿还的债务及股东（投资者）拥有的净资产情况；利润表反映企业在一定会计期间的经营成果，即利润或亏损的情况，表明企业运用所拥有的资产的获利能力；现金流量表反映企业在一定会计期间现金和现金等价物流入和流出的情况。

所有者权益变动表反映构成所有者权益的各组成部分当期的增减变动情况。企业的净利润及其分配情况是所有者权益变动的组成部分，相关信息已经在所有者权益变动表及附注中反映，企业不需要再单独编制利润分配表。

附注是财务报表不可或缺的组成部分，是对在资产负债表、利润表、现金流量表和所有者权益变动表等报表中列示项目的文字描述或明细资料，以及对未能在这些报表中列示项目的说明等。

（三）财务报表的分类

财务报表可以按照不同的标准进行分类。

1. 按财务报表编制的期间不同分类

按财务报表编制的期间不同，可以分为中期财务报表和年度财务报表。

中期财务报表是以短于一个完整会计年度的报告期间为基础编制的财务报表，包括月报、季报和半年报等。中期财务报表至少应包括资产负债表、利润表、现金流量表和附注。其中，中期资产负债表、利润表和现金流量表应当是完整报表，其格式和内容应当与年度财务报表相一致。与年度财务报表相比，中期财务报表中的附注披露可以适当简略。

年度财务报表是指年度终了编制的财务报表，包括所有的主表及附注。

2. 按财务报表编制主体的不同分类

按财务报表编制主体的不同，可以分为个别财务报表和合并财务报表。

个别财务报表是由企业在自身会计核算基础上对账簿记录加工而编制的财务报表，它主要用以反映企业自身的财务状况、经营成果和现金流量情况。

合并财务报表是以母公司和子公司组成的企业集团为会计主体，根据母公司和所属子公司的财务报表，由母公司编制的综合反映企业集团财务状况、经营成果及现金流量的财务报表。

（四）财务报表列报的基本要求

1. 遵循会计准则对会计要素进行确认和计量

企业应当根据实际发生的交易和事项，遵循各项具体会计准则的规定进行会计要素确认和计量，并在此基础上编制财务报表。企业应当在附注中对遵循企业会计准则编制的财务报表做出声明，只有遵循了企业会计准则的所有规定时，财务报表才能被称为“遵循了企业会计准则”。

2. 列报基础

在编制财务报表的过程中，企业管理层应当对企业持续经营的能力进行评价，需要考虑的因素包括市场经营风险、企业目前或长期的盈利能力、偿债能力、财务弹性及企业管理层改变经营政策的意向等。评价后对企业持续经营的能力产生重要怀疑的，应当在附注中披露导致对持续经营能力产生重大怀疑的重要的不确定因素。

3. 重要性和项目列报

关于项目在财务报表中是单独列报还是合并列报，应当依据重要性质量特征来判断。

1）性质和功能不同的项目，一般应当在财务报表中单独列报，但是不具有重要性的项目可以合并列报。例如，存货和固定资产在性质上和功能上都有本质差别，必须分别在资产负债表上单独列报。

2）性质和功能类似的项目，一般可以合并列报，但是对其具有重要性的类别应该单独列报。例如，原材料、周转性材料等项目在性质上类似，均通过生产过程形成企业的产品存货，因此可以合并列报，合并之后的类别统称为“存货”进行列报。

3）项目单独列报的原则不仅适用于报表，还适用于附注。某些项目的重要性程度不足以在资产负债表、利润表、现金流量表或所有者权益变动表中单独列示，但是对相关者而言具有重要性，在这种情况下应当在附注中单独披露。

4）无论是《企业会计准则第 30 号——财务报表列报》规定的单独列报项目，还是其他具体会计准则规定单独列报的项目，企业都应当予以单独列报。

重要性是判断项目是否单独列报的重要标准。企业在进行重要性判断时，应当根据所处环境，从项目的性质和金额大小两方面予以判断：一方面，应当考虑该项目的性质是否属于企业日常活动、是否对企业的财务状况和经营成果具有较大影响等因素；另一方面，判断项目金额大小的重要性，应当通过单项金额占资产总额、负债总额、所有者权益总额、营业收入总额、净利润等直接相关项目金额的比重进行确定。

4. 列报的一致性

可比性是会计信息质量的一项重要质量要求，目的是使同一企业不同期间和同一期间不同企业的财务报表相互可比。为此，财务报表项目的列报应当在各个会计期间保持一致，不得随意变更，这一要求不仅针对财务报表中的项目名称，还包括财务报表项目的分类、排列顺序等方面。

在以下规定的特殊情况下，财务报表项目的列报是可以改变的：①会计准则要求改变；②企业经营业务的性质发生重大变化后，变更财务报表项目的列报能够提供更可靠、更相关的会计信息。

5. 财务报表金额间的相互抵消

财务报表项目应当以总额列报，资产和负债、收入和费用不能相互抵消，即不得以净额列报，但《企业会计准则》另有规定的除外。例如，企业欠客户的应付款不得与其他客户欠本企业的应收款相抵消，如果相互抵消就掩盖了交易的实质。

下列两种情况不属于抵消，可以以净额列示：①资产项目按扣除减值准备后的净额列示，不属于抵消。对资产计提减值准备，表明资产的价值确实已经发生减损，按扣除减值准备后的净额列示，才反映了资产当时的真实价值；②非日常活动的发生具有偶然性，并非企业主要的业务，从重要性来讲，非日常活动产生的损益以收入扣减费用后的净额列示，更有利于报表使用者理解，也不属于抵消。

6. 比较信息的列报

企业在列报当期财务报表时，至少应当提供所有列报项目上一可比会计期间的比较数据，以及与理解当期财务报表相关的说明，目的是向报表使用者提供对比数据，提高信息在会计期间的可比性，以反映企业财务状况、经营成果和现金流量的发展趋势，提高报表使用者的判断与决策能力。

7. 财务报表表首的列报要求

财务报表一般分为表首、正表两部分，其中，在表首部分企业应当概括地说明下列基本信息：①编报企业的名称，如企业名称在所属当期发生了变更，也应明确标明；②资产负债表须披露资产负债表日，利润表、现金流量表、所有者权益变动表须披露报表涵盖的会计期间；③货币名称和单位，按照我国企业会计准则的规定，企业应当以人民币为记账本位币列报，并标明金额，如人民币元、人民币万元等；④财务报表是合并财务报表的，应当予以标明。

8. 报告期间

企业至少应当编制年度财务报表。根据《会计法》的规定，会计年度自公历 1 月 1 日起至 12 月 31 日止。因此，在编制年度财务报表时，可能存在年度财务报表涵盖的期间短于 1 年的情况，如企业在年度内（如 3 月 1 日）开始设立等，在这种情况下，企业应当披露年度财务报表的实际涵盖期间及短于 1 年的原因，并应当说明由此引起财务报表项目与比较数据不具可比性这一事实。

二、资产负债表

（一）资产负债表的概念

资产负债表是提供企业某一特定日期的财务状况的会计报表。它反映企业在某一特定日期所拥有或控制的经济资源、所承担的现时义务和所有者对净资产的所有权。财务状况是企业资产、负债和所有者权益的构成情况及资产、负债和所有者权益各自的结构。

（二）资产负债表的作用

资产负债表主要提供有关企业财务状况方面的信息，即某一特定日期关于企业资产、负债、所有者权益及其相互关系。资产负债表的作用：第一，可以提供某一日期的资产总额及其结构，表明企业拥有或控制的资源及其分布情况，使用者可以一目了然地从资产负债表上了解企业在某一特定日期所拥有的资产总量及其结构；第二，可以提供某一日期的负债总额及其结构，表明企业未来需要多少资产或劳务清偿债务及清偿时间；第三，可以反映所有者所拥有的权益，据以判断资本保值、增值的情况及对负债的保障程度。此外，资产负债表可以提供进行财务分析的基本资料，如将流动资产与流动负债进行比较，计算出流动比率等，可以表明企业的变现能力、清偿能力和资金周转能力，从而有助于报表使用者做出经济决策。

（三）资产负债表的结构

资产负债表的结构，目前国际上流行的主要有报告式和账户式两种。

1. 报告式资产负债表

报告式资产负债表又叫垂直式资产负债表，是将资产负债表的项目自上而下垂直排列，首先列示资产的数额，然后列示负债的数额，最后再列示所有者权益的数额。数额关系：资产合计＝负债合计＋所有者权益合计，或者资产合计－负债合计＝所有者权益合计，其简化格式如表 5.40 所示。

2. 账户式资产负债表

账户式资产负债表是将资产项目列示在报表的左方，负债和所有者权益项目列示在报表的右方，从而使资产负债表的左右两方平衡。我国企业会计准则规定，企业的资产负债表采用账户式，其格式如表 5.41 所示。

表 5.40　资产负债表（报告式）

编制单位：　　　　　年　　月　　日　　　　　单位：元

资产
　流动资产
　非流动资产
　　资产合计

负债
　流动负债
　长期负债
　　负债合计

所有者权益
　实收资本
　资本公积
　盈余公积
　未分配利润
　　所有者权益合计

表 5.41　资产负债表（账户式）

编制单位：　　　　　年　　月　　日　　　　　单位：元

资产	期末余额	上年年末余额	负债及所有者权益（或股东权益）	期末余额	上年年末余额
流动资产：			流动负债：		
货币资金			短期借款		
交易性金融资产			交易性金融负债		
衍生金融资产			衍生金融负债		
应收票据			应付票据		
应收账款			应付账款		
应收款项融资			预收款项		
预付款项			合同负债		
其他应收款			应付职工薪酬		
存货			应交税费		
合同资产			其他应付款		
持有待售资产			持有待售负债		
一年内到期的非流动资产			一年内到期的非流动负债		
其他流动资产			其他流动负债		
流动资产合计			流动负债合计		
非流动资产：			非流动负债：		
债权投资			长期借款		
其他债权投资			应付债券		
长期应收款			其中：优先股		
长期股权投资			永续债		
其他权益工具投资			租赁负债		
其他非流动金融资产			长期应付款		
投资性房地产			预计负债		
固定资产			递延收益		
在建工程			递延所得税负债		
生产性生物资产			其他非流动负债		
油气资产			非流动负债合计		
使用权资产			负债合计		
无形资产			所有者权益（或股东权益）：		
开发支出			实收资本（或股本）		

续表

资产	期末余额	上年年末余额	负债及所有者权益（或股东权益）	期末余额	上年年末余额
商誉			其他权益工具		
长期待摊费用			其中：优先股		
递延所得税资产			永续债		
其他非流动资产			资本公积		
非流动资产合计			减：库存股		
			其他综合收益		
			专项储备		
			盈余公积		
			未分配利润		
			所有者权益（或股东权益）合计		
资产总计			负债和所有者权益（或股东权益）总计		

资产和负债应当按照流动性分别分为流动资产和非流动资产、流动负债和非流动负债列示。流动性，通常按资产的变现或耗用时间长短，或者负债的偿还时间长短来确定。按照财务报表列报准则的规定，应先列报流动性强的资产或负债，再列报流动性弱的资产或负债。

资产负债表中的所有者权益类一般按照净资产的不同来源和特定用途进行分类，应当按照实收资本（或股本）、资本公积、盈余公积、未分配利润等项目分项列示。

（1）流动资产和非流动资产的划分

资产负债表中的资产应当分别以流动资产和非流动资产列报，因此区分流动资产和非流动资产十分重要。

资产满足下列条件之一的，应当归类为流动资产。

1）预计在一个正常营业周期中变现、出售或耗用。这主要包括存货、应收账款等资产。需要指出的是，变现一般针对应收账款等而言，指将资产变为现金；出售一般针对产品等存货而言；耗用一般指将存货（如原材料）转变成另一种形态（如产成品）。

2）主要为交易目的而持有。这主要是指根据《企业会计准则——金融工具确认和计量》划分的交易性金融资产。

3）预计在资产负债表日起 1 年内（含 1 年）变现。

4）自资产负债表日起 1 年内，交换其他资产或清偿负债的能力不受限制的现金或现金等价物。在实务中存在用途受到限制的现金或现金等价物，比如用途受到限制的信用证存款、汇票存款等，这些现金或现金等价物如果作为流动资产列报，可能高估了流动资产的金额，从而高估流动比率等财务指标，影响到使用者的决策。

（2）流动负债和非流动负债的划分

流动负债的判断标准和流动资产的判断标准相类似。负债满足下列条件之一的，应当归类为流动负债。

1）预计在一个正常营业周期中清偿。

2）主要为交易目的而持有。

3）自资产负债表日起1年内到期应予以清偿。

4）企业无权自主地将清偿推迟至资产负债表日后1年以上。

值得注意的是，有些流动负债，如应付账款、应付职工薪酬等，属于企业正常营业周期中使用的营运资金的一部分。尽管这些经营性项目有时在资产负债表日后超过1年才到期清偿，但是它们仍应被划分为流动负债。

（四）资产负债表的编制方法

资产负债表编制的一般方法如下。

1. 年初余额栏的填列方法

资产负债表“年初余额”栏内各项数字，应根据上年末资产负债表“期末余额”栏内所填数字填列。如果上年度资产负债表规定的各个项目的名称和内容同本年度不相一致，应对上年年末资产负债表各项目的名称和数字按照本年度的规定进行调整，填入表中“年初余额”栏内。

2. 期末余额栏的填列方法

资产负债表“期末余额”栏内各项数字，一般应根据资产、负债和所有者权益类科目的期末余额填列，主要包括以下方式。

1）直接根据总账科目的余额填列。资产负债表中的有些项目，可直接根据有关总账科目的余额填列，如“短期借款”“资本公积”等项目；有些项目则需根据几个总账科目的期末余额计算填列，如“货币资金”项目，需根据“库存现金”“银行存款”“其他货币资金”3个总账科目的期末余额的合计数填列。

2）根据明细账科目余额计算填列。如“应付账款”项目，需要根据“应付账款”和“预付账款”两个科目所属的相关明细科目的期末贷方余额计算填列；“应收账款”项目，需要根据“应收账款”和“预收账款”两个科目所属的相关明细科目的期末借方余额计算填列。

3）根据总账科目和明细账科目余额分析计算填列。如“长期借款”项目，需要根据“长期借款”总账科目余额扣除“长期借款”科目所属的明细科目中将在一年内到期且企业不能自主将清偿义务展期的长期借款后的金额计算填列。

4）根据有关科目余额减去其备抵科目余额后的净额填列。如“无形资产”项目，应当根据“无形资产”科目的期末余额减去“累计摊销”“无形资产减值准备”备抵科目余额后的净额填列等。

5）综合运用上述填列方法分析填列。如资产负债表中的“存货”项目，需要根据“原材料”“库存商品”“委托加工物资”“周转材料”“材料采购”“在途物资”“发出商品”“材料成本差异”等总账科目期末余额的分析汇总数，再减去“存货跌价准备”科目余额后的净额填列。

3. 资产负债表各项目的具体填列方法

1）“货币资金”项目，反映库存现金、银行结算存款、外埠存款、银行汇票存款、银行本票存款和在途货币资金的合计数。本项目应根据“库存现金”“银行存款”“其他货币资金”账户的期末余额合计填列。

2）“交易性金融资产”项目。反映资产负债表日企业分类为以公允价值计量且其变动计入当期损益的金融资产，以及企业持有的指定为以公允价值计量且其变动计入当期损益的金融资产的期末账面价值。本项目应根据“交易性金融资产”科目的相关明细科目的期末余额分析填列。自资产负债表日起超过一年到期且预期持有超过一年的以公允价值计量且其变动计入当期损益的非流动金融资产的期末账面价值，在“其他非流动金融资产”项目反映。

3）“衍生金融资产”项目，反映企业期末持有的衍生工具、套期工具、被套期项目中属于衍生金融资产的金额。

4）“应收票据”项目，反映资产负债表日以摊余成本计量的、企业因销售商品、提供服务等而收到的商业汇票，包括银行承兑汇票和商业承兑汇票。本项目应根据“应收票据”科目的期末余额，减去“坏账准备”科目中相关坏账准备期末余额后的金额分析填列。

5）“应收账款”项目，反映资产负债表日以摊余成本计量的、企业因销售商品、提供服务等经营活动应收取的款项。本项目应根据“应收账款”和“预收账款”科目所属账户的期末借方余额合计数，减去“坏账准备”科目中有关应收账款计提的坏账准备期末余额后的金额填列。

6）“应收款项融资”项目。反映资产负债表日以公允价值计量且其变动计入其他综合收益的应收票据和应收账款等。

7）“预付款项”项目，反映企业按照购货合同规定预付给供应单位的款项等。本项目根据“预付账款”和“应付账款”科目所属各明细科目的期末借方余额合计数，减去“坏账准备”科目中有关预付款项计提的坏账准备期末余额后的金额填列。

8）“其他应收款”项目，应根据“应收利息”、“应收股利”和“其他应收款”

科目的期末余额合计数，减去“坏账准备”科目中相关坏账准备期末余额后的金额填列。其中的“应收利息”仅反映相关金融工具已到期可收取但于资产负债表日尚未收到的利息。基于实际利率法计提的金融工具的利息应包含在相应金融工具的账面余额中。

9）“存货”项目，反映企业期末在库、在途和在加工中的各项存货的可变现净值。本项目应根据“原材料”“在途物资”“材料采购”“材料成本差异”“库存商品”“发出商品”“生产成本”“受托代销商品”“受托代销商品款”“委托加工物资”“周转材料（包装物、低值易耗品）”“存货跌价准备”“消耗性生物资产”“商品进销差价”等总账科目余额相加或相减后填列。

10）“合同资产”项目，企业应按照《企业会计准则第 14 号——收入》的相关规定，根据本企业履行履约义务与客户付款之间的关系在资产负债表中列示合同资产。“合同资产”项目，应根据“合同资产”科目相关明细科目的期末余额分析填列。

11）“持有待售资产”项目，反映资产负债表日划分为持有待售类别的非流动资产及划分为持有待售类别的处置组中的流动资产和非流动资产的期末账面价值。该项目应根据 “持有待售资产”科目的期末余额，减去“持有待售资产减值准备”科目的期末余额后的金额填列。

12）“一年内到期的非流动资产”项目，通常反映预计自资产负债表日起一年内变现的非流动资产。对于按照相关会计准则采用折旧（或摊销、折耗）方法进行后续计量的固定资产、使用权资产、无形资产和长期待摊费用等非流动资产，折旧（或摊销、折耗）年限（或期限）只剩一年或不足一年的，或预计在一年内（含一年）进行折旧（或摊销、折耗）的部分，不得归类为流动资产，仍在各该非流动资产项目中填列，不转入“一年内到期的非流动资产”项目。

13）“其他流动资产”项目，反映企业除货币资金、以公允价值且其变动计入当期损益的金融资产、应收票据、应收账款、存货等流动资产以外的其他流动资产。本项目应根据有关科目的期末余额填列。

14）“债权投资”项目，反映资产负债表日企业以摊余成本计量的长期债权投资的期末账面价值。本项目应根据“债权投资”科目的相关明细科目期末余额，减去“债权投资减值准备”科目中相关减值准备的期末余额后的金额分析填列。自资产负债表日起一年内到期的长期债权投资的期末账面价值，在“一年内到期的非流动资产”项目反映。企业购入的以摊余成本计量的一年内到期的债权投资的期末账面价值，在“其他流动资产”项目反映。

15）“其他债权投资”项目，反映资产负债表日企业分类为以公允价值计量且其变动计入其他综合收益的长期债权投资的期末账面价值。本项目应根据“其他债权投资”科目的相关明细科目的期末余额分析填列。自资产负债表日起一年内到期的长期债权投资的期末账面价值，在“一年内到期的非流动资产”项目反映。企业购入的以公允价值计量且其变动计入其他综合收益的一年内到期的债权投资的期末账面价值，在“其他流动资产”项目反映。

16）“长期应收款”项目，反映企业融资租赁产生的应收款项和采用递延方式分期收款、实质上具有融资性质的销售商品和提供服务等经营活动产生的应收款项。本项目应根据“长期应收款”科目的期末余额，减去相应的“未实现融资收益”科目和“坏账准备”科目所属相关明细科目期末余额后的金额填列。

17）“长期股权投资”项目，反映企业持有的对子公司、联营企业和合营企业的长期股权投资。本项目应根据“长期股权投资”科目的期末余额，减去“长期股权投资减值准备”科目期末余额后的金额填列。

18）“其他权益工具投资”项目，反映资产负债表日企业指定为以公允价值计量且其变动计入其他综合收益的非交易性权益工具投资的期末账面价值。本项目应根据“其他权益工具投资”科目的期末余额填列。

19）“投资性房地产”项目，反映企业持有的投资性房地产。企业采用成本模式计量投资性房地产的，本项目应根据“投资性房地产”科目的期末余额，减去“投资性房地产累计折旧（摊销）”和“投资性房地产减值准备”科目期末余额后的金额填列；企业采用公允价值模式计量投资性房地产的，本项目应根据“投资性房地产”科目的期末余额填列。

20）“固定资产”项目，反映资产负债表日企业固定资产的期末账面价值和企业尚未清理完毕的固定资产清理净损益。该项目应根据“固定资产”科目的期末余额，减去“累计折旧”和“固定资产减值准备”科目的期末余额后的金额，以及“固定资产清理”科目的期末余额填列。

21）“在建工程”项目，反映资产负债表日企业尚未达到预定可使用状态的在建工程的期末账面价值和企业为在建工程准备的各种物资的期末账面价值。该项目应根据“在建工程”科目的期末余额，减去“在建工程减值准备”科目的期末余额后的金额，以及“工程物资”科目的期末余额，减去“工程物资减值准备”科目的期末余额后的金额填列。

22）“生产性生物资产”项目，反映企业持有的生产性生物资产。本项目应根据“生产性生物资产”科目的期末余额，减去“生产性生物资产累计折旧”和“生产性生物资产减值准备”科目期末余额后的金额填列。

23）“油气资产”项目，反映企业持有的矿区权益和油气井及相关设施的原价减去累计折耗和累计减值准备后的净额。本项目应根据“油气资产”科目的期末余额，减去“累计折耗”和“油气资产减值准备”科目期末余额后的金额填列。

24）“使用权资产”项目，反映资产负债表日承租人企业持有的使用权资产的期末账面价值。该项目应根据“使用权资产”科目的期末余额，减去“使用权资产累计折旧”和“使用权资产减值准备”科目的期末余额后的金额填列。

25）“无形资产”项目，反映企业持有的无形资产，包括专利权、非专利技术、商标权、著作权、土地使用权等。本项目应根据“无形资产”科目的期末余额，减去“累计摊销”和“无形资产减值准备”科目期末余额后的金额填列。

26）“开发支出”项目，反映企业开发无形资产过程中能够资本化形成无形资产的支出部分。本项目应根据“研发支出”借方余额填列。

27）“商誉”项目，反映企业合并中形成的商誉的价值。本项目应根据“商誉”科目的期末余额，减去“商誉减值准备”后的金额填列。

28）“长期待摊费用”项目，反映企业已经发生但应由本期和以后各期负担的各种费用。本项目应根据“长期待摊费用”科目的期末余额填列。

29）“递延所得税资产”项目，反映企业确认的可抵扣暂时性差异产生的递延所得税资产。本项目应根据“递延所得税资产”科目的期末余额填列。

30）“其他非流动资产”项目，反映企业除长期股权投资、固定资产、再建工程、工程物资、无形资产等资产以外的其他非流动资产。本项目应根据有关科目的期末余额填列。

31）“短期借款”项目，反映企业向银行或其他金融机构等借入的期限在一年以下（含一年）的各种借款。本项目应根据“短期借款”科目的期末余额填列。

32）“交易性金融负债”项目，反映资产负债表日企业承担的交易性金融负债，以及企业持有的指定为以公允价值计量且其变动计入当期损益的金融负债的期末账面价值。本项目应根据“交易性金融负债”科目的相关明细科目期末余额填列。

33）“衍生金融负债”项目，反映衍生工具、套期项目、被套期项目中属于衍生金融负债的金额。

34）“应付票据”项目，反映资产负债表日以摊余成本计量的、企业因购买材料、商品和接受服务等开出、承兑的商业汇票，包括银行承兑汇票和商业承兑汇票。该项目应根据“应付票据”科目的期末余额填列。

35）“应付账款”项目，反映资产负债表日以摊余成本计量的、企业因购买材料、商品和接受服务等经营活动应支付的款项。该项目应根据“应付账款”和“预付账款”科目所属的相关明细科目的期末贷方余额合计数填列。

36）“预收账款”项目，反映企业按照销货合同规定向客户预收的款项。本项目应根据“预收账款”和“应收账款”科目所属各明细科目的期末贷方余额合计数填列。

37）“合同负债”项目。企业应按照《企业会计准则第 14 号——收入》的相关规定根据本企业履行履约义务与客户付款之间的关系在资产负债表中列示合同负债。

38）“应付职工薪酬”项目，反映企业为获得职工提供的服务或者解除劳动关系而给予的各种形式的报酬和补偿。外商投资企业按规定从净利润中提取的职工奖励及福利基金，也在本项目列示。本项目应根据“应付职工薪酬”科目所属各明细科目贷方余额分析填列。

39）“应交税费”项目，反映企业按照税法规定计算应交纳的各种税费，包括增值税、消费税、营业税、所得税、资源税、土地增值税、城市维护建设税、房产税、土地使用税、车船使用税、教育费附加、矿产资源补偿费等。企业代扣代交的个人所得税，也通过本项目列示。企业所交纳的税金不需要预计应交数，如印花税、耕地占用税等，不在本项目列示。本项目应根据“应交税费”科目的期末贷方余额填列；如“应交税费”科目期末为借方余额，应以“－”号填列。

40）“其他应付款”项目，应根据“应付利息”、“应付股利”和“其他应付款”科目的期末余额合计数填列。其中的“应付利息”仅反映相关金融工具已到期应支付但于资产负债表日尚未支付的利息。基于实际利率法计提的金融工具的利息应包含在相应金融工具的账面余额中。

41）“持有待售负债”项目，反映资产负债表日处置组中与划分为持有待售类别的资产直接相关的负债的期末账面价值。该项目应根据 “持有待售负债”科目的期末余额填列。

42）“一年内到期的非流动负债”项目，反映企业非流动负债中将于资产负债表日后一年内到期部分的金额，包括“一年内到期的长期借款”“一年内到期的应付债券”“一年内到期的长期应付款”科目的期末余额，减去相应的“未确认融资费用”科目的金额。

43）“其他流动负债”项目，反映企业除短期借款、交易性金融负债、应付票据、应付账款、应付职工薪酬、应交税费等流动负债以外的其他流动负债。本项目应根据有关科目的期末余额填列。

44）“长期借款”项目，反映企业向银行或其他金融机构借入的期限在一年以上（不含一年）的各项借款。本项目应根据“长期借款”科目的期末余额，减去一年内到期的长期借款的余额填列。

45）“应付债券”项目，反映企业为筹集长期资金而发行的债券本金和利息。本项目应根据“应付债券”科目的期末余额，减去一年内到期的应付债券的金额填列。

46）“租赁负债”项目，反映资产负债表日承租人企业尚未支付的租赁付款额的期末账面价值。该项目应根据“租赁负债”科目的期末余额填列。自资产负债表日起一年内到期应予以清偿的租赁负债的期末账面价值，在“一年内到期的非流动负债”项目反映。

47）“长期应付款”项目，反映资产负债表日企业除长期借款和应付债券以外的其他各种长期应付款项的期末账面价值。该项目应根据“长期应付款”科目的期末余额，减去相关的“未确认融资费用”科目的期末余额后的金额，以及“专项应付款”科目的期末余额填列，再减去所属相关明细科目中将于一年内到期的部分后的金额填列。

48）“预计负债”项目，反映企业确认的对外提供担保、未决诉讼、产品质量保证、重组义务、亏损性合同等预计负债。本项目应根据“预计负债”科目的期末余额填列。

49）“递延收益”项目，反映企业计入递延收益的政府补助金额。本项目应根据“递延收益”科目的期末余额填列。“递延收益”项目中摊销期限只剩一年或不足一年的，或预计在一年内（含一年）进行摊销的部分，不得归类为流动负债，仍在该项目中填列，不转入“一年内到期的非流动负债”项目。

50）“递延所得税负债”项目，反映企业确认的应纳税暂时性差异产生的所得税负债。本项目应根据“递延所得税负债”科目的期末余额填列。

51）“其他非流动负债”项目，反映企业除长期借款、应付债券等负债以外的其他非流动负债。本项目应根据有关科目的期末余额减去将于一年内（含一年）到期偿还数后的余额填列。非流动负债各项目中将于一年内（含一年）到期的非流动负债，应在“一年内到期的非流动负债”项目内单独反映。

52）“实收资本（或股本）”项目，反映企业各投资者实际投入的资本（或股本）总额。本项目应根据“实收资本（或股本）”科目的期末余额填列。

53）“其他权益工具”项目，反映资产负债表日企业发行在外的除普通股以外分类为权益工具的金融工具的期末账面价值。对于资产负债表日企业发行的金融工具，分类为金融负债的，应在“应付债券”项目填列，对于优先股和永续债，还应在“应付债券”项目下的“优先股”项目和“永续债”项目分别填列；分类为权益工具的，应在“其他权益工具”项目填列，对于优先股和永续债，还应在“其他权益工具”项目下的“优先股”项目和永续债”项目分别填列。

54）“资本公积”项目，反映企业资本公积的期末余额。本项目应根据“资本公积”科目的期末余额填列。

55）“库存股”项目，反映企业持有尚未转让或注销的本公司的股份金额。本项目应根据“库存股”科目的期末余额填列。

56）“其他综合收益”项目，反映企业根据企业会计准则规定未在报益中确认的各项利得和损失。本项目应根据“其他综合收益”科目的期末余额填列。

57）“专项储备”项目，反映高危行业企业按国家规定提取的安全生产费的期末账面价值。本项目应根据“专项储备”科目的期末余额填列。

58）“盈余公积”项目，反映企业盈余公积的期末余额。本项目应根据“盈余公积”科目的期末余额填列。

59)“未分配利润”项目，反映企业尚未分配的利润。本项目应根据“本年利润”科目和“利润分配”科目的余额计算填列。未弥补的亏损在本项目以“－”号填列。

三、利润表

（一）利润表的概念及作用

利润表是反映企业在一定会计期间经营成果的会计报表。例如，反映某年1月1日～12月31日经营成果的利润表，它反映的就是该期间经营成果的情况。

利润表的列报必须充分反映企业经营业绩的主要来源和构成，有助于使用者判断净利润的质量及其风险，有助于使用者预测净利润的持续性，从而做出正确的决策。利润表可以反映企业一定会计期间收入的实际情况，如实现的营业收入、投资收益和营业外收入等；可以反映一定会计期间的费用耗费情况，如耗费的营业成本、税金及附加以及销售费用、管理费用、财务费用、营业外支出等；可以反映企业生产经营的成果，即净利润的实现情况，据以判断资本保值、增值等情况。将利润表中的信息与资产负债表中的信息相结合，还可以提供进行财务分析的基本资料，如将赊销收入净额与应收账款平均余额进行比较，计算出应收账款周转率；将销货成本与存货平均余额进行比较，计算出存货周转率；将净利润与资产总额进行比较，计算出资产收益率，可以反映企业资金周转情况及企业的盈利能力和水平，便于报表使用者判断企业未来的发展趋势，做出经济决策。

（二）利润表的结构

利润表通过一定的格式来反映企业的经营成果。由于不同国家和企业对会计报表的信息要求不完全一样，利润表具体项目的排列也不完全一致。但目前比较普遍的利润表格式主要有单步式和多步式利润表两种。

1. 单步式利润表

单步式利润表是将当期所有的收入加在一起，然后将所有的费用加在一起，通过一次计算求出当期的利润。单步式利润表分为营业收入和收益、销售费用和损失、净收益3个部分，其简化格式如表5.42所示。

表 5.42　利润表

编制单位：　　　　　　　　　　　　年　月　　　　　　　　　　　　单位：元

项目	本月数	本年累计数
一、营业收入和收益		
其中：营业收入		
投资收益		
公允价值变动收益（损失以“－”号填列）		
营业外收入		
营业收入和收益合计		
二、费用和损失		
其中：营业成本		
税金及附加		
销售费用		
管理费用		
财务费用		
资产减值损失		
营业外支出		
费用和损失合计		
三、利润总额		
减：所得税费用		
四、净利润		

2. 多步式利润表

多步式利润表中的利润是通过多步计算而来的。多步式利润表的优点在于，便于对企业生产经营情况进行分析，有利于不同企业之间进行比较；更重要的是，利用多步式利润表有利于预测企业今后的盈利能力。我国会计制度规定，企业的利润表采用多步式，其基本格式如表 5.43 所示。

表 5.43　利润表

编制单位：　　　　　　　　　　　　年　月　　　　　　　　　　　　单位：元

项目	本期金额	上期金额
一、营业收入		
减：营业成本		
税金及附加		
销售费用		
管理费用		
研发费用		
财务费用		

续表

项目	本期金额	上期金额
其中：利息费用		
利息收入		
加：其他收益		
投资收益（损失以“－”号填列）		
其中：对联营企业和合营企业的投资收益		
以摊余成本计量的金融资产终止确认收益（损失以“－”号填列）		
净敞口套期收益（损失以“－”号填列）		
公允价值变动收益（损失以“－”号填列）		
信用减值损失（损失以“－”号填列）		
资产减值损失（损失以“－”号填列）		
资产处置收益（损失以“－”号填列）		
二、营业利润（亏损以“－”号填列）		
加：营业外收入		
减：营业外支出		
三、利润总额（亏损总额以“－”号填列）		
减：所得税费用		
四、净利润（净亏损以“－”号填列）		
（一）持续经营净利润（净亏损以“－”号填列）		
（二）终止经营净利润（净亏损以“－”号填列）		
五、其他综合收益的税后净额		
（一）不能重分类进损益的其他综合收益		
（二）将重分类进损益的其他综合收益		
六、综合收益总额		
七、每股收益		
（一）基本每股收益		
（二）稀释每股收益		

（三）利润表的编制方法

按照我国企业利润表的格式内容，利润表的一般填列方法如下。

1. “上期金额”栏的填列方法

利润表“上期金额”栏内各项数字，应根据上年该期利润表“本期金额”栏内所列数字填列。如果上年该期利润表规定的各个项目的名称和内容同本期不相一致，应对上年该期利润表各项目的名称和数字按本期的规定进行调整，填入利润表“上期金额”栏内。

2. “本期金额”栏的填列方法

利润表“本期金额”栏内各项数字，一般应根据损益类科目的发生额分析填列。

3. 利润表各项目的内容及填列方法

1）“营业收入”项目，反映企业经营主要业务和其他业务所确认的收入总额。本项目应根据“主营业务收入”和“其他业务收入”科目的发生额分析填列。

2）“营业成本”项目，反映企业经营主要业务和其他业务所发生的成本总额。本项目应根据“主营业务成本”和“其他业务成本”科目的发生额分析填列。

3）“税金及附加”项目，反映企业经营业务应负担的消费税、营业税、城市维护建设税、资源税、土地增值税和教育费附加等。本项目应根据“税金及附加”科目的发生额分析填列。

4）“销售费用”项目，反映企业在销售商品过程中发生的包装费、广告费等费用和为销售本企业商品而专设的销售机构的职工薪酬、业务费等经营费用。本项目应根据“销售费用”科目的发生额分析填列。

5）“管理费用”项目，反映企业为组织和管理生产经营发生的管理费用。本项目应根据“管理费用”的发生额分析填列。

6）“研发费用”项目，反映企业进行研究与开发过程中发生的费用化支出，以及计入管理费用的自行开发无形资产的摊销。本项目应根据“管理费用”科目下的“研究费用”明细科目的发生额，以及“管理费用”科目下的“无形资产摊销”明细科目的发生额分析填列。

7）“财务费用”项目，反映企业为筹集生产经营所需资金等而发生的筹资费用。本项目应根据“财务费用”科目的发生额分析填列。

“财务费用”项目下的“利息费用”项目，反映企业为筹集生产经营所需资金等而发生的应予费用化的利息支出。该项目应根据“财务费用”科目的相关明细科目的发生额分析填列。本项目作为“财务费用”项目的其中项，以正数填列。

“财务费用”项目下的“利息收入”项目，反映企业按照相关会计准则确认的应冲减财务费用的利息收入。本项目应根据“财务费用”科目的相关明细科目的发生额分析填列。本项目作为“财务费用”项目的其中项，以正数填列。

8）“其他收益”项目，反映计入其他收益的政府补助，以及其他与日常活动相关且计入其他收益的项目。本项目应根据“其他收益”科目的发生额分析填列。企业作为个人所得税的扣缴义务人，根据《中华人民共和国个人所得税法》收到的扣缴税款手续费，应作为其他与日常活动相关的收益在该项目中填列。

9）“投资收益”项目，反映企业以各种方式对外投资所取得的收益。本项目应根据“投资收益”科目的发生额分析填列。如为投资损失，本项目以“－”号填列。

“以摊余成本计量的金融资产终止确认收益”项目，反映企业因转让等情形导致终止确认以摊余成本计量的金融资产而产生的利得或损失。本项目应根据“投资收益”科目的相关明细科目的发生额分析填列；如为损失，以“－”号填列。

10）“净敞口套期收益”项目，反映净敞口套期下被套期项目累计公允价值变动转入当期损益的金额或现金流量套期储备转入当期损益的金额。本项目应根据“净敞口套期损益”科目的发生额分析填列；如为套期损失，以“－”号填列。

11）“公允价值变动收益”项目，反映企业按照应当计入当期损益的资产或负债公允价值变动收益。本项目应根据“公允价值变动损益”科目的发生额分析填列。如为净损失，本项目以“－”号填列。

12）“信用减值损失”项目，反映企业按照《企业会计准则第22号——金融工具确认和计量》（财会〔2017〕7号）的要求计提的各项金融工具信用减值准备所确认的信用损失。本项目应根据“信用减值损失”科目的发生额分析填列。

13）“资产减值损失”项目，反映企业存货、固定资产和无形资产等减值损失。本项目应根据“资产减值损失”科目的发生额分析填列。

14）“资产处置收益”项目，反映企业出售划分为持有待售的非流动资产（金融工具、长期股权投资和投资性房地产除外）或处置组（子公司和业务除外）时确认的处置利得或损失，以及处置未划分为持有待售的固定资产、在建工程、生产性生物资产及无形资产而产生的处置利得或损失。债务重组中因处置非流动资产（金融工具、长期股权投资和投资性房地产除外）产生的利得或损失和非货币性资产交换中换出非流动资产（金融工具、长期股权投资和投资性房地产除外）产生的利得或损失也包括在本项目内。本项目应根据“资产处置损益”科目的发生额分析填列；如为处置损失，以“－”号填列。

15）“营业利润”项目，反映企业实现的营业利润。如为亏损，本项目以“－”号填列。

16）“营业外收入”项目，反映企业发生的除营业利润以外的收益，主要包括与企业日常活动无关的政府补助、盘盈利得、捐赠利得（企业接受股东或股东的子公司直接或间接的捐赠，经济实质属于股东对企业的资本性投入的除外）等。本项目应根据“营业外收入”科目的发生额分析填列。

17）“营业外支出”项目，反映企业发生的除营业利润以外的支出，主要包括公益性捐赠支出、非常损失、盘亏损失、非流动资产毁损报废损失等。本项目应根据“营业外支出”科目的发生额分析填列。“非流动资产毁损报废损失”通常包括因自然灾害发生毁损、已丧失使用功能等原因而报废清理产生的损失。企业在不同交易中形成的非流动资产毁损报废利得和损失不得相互抵销，应分别在“营业外收入”项目和“营业外支出”项目进行填列。

18）“利润总额”项目，反映企业实现的利润。如为亏损，本项目以“－”号填列。

19）“所得税费用”项目，反映企业应从当期利润总额中扣除的所得税费用。本项目应根据“所得税费用”科目的发生额分析填列。

20）“净利润”项目，反映企业实现的净利润。如为净损失，本项目以“－”号填列。

21）“持续经营净利润”项目，反映净利润中与持续经营相关的净利润。如为净亏损，以“－”号填列

22）“终止经营净利润”项目，反映与终止经营相关的净利润。如为净亏损，以“－”号填列

23）“其他综合收益税后净额”项目，反映其他综合收益扣除所得税影响后的金额。

24）“综合收益总额”项目，反映净利润和其他综合收益的税后净额之和。

25）“基本每股收益”和“稀释每股收益”项目，应当根据每股收益准则的规定计算的金额填列。

四、现金流量表

（一）现金流量表的性质和作用

1. 现金流量表的性质

现金流量表是反映企业一定会计期间内现金及现金等价物流入和流出信息的会计报表，是一张动态报表。现金流量表具有与资金表类似的性质，但现金流量表是以现金为基础编制的资金报表，其反映的财务状况变动又有自身的特点，即提供企业一定期间现金流入和流出的信息。

2. 现金流量表的作用

现金流量表是以“现金及现金等价物”为核心的报表，它揭示企业一定期间内现金流入与流出及其平衡状况的信息，可以对投资者和债权人（也包括企业管理者）等分析、评价企业经营、投资活动并进行决策起到重要作用。

1）有助于评价企业支付能力、偿债能力和周转能力。通过现金流量表，并配合资产负债和利润表，将现金与流动负债进行比较，计算出现金比率；将现金流量的净额与发行在外的普通股加权平均股数进行比较，计算出每股的现金流量；将经营活动的现金流量净额与净利润进行比较，计算出盈利的现金比率。现金流量表可用于了解企业的现金能否偿还到期的债务、支付股利和进行必要的固定资产投资，了解企业现金流转率和效果等，从而便于投资者做出投资决策、债权人做

出信贷决策。

2）有助于预测企业未来现金流量。评价过去是为了预测未来。通过现金流量表所反映的企业过去一定期间的现金流量及其他生产经营指标，可以了解企业现金的来源和用途是否合理，了解经营活动产生的现金流量有多少，企业在多大程度上依赖外部资金，就可以据以预测企业未来现金流量，从而为企业编制现金流量计划、组织现金调度、合理节约使用现金创造条件，为投资者和债权人评价企业的未来现金流量、做出投资和信贷决策提供必要信息。

3）有助于分析企业收益质量及影响现金净流量的因素。利润表中列示的净利润指标，反映了一个企业的经营成果，这是体现企业经营业绩的重要指标。但是利润表是按照权责发生制原则编制的，它不能反映企业的经营活动对企业财务状况的影响。通过编制现金流量表，就可以掌握企业经营活动、投资活动和筹资活动的现金流量，将经营活动的现金流量与净利润相比较，就可以从现金流量的角度了解利润的质量。并进一步判断，是哪些因素影响现金流量，从而为分析和判断企业的财务前景提供信息。

（二）现金流量表的结构、内容

现金流量表及其补充资料的结构及内容如表 5.44 和表 5.45 所示。

表 5.44 现金流量表

编制单位： 年度 单位：元

项目	本期金额	上期金额
一、经营活动产生的现金流量		
销售商品、提供劳务收到的现金		
收到的税费返还		
收到其他与经营活动有关的现金		
经营活动现金流入小计		
购买商品、接受劳务支付的现金		
支付给职工以及为职工支付的现金		
支付的各项税费		
支付其他与经营活动有关的现金		
经营活动现金流出小计		
经营活动产生的现金流量净额		
二、投资活动产生的现金流量		
收回投资收到的现金		
取得投资收益收到的现金		
处置固定资产、无形资产和其他长期资产收回的现金净额		
处置子公司及其他营业单位收到的现金净额		

续表

项目	本期金额	上期金额
收到其他与投资活动有关的现金		
投资活动现金流入小计		
购建固定资产、无形资产和其他长期资产支付的现金		
投资支付的现金		
取得子公司及其他营业单位支付的现金净额		
支付其他与投资活动有关的现金		
投资活动现金流出小计		
投资活动产生的现金流量净额		
三、筹资活动产生的现金流量		
吸收投资收到的现金		
取得借款收到的现金		
收到其他与筹资活动有关的现金		
筹资活动现金流入小计		
偿还债务支付的现金		
分配股利、利润或偿付利息支付的现金		
支付其他与筹资活动有关的现金		
筹资活动现金流出小计		
筹资活动产生的现金流量净额		
四、汇率变动对现金及现金等价物的影响		
五、现金及现金等价物净增加额		
加：期初现金及现金等价物余额		
六、期末现金及现金等价物余额		

表 5.45　现金流量表补充资料

单位：元

补充资料	本期金额	上期金额
1．将净利润调节为经营活动现金流量		
净利润		
加：资产减值准备		
固定资产折旧、油气资产折耗、生产性生物资产折旧		
无形资产摊销		
长期待摊费用摊销		
处置固定资产、无形资产和其他长期资产的损失（收益以“－”号填列）		
固定资产报废损失（收益以“－”号填列）		
公允价值变动损失（收益以“－”号填列）		
财务费用（收益以“－”号填列）		
投资损失（收益以“－”号填列）		
递延所得税资产减少（增加以“－”号填列）		
递延所得税负债增加（减少以“－”号填列）		
存货的减少（增加以“－”号填列）		

续表

补充资料	本期金额	上期金额
经营性应收项目的减少（增加以“－”号填列）		
经营性应付项目的增加（减少以“－”号填列）		
其他		
经营活动产生的现金流量净额		
2. 不涉及现金收支的重大投资和筹资活动		
债务转为资本		
1年内到期的可转换公司债券		
融资租入固定资产		
3. 现金及现金等价物净变动情况		
现金的期末余额		
减：现金的期初余额		
加：现金等价物的期末余额		
减：现金等价物的期初余额		
现金及现金等价物净增加额		

（三）现金流量表的编制基础

1. 现金的概念

现金流量表是以现金为基础编制的，现金包括以下几个方面。

1）库存现金，指企业持有的、可随时用于支付的现金限额，也就是现金账户核算的现金。

2）银行存款，指企业存放在金融企业、随时可以用于支付的存款。它与银行存款账户核算的银行存款基本一致，主要区别是编制现金流量表所指的银行存款是可以随时用于支付的非限定性银行存款，如果存在银行的款项中有不能随时用于支付的存款（如不能随时支取的定期存款），就不能作为现金流量表中的现金，但若提前通知银行企业便可支取的定期存款，则包括在内。

3）其他货币资金，指企业存在金融企业有特定用途的资金，也就是其他货币资金账户中核算的银行存款。

4）现金及现金的等价物，指企业持有的期限短、流动性强、易于转换为已知金额的现金、价值变动风险很小的投资。

2. 现金流量的概念

现金流量是指现金及现金等价物的流入和流出，但不包括现金及现金等价物之间的流动，因为这种流动属于企业现金管理的一部分，而不属于经营、投资和筹资。

现金流量表现为现金的流入和流出量。对每一项交易来说，它会影响现金的流入，也会影响现金的流出。为了全面评估企业的现金流量，任何一项交易或事项对现金流量的影响应揭示其影响现金流量的总额而非净额。

现金流量表提供现金流入和流出的信息，分为 3 大部分：经营活动现金流量、投资活动现金流量、筹资活动现金流量。

3. 影响现金流量的因素

日常经营业务是影响现金流量的重要因素，但并不是所有的交易或事项都影响现金流量。

1）影响现金流量的因素。现金各项目与非现金项目之间的增减变动会影响现金流量净额的变动，如用现金购买的原材料、用现金对外投资、收回持有至到期投资等。

2）不影响现金流量的因素。①现金各项目之间的增减变动、现金与现金等价物之间的增减变动，不会影响现金流量净额的变动，如从银行提取现金、将现金存入银行等；②非现金项目之间的变动，也不会影响现金流量净额的变动，如用固定资产清偿债务、用原材料对外投资等。

（四）现金流量的分类

1. 经营活动产生的现金流量

经营活动是指企业投资活动和筹资活动以外的所有交易和事项。经营活动的范围很广，就工商企业而言主要包括销售商品、提供劳务、经营性租赁、购买商品、接受劳务、广告宣传、推销产品、交纳税款、支付各种费用等。经营活动的现金流量主要与获取净利润有关。企业净利润的形成与利润的具体内容有关，利润表中的一定时期的净利润并不一定都构成经营活动产生的现金流量，如处置固定资产的净收益和净损失，以及其他活动所形成的利润或损失，是净利润的组成部分，但不是经营活动产生的现金流量。

2. 投资活动产生的现金流量

投资活动是指企业长期资产的购建和不包括在现金等价物内的投资及其处置活动。长期资产是指固定资产、在建工程、无形资产、其他资产和持有期限在 1 年或一个营业周期以上的资产。需要注意的是，投资和投资活动是两个不同的概念。投资是企业为通过分配来增加财富，或为谋求其他利益，而将资产让渡给其他单位所获得的另一项资产，它分为短期投资和长期投资。一般短期投资不是投资活动，长期投资都是投资活动。例如，自购买日起 3 个月内到期的债券是投资，但它却不是投资活动。另外，购买或出售厂房和设备不是一项投资，却是投资活动。投资活动可增加或减少企业的长期资产。投资活动产生的现金流量中不包括作为现金等价物的投资，作为现金等价物的投资属于现金内部的增减变动。收到利息和收到股利属于投资活动（企业向外贷款和收回贷款也属于投资活动）。

3. 筹资活动产生的现金流量

筹资活动是指导致企业资本及债务规模和构成发生变化的活动，包括吸收投资、发行股票、分配利润、支付债权人的本金及利息和融资租入资产所支付的现金。

筹资活动的现金流量通常指长期负债和所有者权益项目。另外，还包括短期借款的本金及利息和发放的现金股利。

4. 特殊项目现金流量的分类

特殊项目是指企业日常活动之外特殊的、不经常发生的项目，如自然灾害损失、保险赔款、捐款等。对于不经常发生的项目，应当归并到相关的类别中单独反映，也就是在现金流量相应的类别下单设一项。例如，自然灾害损失和保险赔款，能够明确指出的，属于流动资产时则列入经营活动产生的现金流量，属于固定资产损失时则列入投资活动的现金流量；不能明确指出的，则可以列入经营活动的现金流量。捐赠收入和支出，可以列入经营活动。当然，特殊项目的现金流量不大时，则可以列入现金流量类别下“其他”项目，不单列项目。

（五）现金流量表的编制方法

现金流量表的编制方法有两种，即直接法和间接法。这两种方法的主要区别是对经营活动所产生的现金流量的编制方法不同，而投资活动的现金流量和筹资活动的现金流量的编制方法是完全一样的。它们通常也被称为现金流量表的报告方法。

1. 直接法

直接法又称利润表法，它是将利润表中各收支项目，按现金制的要求，直接分项调整为实际的现金收入和现金支出，直接分项列示了经营活动对现金流量的影响的一种方法。换言之，这种方法是以同期利润表、比较资产负债表及有关账户的明细资料为依据，以利润表中的各收入、费用项目为起算点，分别调整与经营活动有关的流动资产和流动负债的增减变动，将权责发生制确认的各项收支调整为以收付实现制为基础的经营活动的现金流量，即以实际现金的收支表达经营活动的现金流量。

直接法的优点是能较详细地列示来自经营活动的现金流入量和流出量，这与编制现金流量表的目的一致，现金流入和流出信息有助于预测企业未来经营活动产生的现金流量、正确评价企业的偿债能力和变现能力。但是，直接法无法说明税后净利润与同期现金增减数之间差额的原因，必须同时在报表的补充资料中按间接法将净利润调整为经营活动的现金流量。

2. 间接法

间接法又称调整法，是以本期净利润（亏损）为起算点，调整经营活动中的不影响现金的收入、费用、营业外收支及与经营活动有关的流动负债和流动资产的增减变化，来确定经营活动所提供的净现金流量的一种方法。

有些收入并没有增加现金，而有些费用也不减少现金，如折旧费用。凡不增加现金的收入应从本期的净利润中减去，凡不减少现金的费用应加回净利润中。此外，还要调整与经营活动有关的流动资产和流动负债的增减变动。当与经营活动有关的非现金资产增加（如应收账款的增加，或流动负债的减少，或其他应付款的减少），通常现金会减少，相反，则现金会增加。因而，按照间接法，非现金流动资产的增加数或流动负债的减少数应从本期的净利润中减去，反之应加回到本期的净利润中。

还要注意的是，有些项目在利润表中作为收入或费用来处理，但其所得现金却为非经营活动所得，在计算经营活动现金流量时，也应进行调整。例如，处理固定资产所得现金在投资活动现金流入中列示，处理固定资产引起的营业外收入或支出在经营活动现金流入中进行调整。

调整时所需的各项数字可根据资产负债表、利润表和其他有关资料分析计算后取得。

因现金流量表的编制非常复杂，这里不再详细介绍，有关这部分的详细内容将在《中级财务会计》中予以讲述。

五、所有者权益变动表

（一）所有者权益变动表的概念及作用

所有者权益变动表是反映构成所有者权益的各组成部分当期的增减变动情况的报表。所有者权益变动表应当全面反映一定时期所有者权益变动的情况，不仅包括所有者权益总量的增减变动，还包括所有者权益增减变动的重要结构性信息。

所有者权益变动表应当反映构成所有者权益的各组成部分当期的增减变动情况。综合收益和与所有者（或股东，下同）的资本交易导致的所有者权益的变动，应当分别列示。

所有者权益变动表至少应当单独列示反映下列信息的项目。

1）综合收益总额，在合并所有者权益变动表中还应单独列示归属于母公司所有者的综合收益总额和归属于少数股东的综合收益总额。

2）会计政策变更和前期差错更正的累积影响金额。

3）所有者投入资本和向所有者分配利润等。

4）按照规定提取的盈余公积。

5）所有者权益各组成部分的期初和期末余额及其调节情况。

（二）所有者权益变动表的结构

为了清楚地表明构成所有者权益的各组成部分当期的增减变动情况，所有者权益变动表应当以矩阵的形式列示：一方面，列示导致所有者权益变动的交易或事项，改变了以往仅仅按照所有者权益的各组成部分反映所有者权益变动情况，而是从所有者权益变动的来源对一定时期所有者权益变动情况进行全面反映；另一方面，按照所有者权益各组成部分（包括实收资本、资本公积、盈余公积、未分配利润和库存股）及其总额列示交易或事项对所有者权益的影响。此外，企业还需要提供比较所有者权益变动表，所有者权益变动表还将各项目再分为“本年金额”和“上年金额”两栏分别填列，其简化格式如表 5.46 所示。

表 5.46 所有者权益变动表

编制单位： 年度 单位：元

项目	本年金额											上年金额										
	实收资本（或股本）	其他权益工具			资本公积	减：库存股	其他综合收益	专项储备	盈余公积	未分配利润	所有者权益合计	实收资本（或股本）	其他权益工具			资本公积	减：库存股	其他综合收益	专项储备	盈余公积	未分配利润	所有者权益合计
		优先股	永续债	其他									优先股	永续债	其他							
一、上年年末余额																						
加：会计政策变更																						
前期差错更正																						
其他																						
二、本年年初余额																						
三、本年增减变动金额（减少以“—”号填列）																						
（一）综合收益总额																						
（二）所有者投入和减少资本																						
1．所有者投入的普通股																						
2．其他权益工具持有者投入资本																						
3．股份支付计入所有者权益的金额																						
4．其他																						

续表

项目	本年金额											上年金额										
	实收资本（或股本）	其他权益工具			资本公积	减：库存股	其他综合收益	专项储备	盈余公积	未分配利润	所有者权益合计	实收资本（或股本）	其他权益工具			资本公积	减：库存股	其他综合收益	专项储备	盈余公积	未分配利润	所有者权益合计
		优先股	永续债	其他									优先股	永续债	其他							
（三）利润分配																						
1．提取盈余公积																						
2．对所有者（或股东）的分配																						
3．其他																						
（四）所有者权益内部结转																						
1．资本公积转增资本（或股本）																						
2．盈余公积转增资本（或股本）																						
3.盈余公积弥补亏损																						
4．设定受益计划变动额结转留存收益																						
5．其他综合收益结转留存收益																						
6．其他																						
四、本年年末余额																						

（三）所有者权益变动表的填列方法

1.“上年金额”栏的填列方法

所有者权益变动表“上年金额”栏内各项数字，应根据上年度所有者权益变动表“本年金额”栏内所列数字填列。如果上年度所有者权益变动表规定的各个项目的名称和内容同本年度不相一致，应对上年度所有者权益变动表各项目的名称和数字按本年度的规定进行调整，填入所有者权益变动表“上年金额”栏内。

2.“本年金额”栏的填列方法

所有者权益变动表“本年金额”栏内各项数字一般应根据“实收资本（或股本）”“资本公积”“盈余公积”“利润分配”“库存股”“以前年度损益调整”科目的发生额变动分析填列。

六、附注

（一）附注概述

1. 附注的概念

附注是财务报告不可或缺的组成部分，是对资产负债表、利润表、现金流量表和所有者权益变动表等报表中列示项目的文字描述或明细资料，以及对未能在这些报表中列示项目的说明等。

财务报表中的数字是经过分类与汇总后的结果，是对企业发生的经济业务的高度简化和浓缩的数字，如有没有形成这些数字所使用的会计政策、理解这些数字所必需的披露，财务报表就不可能充分发挥作用。因此，附注与资产负债表、利润表、现金流量表、所有者权益变动表等报表具有同等的重要性，是财务报表的重要组成部分。报表使用者了解企业的财务状况、经营成果和现金流量，应当全面阅读附注。

2. 附注披露的基本要求

附注披露的信息应是定量信息与定性信息的结合，从而能从量和质两个角度对企业经济事项完整地进行反映，也才能满足信息使用者的决策需求。

附注应当按照一定的结构进行系统合理的排列和分类，有顺序地披露信息。由于附注的内容繁多，因此更应按逻辑顺序排列，分类披露，条理清晰，具有一定的组织结构，以便于使用者理解和掌握，更好地实现财务报表的可比性。

附注相关信息应当与资产负债表、利润表、现金流量表和所有者权益变动表等报表中列示的项目相互参照，以有助于使用者联系相关联的信息，并由此从整体上更好地理解财务报表。

（二）附注披露的内容

附注应当按照如下顺序披露有关内容。

1. 企业的基本情况

1）企业注册地、组织形式和总部地址。

2）企业的业务性质和主要经营活动。

3）母公司及集团最终母公司的名称。

4）财务报告的批准报出者和财务报告批准报出日。

2. 财务报表的编制基础

持续经营是会计的基本前提，也是编制财务报表的基础。

3. 遵循企业会计准则的声明

企业应当声明编制的财务报表符合企业会计准则的要求，真实、完整地反映了企业财务状况、经营成果和现金流量等有关信息。以此明确企业编制财务报表所依据的制度基础。

4. 重要会计政策和会计估计

企业应当披露采用的重要会计政策和会计估计，不重要的会计政策和会计估计可以不披露。在披露重要会计政策和会计估计时，应当披露重要会计政策的确定依据和财务报表项目的计量基础，以及会计估计中所采用的关键假设和不确定因素。

5. 会计政策、会计估计变更和差错更正的说明

企业应当按照《企业会计准则第 28 号——会计政策、会计估计变更和差错更正》及其应用指南的规定，披露会计政策、会计估计变更和差错更正的有关情况。

6. 报表重要项目的说明

企业对报表重要项目的说明，应当按照资产负债表、利润表、现金流量表、所有者权益变动表及其项目列示的顺序，采用文字和数字描述相结合的方式进行披露。报表重要项目的明细金额合计，应当与报表项目金额相衔接。

7. 其他需要说明的重要事项

其他需要说明的重要事项主要包括承诺事项、资产负债表日后非调整事项、关联方关系及其交易等，具体的披露要求须遵循相关准则的规定。

第四节　会计核算组织程序

一、会计核算组织程序的含义

账簿、会计凭证和财务报告都是会计核算的工具，而会计凭证、账簿和财务报告之间并不是彼此孤立的，它们是相互联系的以一定方式结合在一起，构成一个整体。编制财务报告的资料主要来源于账簿，财务报告的内容对账簿的种类、格式和记录内容又有制约作用；账簿的登记依据是会计凭证，账簿的格式、种类又决定着会计凭证的种类和格式。这三者之间相互联系、相互制约的关系，说明三者之间及各种凭证之间、各种账簿之间、各种报表之间的配合，决定着会计核算资料的全面性、综合性和及时性。因此，每一个单位都应根据实际情况，设计会计凭证、账簿、

报告及其传递程序。这种会计凭证、账簿、财务报告和账务处理程序相互结合的方式被称为会计核算组织程序，也称记账程序或会计核算组织形式。

为了更好地反映和监督企业的经济活动，为经济管理提供系统的核算资料，必须相互联系地运用会计核算的专门方法，采用一定的组织程序，规定设置会计凭证、账簿及会计报表的种类和格式；规定各种凭证之间、各种账簿之间、各种报表之间的相互关系；规定各种凭证、各种账簿及各种报表之间的相互关系、填制方法和登记程序，这是会计制度设计的一个重要内容，对于提高会计工作的质量和效率，为正确及时地编制会计报表，提供全面、连续、系统、清晰的会计核算资料，满足企业内外会计信息使用者的需要具有重要意义。采用一定的会计核算程序，通过规定会计凭证、账簿和会计报表之间的登记、传递程序，将各企业会计核算工作有机地组织成为既有分工又有协作的整体，将各个会计核算岗位的工作连在一起，对于减少会计人员的工作量，节约人力和物力有着重要的意义。

二、选择会计核算组织程序的基本要求

会计主体在选择适合本企业的会计核算组织程序时，一般应考虑以下 3 个方面的因素。

1）要根据本单位经济活动特点、规模的大小和业务的繁简等情况进行选择，以利于会计核算的分工和建立岗位责任制。

2）要根据本单位、主管部门及国家管理经济的需要，全面、系统、及时、正确地提供反映本单位经济活动的会计核算资料。

3）要在保证会计核算资料正确、及时和完整的前提条件下，尽可能地简化会计核算手续，提高会计工作效率，节约人力物力，节约核算时间。

三、会计核算组织程序的种类

根据上述要求，结合我国会计工作的实际情况，我国企业一般采用的会计核算组织程序包括 5 种：记账凭证核算组织程序、汇总记账凭证核算组织程序、科目汇总表核算组织程序、多栏式日记账核算组织程序、日记总账核算组织程序。

以上 5 种会计核算组织程序有很多相同点，但也有区别，其主要区别表现为登记总账的方法和依据不同。下面分别介绍这 5 种会计核算程序的基本内容、特点和适用范围。

（一）记账凭证核算组织程序

1. 记账凭证核算组织程序的特点

记账凭证核算组织程序的特点是：直接根据记账凭证逐笔登记总分类账，它是最基本的会计核算组织程序。其他各种会计核算组织程序都是在此基础上，根

据经济管理的需要发展而形成的。

2. 记账凭证核算组织程序设置的会计凭证和账簿

在记账凭证核算组织程序下，需要设置收款凭证、付款凭证、转账凭证，作为登记总账的依据；需要设置现金日记账、银行存款日记账、总分类账、明细分类账。现金日记账、银行存款日记账，一般采用三栏式；总分类账，采用三栏式，并按照每一个总分类科目开设账页；明细分类账，根据经营管理上的需要可以采用三栏式、数量金额式或多栏式等。

3. 记账凭证核算组织程序账务处理的程序

记账凭证核算组织程序的账务处理程序如图 5.6 所示。

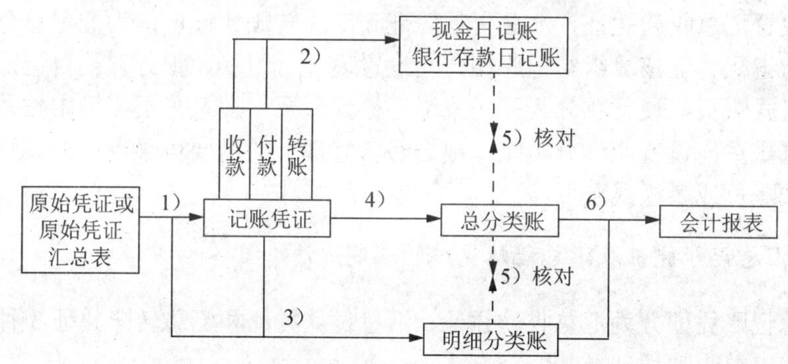

图 5.6　记账凭证核算组织程序的财务处理程序

其步骤说明如下。

1）根据原始凭证或原始凭证汇总表，编制收款凭证、付款凭证和转账凭证等记账凭证。

2）根据收款凭证和付款凭证，逐笔登记现金日记账和银行存款日记账。

3）根据原始凭证、原始凭证汇总表和记账凭证，登记各种明细账。

4）根据一定时期内的各种记账凭证，逐笔登记总分类账。

5）月终，将现金日记账、银行存款日记账的余额，以及各种明细分类账户余额合计数，分别与总分类账中有关账户的余额核对，以保证账账相符。

6）月终，根据核对无误的总分类账和明细分类账编制会计报表。

4. 记账凭证核算组织程序的优缺点和适用范围

记账凭证核算组织程序是最简单也是最基础的核算组织程序，优点是容易被会计人员理解，便于掌握；总分类账详细记录与反映经济业务的发生情况，便于了解经济业务动态和查对账目。其不足之处在于，总分类账是直接根据记账凭证逐笔登记的，如果一个企业规模大，记账凭证多，登记总分类账的工作量也就很大。记账凭证核算组织程序一般适用于规模小且经济业务量较少的会计主体。

（二）汇总记账凭证核算组织程序

1. 汇总记账凭证核算组织程序的特点

汇总记账凭证核算组织程序的特点是：定期将所有记账凭证分别编制汇总收款凭证、汇总付款凭证和汇总转账凭证，然后再根据各种汇总的记账凭证登记总分类账。

2. 汇总记账凭证核算组织程序设置的凭证和账簿

在汇总记账凭证核算组织程序下，除设置收款凭证、付款凭证和转账凭证外，还应该设置汇总收款凭证、汇总付款凭证和汇总转账凭证，作为登记总分类账的依据。与记账凭证核算组织程序相同，设置现金日记账和银行存款日记账，一般采用三栏式账页；设置总分类账，采用三栏式账页，在总分类账簿中按每一总账科目设置账页；设置明细分类账，根据经营管理上的需要可采用三栏式账页、数量金额式账页或多栏式账页。

3. 汇总记账凭证及汇总记账凭证的编制方法

汇总记账凭证分为汇总收款凭证、汇总付款凭证和汇总转账凭证 3 种。

（1）汇总收款凭证及其编制方法

1）汇总收款凭证是指按“现金”和“银行存款”科目的借方分别设置的一种汇总记账凭证，它汇总了一定时期内现金和银行存款的收款业务，其格式和内容如表 5.47 所示。

表 5.47　汇总收款凭证

借方科目：现金　　2017 年 12 月　　第 1 号

贷方科目	金额（元）				总账页数	
	1~10 日	11~20 日	21~31 日	合计	借方	贷方
其他应收款	100	—	—	100		
主营业务收入	500	600	—	1 100		
管理费用	150	—	450	600		
财务费用	—	—	50	50		
合计	750	600	500	1 850		

2）汇总收款凭证的编制方法是，将需要进行汇总的收款凭证，按其对应的贷方科目进行归类，计算出每一个贷方科目发生额合计数，填入汇总收款凭证中。一般可 5 天或 10 天汇总一次，每月编制一张汇总现金收款凭证和一张汇总银行存款收款凭证。月终，根据计算出每个贷方科目发生额合计数，登记总分类账。

（2）汇总、付款凭证及其编制方法

1）汇总付款凭证是指按“现金”和“银行存款”科目的贷方分别设置的一种汇总记账凭证，它汇总了一定时期内现金和银行存款的付款业务，其格式和内容如表 5.48 所示。

表 5.48　汇总付款凭证

贷方科目：银行存款　　2017 年 12 月　　第 3 号

借方科目	金额（元）				总账页数	
	1~10 日	11~20 日	21~31 日	合计	借方	贷方
应付账款	10 000	20 000	—	30 000		
物资采购	5 000	60 000	10 000	75 000		
管理费用	1 500	500	3 500	5 500		
销售费用	—	—	2 150	2 150		
合计	16 500	80 500	15 650	112 650		

2）汇总付款凭证的编制方法是，将需要进行汇总的付款凭证，按其对应的借方科目进行归类，计算出每一个借方科目发生额合计数，填入汇总付款凭证中。一般可 5 天、10 天汇总一次或每月编制一张汇总现金付款凭证和一张汇总银行存款付款凭证。月终，根据计算出每个借方科目发生额合计数，登记总分类账。

（3）汇总、转账凭证及其编制方法

1）汇总转账凭证是指按转账凭证中每一贷方科目分别设置的，用来汇总一定时期内转账业务的一种汇总记账凭证，其格式和内容如表 5.49 所示。

表 5.49　汇总转账凭证

贷方科目：原材料　　2017 年 12 月　　第 10 号

借方科目	金额（元）				总账页数	
	1~10 日	11~20 日	21~31 日	合计	借方	贷方
生产成本	10 000	20 000	15 000	45 000		
制造费用	—	—	1 500	1 500		
管理费用	—	1 300	2 000	3 300		
合计	10 000	21 300	18 500	49 800		

2）汇总转账凭证的编制方法是，将需要进行汇总的转账凭证，按其对应的借方科目进行归类，计算出每一个借方科目发生额合计数，填入汇总转账凭证中。一般可 5 天或 10 天汇总一次，每月编制一张。月终，根据计算出每个借方科目发生额合计数，登记总分类账。如果某一贷方科目的转账凭证数量不多，如：“累计折旧”账户通常每月只有一张转账凭证，也可以不编制汇总转账凭证，直接根据转账凭证登记总分类账。

由于汇总转账凭证上的科目对应关系是，一个贷方科目与一个或几个借方科目相对应，因此，在汇总记账凭证核算组织程序下，为便于编制汇总转账凭证，可以编制一借一贷和多借一贷的转账凭证，而不能编制一借多贷和多借多贷的转

账凭证。

4. 汇总记账凭证核算组织程序账务处理的程序

汇总记账凭证核算组织程序的账务处理程序如图 5.7 所示。

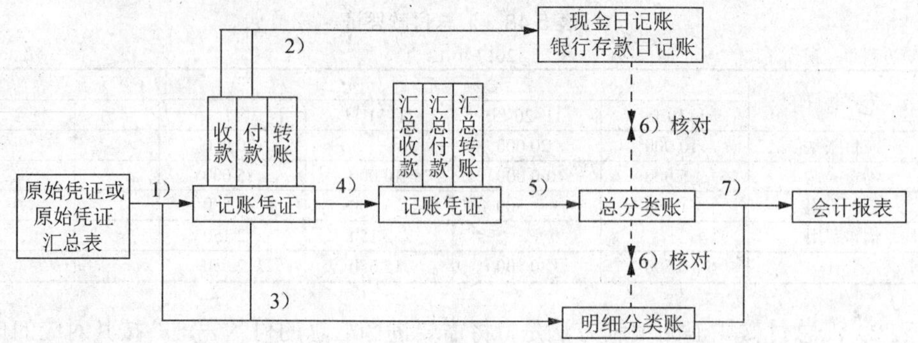

图 5.7　汇总记账凭证核算组织程序的账务处理程序

其具体步骤如下。

1）根据原始凭证或原始凭证汇总表，编制收款凭证、付款凭证和转账凭证等记账凭证。

2）根据收款凭证和付款凭证，逐笔登记现金日记账和银行存款日记账。

3）根据原始凭证、原始凭证汇总表和记账凭证登记各种明细账。

4）根据一定时期内的全部记账凭证，汇总编制成汇总收款凭证、汇总付款凭证和汇总转账凭证。

5）根据定期编制的汇总收款凭证、汇总付款凭证和汇总转账凭证，登记总分类账。

6）月终，将现金日记账、银行存款日记账的余额，以及各种明细分类账户余额合计数，分别与总分类账中的余额核对，以保证账账相符。

7）月终，根据核对无误的总分类账和明细分类账，编制会计报表。

5. 汇总记账凭证核算组织程序的优缺点和适用范围

汇总记账凭证核算组织程序与记账凭证核算组织程序、科目汇总表核算组织程序相比所具有的较突出的优点是，一方面，由于在汇总记账凭证核算组织程序下，总分类账是根据定期编制的汇总记账凭证登记的，大大减少了登记总账的工作量，这一点克服了记账凭证核算程序的缺点；另一方面，由于汇总记账凭证是按照科目对应关系进行归类、汇总编制的，便于通过科目之间的对应关系了解经济业务的来龙去脉，这一点克服了科目汇总表账户对应关系不清楚的缺点。其不足之处在于，汇总记账凭证是按每一贷方科目汇总编制的，不是按照经济业务的性质归类、汇总，因此不利于会计核算工作的分工。当转账凭证量多时，编制汇总记账凭证的工作量也较大。汇总记账凭证核算组织程序适合于规模较大、经济业务较多的会计主体。

（三）科目汇总表核算组织程序

1. 科目汇总表核算组织程序的特点

科目汇总表核算组织程序的特点是：定期将所有记账凭证编制成科目汇总表，然后再根据科目汇总表登记总分类账。

2. 科目汇总表核算组织程序设置的凭证和账簿

在科目汇总表核算组织程序下，与记账凭证核算组织程序和汇总记账凭证核算组织程序相同，一般设置收款凭证、付款凭证和转账凭证等记账凭证。设置现金日记账和银行存款日记账，采用三栏式账页；设置总分类账，采用三栏式账页，在总分类账簿中按每一总账科目设置账页；设置明细分类账，根据经营管理上的需要可采用三栏式账页、数量金额式账页或多栏式账页。

3. 科目汇总表及科目汇总表的编制方法

科目汇总表是根据一定时期内的全部记账凭证，按相同会计科目定期汇总每一个总账账户的借方发生额合计数、贷方发生额合计数，并将其填列在科目汇总表的相应栏内。科目汇总表格式如表5.50所示。由于借贷记账法的记账规则是“有借必有贷，借贷必相等”，所以在编制的科目汇总表内，全部总账科目的借方发生额合计数与贷方发生额合计数相等。在电算化条件下，科目汇总表可以由计算机自动汇总编制，很大程度上简化和加快了会计的核算工作。

表5.50　科目汇总表

年　　月　　日至　　日

会计科目	借方金额	贷方金额
合计		

会计主管：　　　　记账：　　　　审核：　　　　制表：

4. 科目汇总表核算组织程序账务处理程序

科目汇总表核算组织程序的账务处理程序如图5.8所示。

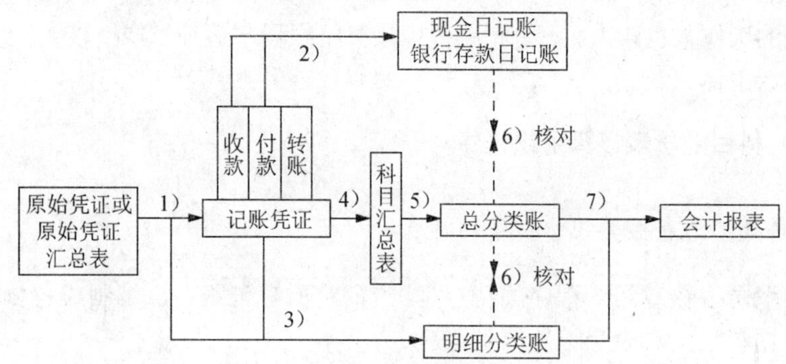

图 5.8　科目汇总表核算组织程序的财务处理程序

其具体步骤如下。

1）根据原始凭证或原始凭证汇总表，编制收款凭证、付款凭证和转账凭证等记账凭证。

2）根据收款凭证和付款凭证，逐笔登记现金日记账和银行存款日记账。

3）根据原始凭证、原始凭证汇总表和记账凭证登记各种明细账。

4）根据一定时期内的全部记账凭证，汇总编制成科目汇总表。

5）根据定期编制的科目汇总表，登记总分类账。

6）月终，将现金日记账、银行存款日记账的余额，以及各种明细分类账户余额合计数，分别与总分类账中有关账户的余额核对，以保证账账相符。

7）月终，根据核对无误的总分类账和明细分类账的记录，编制会计报表。

5. 科目汇总表核算组织程序的优缺点和适用范围

科目汇总表核算组织程序与记账凭证核算组织程序相比所具有的较突出的优点是，由于总分类账是根据定期编制的科目汇总表登记的，大大减少了登记总账的工作量。其不足之处在于，科目汇总表是按总账科目汇总编制的，只能作为登记总账和试算平衡的依据，不便于分析和检查经济业务的来龙去脉，不便于查对账目。科目汇总表核算组织程序适合于规模大、经济业务量多的会计主体。

（四）多栏式日记账核算组织程序

1. 多栏式日记账核算组织程序的特点

多栏式日记账核算组织程序的特点是：现金日记账和银行存款日记账采用多栏式账页，并根据现金日记账和银行存款日记账的记录登记总分类账。对于转账业务，可以根据转账凭证直接登记总分类账，也可以根据转账凭证定期编制成汇总表，然后再根据转账凭证汇总表登记总分类账（转账凭证汇总表的格式与编制方法同科目汇总表）。

2. 多栏式日记账核算组织程序设置的凭证和账簿

在多栏式日记账核算组织程序下，设置收款凭证、付款凭证和转账凭证等记账凭证。设置现金日记账和银行存款日记账，采用多栏式账页；设置总分类账，采用三栏式账页，在总分类账簿中按每一总账科目设置账页；设置明细分类账，根据经营管理上的需要可采用三栏式账页、数量金额式账页或多栏式账页。

由于多栏式现金日记账和多栏式银行存款日记账按对应账户设置专栏，具备了现金和银行存款科目汇总表的作用，月末可根据这些日记账的本月收方、付方发生额和对应账户的发生额登记总分类账。对于转账业务，可以根据转账凭证汇总表登记总分类账。

3. 多栏式日记账核算组织程序的账务处理程序

多栏式日记账核算组织程序的账务处理程序如图5.9所示。

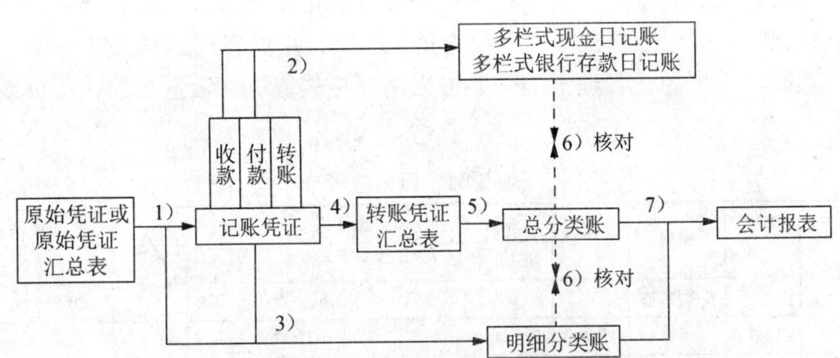

图5.9 多栏式日记账核算组织程序的财务处理程序

其具体步骤如下。

1）根据原始凭证或原始凭证汇总表，编制收款凭证、付款凭证和转账凭证等记账凭证。

2）根据收款凭证和付款凭证，登记多栏式现金日记账和多栏式银行存款日记账。

3）根据原始凭证、原始凭证汇总表和记账凭证登记各种明细分类账。

4）根据转账凭证编制转账凭证汇总表。

5）月终，根据转账凭证汇总表登记总分类账。

6）月终，将各种明细分类账户余额合计数，分别与总分类账中有关账户的余额核对，以保证账账相符。

7）月终，根据核对无误的总分类账和明细分类账，编制会计报表。

4. 多栏式日记账核算程序的优缺点和适用范围

多栏式日记账核算程序的优点是，可以简化总分类账登记的工作；其缺点是在业务较复杂、会计科目设置较多的企业里，日记账的专栏栏次过多，账页庞大，不便于记账。该种核算程序适用于会计科目较少、业务量小的经济单位。

（五）日记总账核算组织程序

1. 日记总账核算组织程序的特点

日记总账核算组织程序的特点是：设置日记总账，根据记账凭证逐笔登记日记总账。

2. 日记总账核算组织程序设置的凭证和账簿

在日记总账核算组织程序下，除需要设置日记总账外，与上述 4 种核算程序相同，应设置收款凭证、付款凭证和转账凭证等记账凭证。设置现金日记账和银行存款日记账，采用三栏式账页；设置日记总账，账页格式如表 5.51 所示；设置明细分类账，根据经营管理上的需要可采用三栏式账页、数量金额式账页或多栏式账页。

表 5.51　日记总账

单位：元

20××年		凭证字号	摘要	发生额	银行存款		短期借款		原材料		生产成本	
月	日				借方	贷方	借方	贷方	借方	贷方	借方	贷方
	1		期初余额		80 000			50 000	38 000		4 000	
	30	银收	借款	10 000	10 000			10 000				
	30	银付	购料	15 000		15 000			15 000			
	30	转	领料	20 000						20 000	20 000	
			本月合计	45 000	10 000	15 000		10 000	15 000	20 000	20 000	
			期末余额	—	75 000			60 000	33 000		24 000	

3. 日记总账的登记方法

日记总账，是将全部科目都集中设置在一张账页上，以记账凭证为依据，根据一定时期内的经济业务进行序时登记，月末将每个科目借方、贷方登记的数字分别合计，计算出每个科目的月末余额。

其登记方法是，对于各项业务，都分别根据收款凭证、付款凭证和转账凭证逐日逐笔登记总账，月末分别结出各栏次的合计数，计算出各科目的月末借方或贷方余额，进行账簿记录的核对工作。要核对“发生额”栏内的本月合计数，与全部科目的借方发生额或贷方发生额的合计数是否相符，各科目的借方余额合计数与贷方余额合计数是否相符。

4. 日记总账核算组织程序的账务处理程序

日记总账核算组织程序的账务处理程序如图 5.10 所示。

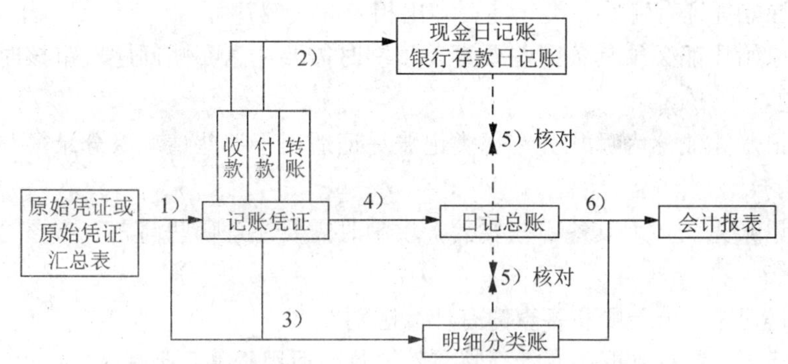

图 5.10　日记总账核算组织程序的财务处理程序

其具体步骤如下。

1）根据原始凭证或原始凭证汇总表，编制收款凭证、付款凭证和转账凭证等记账凭证。

2）根据收款凭证和付款凭证，逐笔登记现金日记账和银行存款日记账。

3）根据原始凭证、原始凭证汇总表和记账凭证登记各种明细分类账。

4）根据一定时期内的全部记账凭证，逐日逐笔登记日记总账。

5）月终，将现金日记账、银行存款日记账的余额，以及各种明细分类账户余额合计数，分别与日记总账中有关账户的余额核对，以保证账账相符。

6）月终，根据核对无误的日记总账和明细分类账，编制会计报表。

5. 日记总账核算组织程序的优缺点和适用范围

日记总账核算组织程序的优点是，日记总账按全部总账科目分借方和贷方设置，并根据记账凭证逐日逐笔登记，可以反映经济业务的来龙去脉，便于查对账目，有利于会计资料的利用和分析，账务处理程序也简单。其不足之处在于，在业务较复杂、会计科目设置较多的企业里，日记总账账页过长，不便于记账和查阅。日记总账核算组织程序适合于规模小、经济业务简单、运用会计科目较少的经济单位。

习　题

（一）思考题

1．什么是会计凭证？它在会计的实务中有哪些作用？

2．会计凭证按填制程序和用途分为哪两类？它们有什么不同之处？

3．原始凭证有哪些分类？能否举出相应的实例？

4．原始凭证必须具备哪些要素？填制时需要注意哪些问题？审核时应注意哪些问题？

5．记账凭证分为哪几类？每类记账凭证适用于哪些情况？分录簿与记账凭证有哪些异同？

6．记账凭证必须具备哪些要素？填制时需要注意哪些问题？审核时应注意哪些问题？

7．日记账、分类账和备查簿有什么区别？

8．活页账与订本账各有什么特点？卡片账适用于哪几类账户？

9．常用的特种日记账有哪些？为什么要设置特种日记账？

10．明细分类账页有哪几种格式？分别适用于哪些账户？

11．总账与明细账的平行登记规则有哪些内容？

12．登记账簿中出现的错账类型有哪些？如何更正？

13．为什么要进行对账？对账工作包括哪几个步骤？具体核对内容是什么？

14．如何进行月结和年结？

15．我国企业财务报告包括哪些内容？编制企业财务报告有何意义？

16．我国企业财务报表如何分类？财务报表列报的基本要求有哪些？

17．资产负债表可分为哪几个部分？填制资产负债表项目的基本方法有哪些？

18．利润表的结构是怎样的？我国采用何种结构？其优点是什么？

19．编制现金流量表的意义是什么？现金包括哪些内容？

20．所有者权益变动表的概念和作用是什么？所有者权益变动表的结构是如何设计的？

21．什么是附注？附注披露哪些内容？

22．财务报表分析的意义和步骤是什么？财务报表分析有哪些基本方法？

23．设计会计核算组织程序的意义和作用是什么？如何选择适合企业的会计核算组织程序？

24．记账凭证核算组织程序的基本步骤和优缺点是什么？

25．汇总记账凭证核算组织程序和科目汇总表核算组织程序的基本步骤和优缺点是什么？汇总记账凭证和科目汇总表的编制方法有何不同？

（二）业务题

1.【目的】练习通用记账凭证的编制。

【资料】无锡公司 2017 年 3 月发生业务如下。

1）投资者投资 1 000 000 元，存入银行。

2）以银行存款 56 500 元购买 B 种原材料一批，其中货款 50 000 元，应交增值税 6 500 元，材料已验收入库。

3）以银行存款 100 000 元购进一台不需要安装的设备，增值税 13 000 元。

4）生产车间领用价值 30 000 元的 B 种原材料用于生产。

5）收回潞西公司前欠的货款 50 000 元，存入银行。

6）从银行提取现金 5 000 元备用。

7）职工吴彤借款 2 000 元作为暂借差旅费。

8）向轻工公司销售产品 150 000 元，增值税 19 500 元货款及税款尚未收到。

9）以现金 3 000 元支付办公费。

10）以银行存款 100 000 元偿还银行短期借款。

【要求】根据上述经济业务编制记账凭证（采用通用凭证的格式），并说明所附的原始凭证。

2.【目的】练习专用记账凭证的编制。

【资料】某企业 2017 年 3 月发生的部分经济业务如下。

1）向银行取得借款 300 000 元存入银行，用于短期资金周转。

2）以现金 500 元支付 A 种原材料的采购运费。

3）投资者追加投资 1 000 000 元存入银行。

4）职工张理暂借差旅费 1 000 元。

5）购进材料 100 000 元，增值税 13 000 元，其中 30 000 元为预付款，其余款项以银行存款支付。

6）结转材料采购成本 140 000 元。

7）销售产品一批，货款 120 000 元，应交增值税 15 600 元，款项尚未收到。

8）领用材料一批，其中生产车间领用 50 000 元，管理部门领用 1 000 元。

9）结转本月完工产品成本 100 000 元。

10）预付下季度的租金 9 000 元。

11）结转本月销售产品成本 80 000 元。

12）计算本月应纳所得税 7 000 元。

13）计算本月固定资产折旧费。其中，产品成本负担 17 000 元，管理费用负担 13 000 元。

14）从银行提取现金 1 000 元。

15）支付本月车间固定资产修理费 3 000 元。

【要求】根据上述经济业务编制专用记账凭证。

3.**【目的】**练习登记分录簿。

【资料】某企业 2017 年 10 月发生下列经济业务。

1 日，收到上级主管部门的投资 500 000 元，存入银行。

2 日，向银行借入短期借款 300 000 元，存入银行。

5 日，向广州某单位购入材料 50 吨，单价 850 元，货款及税款（增值税率 13%）尚未支付，材料已验收入库。

6 日，结转上述入库材料的实际成本。

10 日，采购员张某去外地采购材料，预借差旅费 3 000 元，以现金支付。

12 日，生产车间领用材料 20 000 元用于产品生产。

15 日，以现金支付职工医药费 2 800 元。

18 日，以现金支付业务招待费 2 000 元。

20 日，收到某单位前欠销货款 12 000 元，存入银行。

25 日，向外地某公司出售产品 20 件，单价 1 200 元，销项增值税额（税率 13%）及货款尚未收到。

26 日，以银行存款 5 000 元支付市电视台广告费。

28 日，计算分配本月职工工资。其中，生产工人工资 36 800 元；车间管理人员工资 8 200 元；公司管理人员 11 000 元。

29 日，从银行提取现金 56 000 元，备发工资。

30 日，支付职工工资。

31 日，计提本月固定资产折旧费 6 120 元，其中生产用设备折旧 5 100 元，办公用房折旧 1 020 元。

【要求】编制会计分录登记分录簿，如表 5.52 所示，要求各项目必须填全。

表 5.52　分录簿

2017 年		摘要	账户名称	借方金额	贷方金额	过账
月	日					

4.【目的】练习根据会计分录分析经济业务的内容。

【资料】

	借方	贷方
1）借：银行存款	1 000 000	
贷：实收资本		1 000 000
2）借：固定资产	40 000	
贷：实收资本		40 000
3）借：在途物资	10 000	
应交税费——应交增值税	1 300	
贷：银行存款		11 300
4）借：生产成本	20 000	
贷：原材料		20 000
5）借：生产成本	5 000	
制造费用	1 000	
管理费用	2 000	
贷：应付职工薪酬		8 000
6）借：制造费用	5 000	
管理费用	7 000	
贷：累计折旧		12 000
7）借：库存商品	36 000	
贷：生产成本		36 000
8）借：应收账款	11 300	
贷：主营业务收入		10 000
应交税费——应交增值税		1 300
9）借：主营业务成本	7 500	
贷：库存商品		7 500
10）借：银行存款	11 700	
贷：应收账款		11 700
11）借：库存现金	200	
管理费用	2 300	
贷：其他应收款		2 500
12）借：主营业务收入	500 000	
其他业务收入	20 000	
营业外收入	1 000	
贷：本年利润		521 000

13）借：待处理财产损溢　18 000
　　累计折旧　12 000
　　贷：固定资产　30 000

【要求】根据上述会计分录写出相应的经济业务内容及其金额。

5.【目的】练习日记账的登记。

【资料】某工业企业 2017 年 12 月 31 日资产总额为 756 186 元（其中银行存款 45 460 元），负债总额为 175 000 元，所有者权益总额为 581 186 元。2018 年 1 月 1～5 日发生以下经济业务。

1 日，开出转账支票一张，支付上月所欠购料款 15 600 元（支票号码 411）。

1 日，预收大华公司货款 5 668 元，款项已存入银行。

1 日，开出现金支票一张，提取现金 1 200 元（支票号码 256）。

2 日，以现金 350 元支付购买材料的运杂费。

5 日，收到红光公司投入货币资金 10 万元，存入银行。

5 日，开出转账支票一张，交纳上月应交税金 950 元（支票号码 412）。

【要求】

1）分别计算该公司 1 月 5 日的资产、负债和所有者权益总额（列示计算过程）。

2）根据所给资料，登记银行存款日记账，如表 5.53 所示。

表 5.53　银行存款日记账

2018 年		凭证		摘要	现金支票号码	转账支票号码	对方科目	借方	贷方	余额
月	日	种类	号数							

6.【目的】练习登记日记账与结账。

【资料】龙腾公司 2017 年 10 月 1 日现金和银行存款的余额如下。

现金　1 194 元　银行存款　139 500 元

该公司 10 月发生与现金、银行存款收付有关的业务如下。

5 日，向银行借入期限 9 个月的借款 35 000 元，存入银行。

6 日，销售保温杯 100 箱，计 33 900 元，增值税 4 407 元款已收并存入银行。

7 日，职工王春明因公出差，预支现金 800 元。

10 日，从银行提取现金 60 000 元，发放职工薪酬 54 430 元，余款以备用。

11 日，购买原材料一批，计 24 639 元，增值税 3 203.07 元，材料已验收入库，货款及税款通过银行付讫。

15 日，以现金购入办公用品 287 元交付有关部门使用。

16 日，销售保温杯 28 箱到日新百货商店，价款总计 4 482 元，增值税 582.66 元，货款及税款尚未收回。

18 日，收到鑫兴公司前欠货款 5 000 元。

20 日，以银行存款支付广告费 3 500 元。

25 日，职工王春明出差归来，报销差旅费 576 元，余款交回现金

26 日，销售不锈钢保温杯 12 箱计 240 只给中华公司，货款 8 640 元，增值税 1 123.2 元，款已收到存入银行。

27 日，本月共收到零星销售的现金 394 元。

28 日，以银行存款偿还前欠太平洋公司货款 27 300 元。

30 日，将现金 5 000 元存入银行。

【要求】

1）登记现金、银行存款日记账的月初余额。

2）根据上述经济业务编制收款凭证、付款凭证，并据以登记现金、银行存款日记账。

3）经核对无误后，结出本期现金和银行存款日记账的发生额和余额。

7.**【目的】**练习与掌握总分类账的登记及其结账方法。

【资料】

1）龙腾公司 2017 年 10 月 1 日有关账户的余额如下。

	借方余额	贷方余额
库存现金	1 194	—
银行存款	139 500	—
应收账款	66 120	—
原材料	34 000	—
库存商品	56 600	—
固定资产	293 300	—
累计折旧	—	30 000
短期借款	—	32 000
应付账款	—	65 714
实收资本	—	400 000
盈余公积	—	63 000
合计	590 714	590 714

2）该公司10月发生的经济业务及所编制的记账凭证见练习（六）。

【要求】

1）根据龙腾公司10月1日账户余额开设账户，并登记期初余额。

2）根据练习（六）所编制的记账凭证登记有关总分类账。

3）结算本期有关总分类账的发生额和期末余额。

8.【目的】练习更正错账。

【资料】某企业2017年8月末在对账过程中，发现以下记账错误。

1）从银行提取现金1 000元以备用。记账凭证填制无误，并已登记入账。月末结账前发现登记账簿时把金额误记为10 000元。

2）以银行存款支付行政办公费用100元，记账时误记入“销售费用”账户。

3）收取前欠货款38 500元，存入银行。原记账凭证上误记为35 800元，并据以登记入账。

4）收到银行通知，已偿还银行短期借款24 200元和3个月应付借款利息900元。原记账凭证借方误记为短期借款25 100元，据以入账。

【要求】根据以上资料采用适当记账错误更正方法予以更正。

9.【目的】练习编制资产负债表及利润表。

【资料一】某企业2017年10月31日部分账户期末余额如下。

库存现金 980元	银行存款 190 780元	原材料 136 500元
库存商品 80 250元	低值易耗品 8 400元	包装物 9 320元
应收账款 7 300元	本年利润 58 950元	利润分配 36 490元

【要求】请根据上述资料计算资产负债表中“货币资金”“存货”“未分配利润”项目的金额。

【资料二】某企业2017年11月有关损益类账户的资料如下。

主营业务收入 100 000元	主营业务成本 50 000元	销售费用 7 200元
税金及附加 3 780元	管理费用 22 380元	财务费用 7 850元
营业外收入 20 000元	营业外支出 15 800元	投资收益 2 000元
其他业务收入 8 000元	其他业务成本 7 000元	

【要求】根据以上资料编制利润表（所得税按利润总额的25%计算缴纳）。

10.【目的】练习采用科目汇总表核算组织程序进行综合业务处理。

【资料】中原制造厂20××年12月初各账户的期初余额如下。

库存现金 4 790元　银行存款 68 000元　应收账款 16 550元

预付账款——大明公司 20 000元　原材料——A材料 5吨 10 000元

原材料——B材料 10吨 7 000元　原材料——C材料 5吨 4 000元

生产成本——乙产品 37 800元　库存商品——甲产品 12 000元

库存商品——乙产品　67 500 元　库存商品——丙产品 12 160 元
固定资产　580 000 元　累计折旧 174 000 元
短期借款 50 000 元　应付账款 36 800 元　应交税费——应交所得税 11 000 元
应付票据 1 500 元　应付职工薪酬 28 700 元　实收资本 500 000
盈余公积 12 000 元　本年利润 25 800 元

注：已售甲产品的生产成本为 26 000 元，已售乙产品的生产成本为 18 000 元。

【要求】根据第四章练习 8 的资料编制专用记账凭证（简化以分录簿的形式，注明凭证编号），登记总账及所属明细分类账，编制 12 月的资产负债表及利润表。

第六章 财产清查

学习内容与要求

财产清查是会计核算的基本方法之一，为了保证会计信息的质量，单位必须定期或不定期地进行财产清查。本章主要讲述了财产清查的概念、作用，清查的种类、内容等。通过对本章的学习，要求掌握财产清查的概念和财产物资的盘存制度，货币资金、实物资产、往来款项的清查方法，财产清查结果的处理方法等。

第一节 财产清查概述

一、财产清查的概念

财产清查就是通过对各项货币资金、实物资产、债权债务等的实地盘点或查询核对，确定其实存数，并查明实存数与账存数是否相符的一种会计核算方法。

准确反映货币资金、实物资产和债权债务的真实情况，做到账实相符，是保证会计信息质量的需要，是经济管理对会计核算的客观要求，也是会计核算的基本原则。一般而言，企业、事业单位的财产物资、货币资金和债权债务的增减变动情况，通过填制、审核会计凭证和登记账簿能够得到正确反映。但是，账簿记录的正确性还不足以说明账簿记录的客观真实性，即一些主观和客观原因会造成账存数和实存数不符。造成账实不符的原因一般有以下几个：①各项财产物资在收、发时，因计量检验不准而发生品种、规格和数量上的差错，使得所填制的凭证与实际情况不符；②财产物资在保管、运输和销售过程中发生自然溢余、损耗，如干耗、销蚀、升重等自然现象，而发生的数量或质量上的变化，这种变化在会计核算中是不反映的，于是使得账实出现不符；③因工作人员过失而发生财产物资的霉变、短缺和毁损，以及货币资金往来款项的差错；④由于不法分子的贪污盗窃、营私舞弊而发生的财产损失；⑤在凭证和账簿中出现漏记、错记或计算上的错误；⑥自然灾害造成的非常损失和意外损失；⑦未达账项引起的账实不符等。

由于上述各种原因对实物资产、货币资金和债权债务的实际影响，为了确定实有数额，调整账簿记录，保证会计资料的真实性和正确性，按照《会计法》的规定，各单位必须建立财产清查制度，保证账簿记录与财产物资相符。

二、财产清查的作用

（一）保证财产物资记录的真实和正确

会计资料的真实可靠，对充分发挥会计的积极作用有着重要影响，而实际工作中人为或自然的原因会使财产物资的实存和账存不符。通过财产清查，可以确定各项财产物资的实存数，查明实存数与账存数之间的差异及发生差异的原因和责任，以便及时调整账面记录，使实存数与账存数保持一致，从而保证会计核算资料的真实可靠。

（二）保护各项财产物资的安全与完整

通过财产清查，可以查明各项财产有无被挪用、贪污、盗窃的情况，以便及时进行调查和处理；可以查明各项财产有无因管理不善而造成霉烂变质、损失浪费等情况，以便及时采取措施加强管理，从而保护各项财产物资的安全完整。

（三）挖掘财产物资的潜力，加速资金周转

挖掘企业内部潜力，充分发挥各项财产物资的使用效能，是加速资金周转、节约资金、提高资金使用效率的一个重要方面。通过财产清查，可以查明各项财产物资的储备和利用情况，以便采取措施，对储备不足和不配套的及时进行解决，对积压、呆滞的及时进行处理，从而可以充分挖掘财产物资的潜力，避免损失浪费，加速资金周转，提高经济效益。

（四）监督财经法规和财经纪律的执行

在财产清查过程中，通过对各种物资、货币资金的清查和对各种结算款项的查询核对，可以具体地检查企业、单位对财经法规和财经纪律的遵守情况。例如，对各种物资的清查，可以同时检查企业、单位是否遵守市场管理的法规；对货币资金和结算款项的清查，可以同时检查企业、单位是否遵守了财经纪律和信贷纪律，有无违反现金管理的规定，各种结算款项有无长期拖欠不清的情况等。通过这些具体的检查，就可以了解企业、单位对财经纪律的遵守情况，发现问题，及时纠正，从而监督企业严格遵守财经法规和财经纪律。

（五）促进经营管理水平的提高

通过财产检查，可以查明有关财产验收、保管、收发、调拨、报废及现金出纳、账款结算等手续制度的贯彻执行情况，发现薄弱环节和所存在的问题，从而促使单位采取措施，建立和健全规章制度，提高经营管理水平。

三、财产清查的种类

财产清查按清查的范围和清查的时间不同可划分不同的种类。了解财产清查的种类便于根据企业的具体情况合理地组织财产清查工作。

（一）按照清查的范围划分

按照清查的范围，财产清查可分为全面清查和局部清查。

1. 全面清查

全面清查就是对本单位所有的货币资金、实物资产和债权债务等进行全面的盘点和核对。全面清查的对象一般包括下列内容：所有的固定资产、各种存货、其他物资及未完工程、库存现金、银行存款、银行长期和短期借款、各种往来结算款项、缴拨款项等。

全面清查的内容多、范围广，需投入的人力、物力多，花费的时间长，因此，一般在下述情况下，才需要进行全面清查：①年终结算以前，要进行全面清查；②单位撤销、合并或改变隶属关系时，要进行全面清查，以明确经济责任；③开展全面资产评估和清产核资（清查资产、核定资金）时要进行全面清查，以摸清家底，准确核定资金，保证生产的正常资金需要。

2. 局部清查

局部清查，就是根据需要只对部分财产物资或债权、债务所进行的清查。一般情况下，对于流动性较大的存货，如材料、在产品、产成品等，除了年度清查外，年内应轮流进行盘点或重点抽查；对于各种贵重物资，每月都应盘点清查一次；对于现金，应由出纳员每日清点核对；对于银行存款和银行借款，每月都应和银行核对；对于各种债权、债务，每年至少要和对方核对 1 次。

（二）按照清查的时间划分

按照清查的时间，财产清查可以分为定期清查和不定期清查。

1. 定期清查

定期清查，就是按预先计划安排的时间对财产所进行的清查。定期清查的目的是保证会计核算资料的真实性，一般在年末、季末、月末结账时进行。定期清查的对象和范围，根据实际情况和需要，可以是全面清查，也可以是局部清查，一般年末进行全面清查，季末、月末进行局部清查。

2. 不定期清查

不定期清查，就是事先不规定清查时间，而根据实际需要进行的临时性清查。不定期清查，可以是全面清查，也可以是局部清查，应根据实际需要来确定清查的对象和范围。

不定期清查主要在以下几种情况下进行：①更换财产、现金保管人员时，要对有关人员保管的财产、现金进行清查，以分清经济责任；②发生自然灾害和意外损失时，要对受损财产进行清查，以查明损失情况；③上级主管、财政、审计和银行等部门，对单位进行会计检查时，应按检查的要求和范围对财产进行清查，以验证会计资料的真实可靠性；④会计主体发生改变或隶属关系发生变动时，要求对本单位的财产进行清查，以摸清家底。

四、财产清查前的准备工作

为了妥善做好财产清查工作，发挥它的积极作用，在清查前，必须协调各方面的力量，做好充分准备。财产清查的准备工作，主要有以下几项。

1）根据上级和有关部门的要求，研究制定财产清查的详细计划。

2）做好组织落实工作。

3）确定清查的范围和工作步骤。

4）确定参加清查的人员及其分工。

5）清理有关财产物资的账目，登记齐全，核对清楚。

6）准备好各种清查盘点用的表格、单据，准备并校验好各种计量工具。

第二节 财产清查的内容和方法

一、货币资金的清查

（一）现金的清查

现金的清查，是通过实地盘点的方法，确定库存现金的实存数，再与现金日记账的账面余额进行核对，以查明账实是否一致。在盘点时，出纳人员必须在场，如发现账实不符，必须当场核实盘盈盘亏数额，同时还要注意超过规定库存现金限额、白条抵库等现象。盘点结束后，应根据盘点结果，现场编制“现金盘点报告表”。若账实不符，要由出纳员说明原因，记入盘点表内，并由清查人员和出纳员共同签章。“现金盘点报告表”是重要的原始凭证，其一般格式如表 6.1 所示。

（二）有价证券的清查

各种有价证券和库存现金一样，应在财产清查时进行实地盘点，由财产清查人员会同出纳人员共同负责。除了要与账面核对，查明有无盘盈盘亏外，还要查明有价证券是否有违反财经法规和非法买卖等情况。清查结束后，也应在现场填制相应原始凭证，据以入账。

表 6.1　现金盘点报告表

单位名称：　　　　　　　　20××年×月×日

摘要	实存金额	账存金额	对比结果		备注
			盘盈	盘亏	
1. 主币					
2. 辅币					
3. 已付讫					
4. 未入账					
5. 白条					

盘点人签章：　　　　　　　　出纳员签章：

（三）银行存款的清查

银行存款的清查与实物、现金的清查方法不同，它是采用与银行核对账目的方法来进行的。在与银行核对账目之前，应先详细检查本单位银行存款日记账的正确性和完整性，然后根据从银行取得的对账单逐笔核对，以检查银行存款的账实是否相符。应当注意，在双方记账均无错误的情况下，也可能会出现银行对账单上的存款余额与本单位银行存款日记账上的存款余额不一致的情况，这是因为双方之间往往会发生未达账项。

所谓未达账项，是指由于双方记账时间不一致而发生的一方已入账，而另一方尚未入账的事项。企业与银行之间的未达账项，大致有以下 4 种情况：一是企业送存银行的款项，企业已记账，作为银行存款的增加，但银行尚未入账；二是企业开出支票等从银行存款付出款项，企业已记账，作为银行存款的减少，但银行尚未付款入账；三是银行代企业收进的款项，银行已记账，作为企业存款的增加，但企业尚未收到有关凭证，而尚未登记银行存款日记账；四是银行代企业支付的款项，银行已记账，作为企业存款的减少，但企业尚未收到凭证，而尚未登记银行存款日记账。

上述任何一种情况的发生，都会使企业和银行的账簿记录出现未达账项，从而使双方的账面余额不一致。因此，在核对双方账目时，必须注意有无未达账项，如果发现有未达账项，应据以编制“银行存款余额调节表”，以便检验双方的账面余额是否一致。

下面举例说明银行存款余额调节表的编制方法。

【例 6-1】某企业 2017 年 5 月 31 日银行存款日记账余额是 85 200 元，银行对账单余额为 86 700 元，经查对银行对账单和银行存款日记账，发现有下列未达账项。

1）企业于月末将收到的转账支票 4 500 元存入银行，并已作为增加银行存款入账，而银行尚未入账。

2）企业开出现金支票一张 1 600 元，并已作为减少银行存款入账，但持票人尚未去银行提取，银行尚未入账。

3）企业委托开户银行代收款 4 800 元，银行已收到并已入账，企业尚未接到转账通知，尚未入账。

4）开户银行在企业的存款内扣除借款利息 400 元，并已作为减少企业存款入账，企业尚未接到转账通知，尚未入账。

根据上述未达账项，编制银行存款余额调节表，如表 6.2 所示。

表 6.2 银行存款余额调节表

2017 年 5 月 31 日

单位：元

项目	余额	项目	余额
企业银行存款日记账账面余额	85 200	银行对账单的存款余额	86 700
加：企业尚未入账的收入款项	4 800	加：银行尚未入账的收入款项	4 500
减：企业尚未入账的付出款项	400	减：银行尚未入账的付出款项	1 600
调节后的存款余额	89 600	调节后的存款余额	89 600

表 6.2 所列调节后的存款余额，就是根据双方的账面余额，加减未达账项后所求得的余额，也就是企业对账日应有的银行存款数额。

应当指出的是，对于银行已经入账而本单位尚未入账的业务，均不作账务处理，而应在有关结算凭证到达后，再据以记账；对于长期悬置的未达账项，应及时查明原因并解决。

上述银行存款的清查方法，也适用于各种银行借款的清查。但在清查银行借款时，还应检查借款是否按规定的用途使用，是否按期归还。

二、实物资产的清查

实物资产是指具有实物形态的各种财产，包括原材料、半成品、在产品、产成品、低值易耗品、包装物和固定资产等。

（一）确定实物资产账面结存的盘存制度

财产物资的盘存制度是指企业、单位日常对财产物资增加、减少及结存数进行计量所采取的方法。财产物资的盘存制度有永续盘存制和实地盘存制两种，单位可根据经营管理的需要和财产物资的种类采用不同的方法。

1. 永续盘存制

（1）永续盘存制的概念

永续盘存制，也称“账面盘存制”，指按财产物资的品种规格逐一设置明细账户，将其增加和减少数按其发生的顺序逐日逐笔在账簿中进行登记，并能随时在账簿中计算出其结存数额的一种存货的盘存制度。期末存货成本的计算公式为

期末存货成本＝期初存货成本＋本期购入存货成本－本期发出存货成本

在实际工作中由于造成账实不符的原因很多并且比较复杂，因此，为了保证核算资料的真实性和正确性，做到账实相符，采用永续盘存制的单位，还要定期或不定期地进行财产清查。

（2）永续盘存制的优缺点

1）永续盘存制具有如下优点。

① 加强了存货的管理。在存货明细账中，可以随时反映出每种存货的收入、发出和结存情况，并从数量和金额两个方面进行控制。

② 明细账的结存数量，可以通过盘点随时与实存数相核对。一旦某种存货发生溢余或短缺，易于查明原因，及时进行纠正。

③ 明细账上的结存数，可以随时与预定的最高和最低库存限额进行比较，以便及时进行采购或及时将多余存货进行处理，加速资金周转。

2）永续盘存制具有如下缺点。

① 存货的明细分类核算工作量大，人力和物力耗费较多。

② 存货品种较多的企业，如采用月底一次结转存货成本的核算办法，则计算工作比较集中。

永续盘存制在存货控制和保护它的安全方面，具有明显的优越性。所以，在实际工作中，一般单位对存货都采用永续盘存制进行核算。

2. 实地盘存制

（1）实地盘存制的概念

实地盘存制，就是平时只对各种财产物资的增加数额逐日逐笔在账簿中进行登记，对其减少数不在账簿上逐笔登记，到期末将实地盘点的存货数额作为结存数，倒挤出财产物资的减少数额，并据以记账的一种存货盘存制度。本期发出存货成本的计算公式为

本期发出存货成本＝期初存货成本＋本期购入存货成本－期末存货成本

采用实地盘存制，必须要进行财产清查，否则无法确定财产物资的减少数额和实存数额。

（2）实地盘存制的优缺点

1）实地盘存制具有如下优点。

① 采用这种核算制度，存货可只设一个总分类账户或只按大类设置几个二级账户，不必逐一设置明细分类账户，因此大大简化了明细核算工作。

② 采用这种核算制度，平时可只记进货成本，不记发出存货成本，简化了核算工作。

2）实地盘存制具有如下缺点。

① 不能随时反映存货的收入、发出和结存动态。

② 由于对存货的核算是以存计耗，即发出存货的成本是倒挤出来的，这就将各种财产物资的短缺、损失也倒挤到了发出存货的成本，不利于加强物资管理工作。

因此，该种盘存制度适用于那些经营品种多、价值低、交易频繁的商品，以及数量不稳定、损耗大且难以控制的鲜活商品等的商品流通企业。在制造类企业中，很少采用这种盘存制度。

综上所述，无论采用哪种盘存制度，对财产物资都必须进行定期或不定期的清查盘点，但清查的目的存在差异。

（二）实物资产清查的方法

不同种类的财产物资，由于其实物形态、用途、性能、存放方式等各不相同，因此清查时应采取不同的清查方法。财产的清查方法从技术方面看一般有以下几种。

1. 实地盘点法

实地盘点法是在财产的存放地点逐一对其进行清点或用计量仪器确定实存数的方法。该方法适用于对库存现金及各种实物资产（如库存商品、固定资产等）进行清查。

2. 技术推算法

技术推算法是利用技术方法推算财产物资实存数的方法。适用于煤炭、砂石等大宗物资的清查。此方法数字不够准确可靠，但工作量较小。

（三）实物资产清查的步骤

各种库存实物（包括固定资产、材料、在产品、产成品等具有实物形态的财产物资）的清查，应当按照清查计划有步骤地进行，以免重复和遗漏。在盘点时必须以各项财产物资目录规定的名称规格为准，查明各种实物的名称、规格，然后盘点数量并检查其质量。

实物的清查除了盘点其数量外，还要对其质量进行检查。对于实物质量的检查方法，可以根据不同实物，采用不同的方法，如有的采用化学方法，有的采取物理方法来检查其保管质量。

在进行实物清查时，实物保管人员必须在场，并参加盘点工作，以明确经济责任。实物盘点清查后，应将清查结果如实地登记在“盘存单”上，并由盘点人员和实物保管人员签章。“盘存单”是记录实物盘点结果的书面证明，也是反映财产物资实有数的原始凭证，其一般格式如表 6.3 所示。

表 6.3　盘存单

单位名称：　　　　　　　　　　　　　　　　盘点时间：
财产类别：　　　　　　　　　　　　　　　　存放地点：

编号	名称	规格	计量单位	数量	单价	金 额	备注

盘点人签章：　　　　　　　　　　　　　　保管人签章：

为了进一步查明账存数额与实存数额是否相符，确定盘盈或盘亏数额，应根据“盘存单”和有关账簿记录，编制“实存账存对比表”。“实存账存对比表”是用以调整账簿记录的重要原始凭证，是分析产生差异的原因、明确经济责任的依据。在实际工作中，为了简化编表工作，“实存账存对比表”上通常只填列账实不符的物资，而对于账实完全相符的物资则不列入此表，其一般格式如表 6.4 所示。

表 6.4　实存账存对比表

单位名称：　　　　　　　　　　　　年　　月　　日

编号	类别及名称	计量单位	单价	实存		账存		对比结果				备注
				数量	金额	数量	金额	盘盈		盘亏		
								数量	金额	数量	金额	

三、往来款项的清查

往来款项的清查，一般采用与对方单位核对账目的方法。清查时，应在检查本单位各项债权、债务账目正确性、完整性的基础上，根据有关明细分类账的记录，按户编制对账单，送交对方单位进行核对。对账单一般一式两联，其中一联作为回单，其一般格式如表 6.5 所示。如果对方单位核对相符，应在回单上盖章后退回；如果数字不符，则应将不符的情况在回单上注明，或另抄对账单退回，以进一步清查。在核对过程中，如果发现未达账项，双方都应采用调节账面余额的办法，来核对往来款项是否相符。在清查过程中，应注意查明有无双方发生争议的款项、没有收回希望的款项及无法收回的款项，以便及时采取措施处理，避免或减少坏账损失。最后，应根据清查结果编制“债权债务清查报告单”，其一般格式如表 6.6 所示。

表 6.5　××企业对账单

年　月　日

本厂入账时间	发票或凭证号数	摘要	应收付金额	收或付方式	收或付金额	结欠金额	贵单位入账时间	说明

表 6.6　债权债务清查报告单

明细分类账户		清查结果		不符的原因				
单位名称	金额	相符	不相符	未达账项	拖付款项	争执款项	无法收回	其他

记账员签章：　　　　清查人签章：

第三节　财产清查结果的处理

妥善处理财产清查中发现的问题，是财产清查发挥积极作用的关键所在，也是完成财产清查任务的一个重要环节。对于财产清查结果的处理，一方面应根据不同的情况在会计上予以确认，实现会计核算职能；另一方面要提出改进财产物资管理的措施，从而实现会计的监督职能。

一、财产清查结果处理的原则与步骤

企业对于财产清查的结果，应该按照国家财务制度的有关规定进行认真处理。财产清查中发生的盘盈和盘亏等问题，首先要核准金额，然后按规定的程序报经上级主管部门批准后，才能进行相应的会计处理，其主要步骤如下。

1）分析查明清查所发现的盘盈、盘亏的原因，确定处理方法。

对于财产清查所发现的实存数与账存数的差异，应查明原因，明确经济责任，并应提出处理意见，依据有关法规、制度规定，按照审批权限和程序，报经有关部门审批，并进行处理。

2）调整账目，做到账实相符。

对于财产清查中所发现的各种差异及对这些差异的处理，都应及时进行账务处理，以保证账实相符。由于对财产清查中发现的盘盈、盘亏和毁损等，必须按规定的程序上报审批后才能处理，所以财产清查结果的会计处理应分两步进行：

① 审批前，应根据查实的财产物资盘盈、盘亏、损失数字及相应的原始凭证，编制记账凭证，记入有关账簿，以保证账实相符。

② 审批后，依据差异的性质、发生原因及报经批准的结果，编制记账凭证，记入有关账簿。

3）认真总结经验教训，提出改进措施，建立和健全财产管理制度。

通过财产清查，应认真总结财产管理和会计核算等方面的经验，同时，应结合财产清查中发现的各种问题，认真总结教训，并在此基础上，提出改进工作的具体措施，建立健全必要、合理的规章制度，以加强财产管理的责任制，做好会计工作，提高经营管理水平。

4）积极处理积压物资，认真清理长期不清的债权、债务。

对于财产清查中发现的积压多余物资，应视不同情况分别处理。对因属于盲目采购、盲目建造等原因造成的积压，应在报批后处理；对于物资储备不足和半成品不成套的情况，也要提请领导和有关部门注意改进。债权、债务的问题，应指定专人负责查清，按照结算制度的要求处理。

二、财产清查结果的账务处理

为了核算和监督财产清查中查明的各种财产的盘盈、盘亏、毁损及其处理情况，应当开设“待处理财产损溢”账户（固定资产盘盈和毁损分别通过“以前年度损益调整”“固定资产清理”账户核算）。“待处理财产损溢”账户下，应设“待处理流动资产损溢”和“待处理固定资产损溢”两个明细账户，以进行明细分类核算。“待处理财产损溢”账户的结构如图 6.1 所示。

借方　　　　　　　　　　待处理财产损溢	贷方
发生额：（1）发生的待处理财产盘亏和毁损数 （2）结转已批准处理的财产盘盈数	发生额：（1）发生的待处理财产盘盈数 （2）结转已批准处理的财产盘亏或毁损数
余额：尚待批准处理的财产盘亏和毁损数大于尚待批准处理的财产盘盈数的差额	余额：尚待批准处理的财产盘盈数大于尚待批准处理的财产盘亏和毁损数的差额

图 6.1　“待处理财产损溢”账户

（一）库存现金清查结果的账务处理

在库存现金清查中，如果发现现金短缺或溢余，应及时根据“现金盘点报告表”进行账务处理。当发现现金短缺时，借记“待处理财产损溢”科目，贷记“库存现金”科目，待查明原因后，应根据审批意见进行转账处理。若发现现金溢余，应贷记“待处理财产损溢”科目，借记“库存现金”科目，待查明原因后进行转账处理。

【例 6-2】某企业某日进行现金清查，发现现金短缺 50 元，根据“现金盘点报告表”编制记账凭证，作会计分录如下。

借：待处理财产损溢——待处理流动资产损溢　50

　　贷：库存现金　50

经检查，属于出纳员的责任，应由其赔偿，会计分录如下：

借：其他应收款——出纳员××　50

　　贷：待处理财产损溢——待处理流动资产损溢　50

【例 6-3】某企业某日进行现金清查，发现现金溢余 100 元，会计分录如下。

借：库存现金　100

　　贷：待处理财产损溢——待处理流动资产损溢　100

经反复核查，未查明原因，报经批准作营业外收入处理，会计分录如下。

借：待处理财产损溢——待处理流动资产损溢　100

　　贷：营业外收入　100

（二）存货清查结果的处理

在财产清查中发现存货盘盈时，经查明是由于收发计量或核算上的误差等原因造成的，应及时办理存货入账手续，调整存货账簿的实存数，借记“原材料”“库存商品”等账户，贷记“待处理财产损溢——待处理流动资产损溢”账户，经有关部门批准后，再冲减管理费用。

企业财产清查中发现存货盘亏和毁损，在经报批准前，应按其成本转入“待处理财产损溢——待处理流动资产损溢”账户，贷记存货类账户，使账实相符。报经批准以后，再根据造成盘亏和毁损的原因，分情况进行处理，涉及增值税的，还应进行相应处理。其中，属于定额合理损耗的，应作为管理费用列支；由于计量收发差错和管理不善等原因造成的超定额损耗，应先扣除残料价值和过失人的赔偿，过失人赔偿计入“其他应收款”账户的借方，然后将净损失记入管理费用；属于自然灾害损失、管理不善造成货物被盗、发生霉烂变质等损失以及其他非正常损失的，扣除可以回收的保险赔偿及残料价值后的净损失，作为企业的营业外支出处理。

【例 6-4】某企业在财产清查中，库存材料盘盈 1 500 元。在报经批准前，应根据“实存账存对比表”所确定的库存材料盘盈数，作会计分录如下。

借：原材料　1 500
　　贷：待处理财产损溢——待处理流动资产损溢　1 500

【例 6-5】上述库存材料的盘盈，经查系材料收发过程中计量误差累计所致，经批准作冲减管理费用处理。

根据批准的处理意见，作会计分录如下。

借：待处理财产损溢——待处理流动资产损溢　1 500
　　贷：管理费用　1 500

【例 6-6】某企业在财产清查中，发现库存材料盘亏 1 000 元。

在报经批准前，应根据“实存账存对比表”所确定的库存材料盘亏数，作会计分录如下。

借：待处理财产损溢——待处理流动资产损溢　1 000
　　贷：原材料　1 000

【例 6-7】上述库存材料的亏损已查明原因，500 元为定额内合理损耗，200 元为管理不善所造成，300 元为非常损失。经批准做如下处理：定额内损耗列为管理费用；因管理不善造成的损失责成有关过失人赔偿；非常损失列入营业外支出。

根据批准的处理意见，作会计分录如下。

借：管理费用　500
　　其他应收款　200
　　营业外支出　300
　　贷：待处理财产损溢——待处理流动资产损溢　1 000

（三）固定资产清查结果的处理

在固定资产清查过程中发现的盘盈固定资产，经查明属企业所有，应确定固定资产重置价值，并为其开立固定资产卡片。企业盘盈的固定资产，一般是以前年度发生的会计差错，应根据重置价值借记“固定资产”科目，贷记“以前年度损益调整”。在固定资产清查过程中发现的盘亏固定资产，应根据账面净值借记“待处理财产损溢——待处理固定资产损溢”科目，根据已提折旧借记“累计折旧”科目，根据原值贷记“固定资产”科目；经规定程序批准后，应按盘亏固定资产的原价扣除累计折旧、过失人及保险公司赔偿后的差额，借记“营业外支出”科目，同时按过失人及保险公司赔偿额，贷记“其他应收款”科目。

【例 6-8】某企业在财产清查中，发现账外机器一台，其重置价值为 5 000 元（假定与其计税基础不存在差异）。假定企业按净利润的 10%提取法定盈余公积，不考虑相关税费及其他因素的影响。

在报经批准前，应根据“实存账存对比表”所确定的固定资产的盘盈情况，作会计分录如下。

盘盈固定资产时

借：固定资产 5 000

贷：以前年度损益调整 5 000

结转为留存收益时

借：以前年度损益调整 5 000

贷：盈余公积——法定盈余公积 500

利润分配——未分配利润 4 500

【例 6-9】某企业在财产清查中，发现盘亏设备一台，账面原价为 6 000 元，已提折旧 3 000 元。

在报经批准前，应根据“实存账存对比表”所确定的固定资产的盘亏情况，作会计分录如下。

借：待处理财产损溢——待处理固定资产损溢 3 000

累计折旧 3 000

贷：固定资产 6 000

经查盘亏的固定资产是自然灾害造成的。保险公司同意赔偿 2 000 元，其余损失经批准转作营业外支出，作如下会计分录。

借：营业外支出——固定资产盘亏 1 000

其他应收款——保险公司 2 000

贷：待处理财产损溢——待处理固定资产损溢 3 000

（四）债权债务清查结果的处理

对于在清查过程中发现的长期不清的往来款项，也应及时处理。对于其中已查明确实无法收回的应收款项，作为坏账损失。对于确实无法支付的应付账款，经批准后直接作为营业外收入。

【例 6-10】某企业有应收账款 1 000 元确实无法收回，经批准作为坏账处理，会计分录如下。

借：坏账准备 1 000

贷：应收账款 1 000

【例 6-11】某企业有应付账款 2 000 元，查明确实无法支付，经批准转做营业外收入处理，会计分录如下。

借：应付账款 2 000

贷：营业外收入 2 000

如果清查的各种财产的损益，在期末结账前尚未经批准的，在对外提供财务会计报告时应先按规定进行处理，并在会计报表附注中做出说明，如果其后批准处理的金额与已处理的金额不一致，应调整会计报表相关项目的年初数。

习　题

1.【目的】熟悉和掌握“银行存款余额调节表”的编制。

【资料】华夏公司 2017 年 6 月 30 日银行存款日记账余额为 80 000 元，银行对账单上的余额为 82 425 元，经过逐笔核对发现有下列未达账项。

1）企业于 6 月 30 日存入从其他单位收到的转账支票一张计 8 000 元，银行尚未入账。

2）企业于 6 月 30 日开出的转账支票 6 000 元，现金支票 500 元，持票人尚未到银行办理转账和取款手续，银行尚未入账。

3）委托银行代收的外埠货款 4 000 元，银行已经收到入账，但收款通知尚未到达企业。

4）银行受运输机构委托代收运费，已经从企业存款中付出 150 元，但企业尚未接到转账付款通知。

5）银行计算企业的存款利息 75 元，已经记入企业存款户，但企业尚未入账。

【要求】编制“银行存款余额调节表”。

2.【目的】熟悉和掌握固定资产盘亏盘盈的会计处理，存货盘亏盘盈的会计处理。

【资料】某企业年终进行财产清查，在清查中发现下列事项。

1）盘亏水泵一台，原价 5 200 元，账面已提折旧 2 400 元。

2）发现账外机器一台，估计重置价值为 10 000 元。

3）上述盘盈设备调整以前年度损益，按调整损益的 10%计提法定盈余公积；盘亏的固定资产经批准作为营业外支出处理。

4）甲材料账面余额 455 千克，价值 19 110 元，盘存实际存量 445 千克，经查明其中 7 千克为定额损耗，3 千克为日常收发计量差错。

5）乙材料账面余额为 156 千克，价值 3 800 元，盘存实际存量为 151 千克，缺少数为保管人员失职造成的损失。

6）丙材料盘盈 30 千克，每千克 30 元，经查明其中 25 千克为代其他工厂加工剩余材料，该厂未及时提回，其余属于日常收发计量差错。

7）经检查其他应收款，尚有某运输公司欠款 250 元，属于委托该公司运输材料，由于装卸工疏忽造成的损失，已确定由该公司赔偿，但该公司已撤销，无法收回。

【要求】编制公司业务的会计分录。

第七章　会计工作组织

学习内容与要求

本章在学习会计基本原理和方法的基础上，阐述会计工作管理体制的主要内容，阐述会计工作的组织与管理。通过对本章的学习，要求学生了解会计管理的基本模式，正确组织会计工作的意义、应遵循的原则及会计法规体系的构成，熟悉会计机构的设置、会计工作的组织形式，掌握会计人员的职责、权限和对会计人员提出的要求，以及会计职业道德的基本内容等，进而理解把各种会计核算方法付诸实施需要创造的条件，以便在实践中合理安排会计核算的组织和管理工作。

第一节　会计工作管理体制

一、会计工作领导体制

根据《会计法》第七条的规定："国务院财政部门主管全国的会计工作。县级以上地方各级人民政府财政部门管理本行政区域内的会计工作。"这一规定明确了会计工作由财政部门主管，并在管理体制上实行"统一领导，分级管理"的原则。无论在全国范围还是在地方各行政区域范围内，由财政部门管理会计工作，都基于以下 3 个方面的原因。

1）从国家机构设置和权责归属的划分看，新中国一成立就在财政部设立了专门管理会计工作的机构。几十年来，会计工作一直由财政部门主管，在管理会计工作方面积累了一定的经验。

2）从会计工作与经济管理职能的密切程度看，财务会计工作同国家财政收支的关系十分密切，它是确定税基、规范财政收支的重要基础。财政部门主管会计工作，有利于相互结合、相互促进，更好地为财税工作和其他经济工作服务。而审计、税务、金融等主管部门虽然在履行职责中也涉及会计工作，但由于受行业、业务范围的限制，这些部门所涉及的会计单位没有财政部门广泛，只有财政部门才能担负起主管全国会计工作的责任。

3）财政部门管理会计工作，不仅是一种权利，更重要的是一种责任。财政部门的主要任务是组织财政收入，安排财政支出，实行宏观经济调控。应该说，无论从目前还是从今后一段时期来看，财政部门的工作非常艰巨。但财政部门不能因为主要任务是抓财政收支而放松对会计工作的管理。必须看到，财政部门把会计这项基础工作抓好，是维护财经纪律，抓好增收节支，实现财政收支平衡的重要措施；会计秩序混乱，财政制度得不到贯彻，必然会造成财政收入流失、支出失控，最终给财政工作带来不利影响。

财政部门主管会计工作应遵循“统一领导，分级管理”的原则。“统一领导，分级管理”，是划分会计工作管理权责的重要原则，也体现了管理的效率原则。财政部门主管会计工作，主要是在统一规划、统一领导的前提下，实行分级负责、分级管理，充分调动地区、部门、单位管理会计工作的积极性和创造性。无论是在国家财政部门与地方财政部门的关系上，还是在财政部门与有关业务主管部门及企事业单位的关系上，都要适当分工并搞好协调配合，上级对下级、财政部门对各业务主管部门都不能事无巨细一概包揽。具体做法是，国务院财政部门在统一规划、统一领导会计工作的前提下，发挥各级人民政府财政部门和中央各部门管理会计工作的积极性，各级人民政府财政部门和中央各业务主管部门应积极配合国务院财政部门管理好本地区、本部门的会计工作；各级人民政府财政部门根据上级财政部门的规划和要求，结合本地区的实际情况，管理本地区的会计工作，并取得同级其他管理部门的支持和配合。

另外还需说明，对会计工作的管理，除了发挥财政部门的作用外，还要发挥业务主管部门、税务部门、审计部门等的作用。这是因为，会计人员在处理会计事务过程中，不仅要与其他经济组织或个人发生业务关系，还要同各级政府管理部门发生联系，如与业务主管部门的财务收支和结算关系，与税务部门的纳税和纳税检查关系，与审计部门的被审关系，以及会计人员发现重要违法违纪问题向财政部门、业务主管部门、税务、审计部门等报告要求处理的关系等。因此，财政部门在管理会计工作中，应取得各管理部门的支持和配合，业务主管部门和税务审计等部门要根据其职责范围，督促各单位加强会计工作，认真执行法规，配合财政部门管理好会计工作，各单位应主动接受各管理部门的指导和监督。

二、会计制度的制定权限

会计制度是指政府管理部门对处理会计事务所制定的准则、规章、办法等规范性文件的总称，包括对会计工作、会计核算、会计监督、会计人员、会计档案等方面所做出的规范性文件。在社会主义市场经济条件下，发挥市场的主体作用，还必须进行必要的宏观调控，国家在进行宏观调控中，不仅需要各基层单位提供真实、完整的会计资料，也需要各单位的会计工作在处理各种利益关系中维护国家的方针、政策和法律、法规。会计制度既是各单位组织会计管理工作和产生相互可比、口径一致的会计资料和依据，也是国家财经政策在会计工作中的具体体现。因此，会计制度作为法制化经济管理手段的重要组成部分，必须纳入政府部门的管理范围。

《会计法》第八条规定：“国家实行统一的会计制度。国家统一的会计制度由国务院财政部门根据本法制定并公布。国务院有关部门可以依照本法和国家统一的会计制度制定对会计核算和会计监督有特殊要求的行业实施国家统一的会计制度的具体办法或者补充规定，报国务院财政部门审核批准。中国人民解放军总后勤部可以依照本法和国家统一的会计制度制定军队实施国家统一的会计制度的具体办法，报国务院财政部门备案。”这是对国家统一的会计制度权限的规定。

国家统一的会计制度，是国务院财政部门根据《会计法》制定的关于会计核算、会计监督、会计机构和会计人员及会计工作管理的制度、准则和办法等。国家实行统一的会计制度，突出了国家统一的会计制度的法律地位，有利于强化会计制度的统一性和权威性，有利于保障国家统一的会计制度的贯彻实施，是规范会计行为、维护社会经济秩序的重要保证。

三、会计工作的监督体制

会计监督是会计的基本职能之一，是我国经济监督体系的重要组成部分。

市场经济是法制经济，社会主义市场经济同样不能例外，活而有序的社会主义市场经济，要求各单位的经济活动在法律、法规、制度允许的范围内进行。任何违法活动，都是成熟的市场经济国家所不允许的。为了促进有序竞争和有效配置资源，必须实行有效的会计监督，规范会计工作，打击违法行为，保证会计资料的真实可靠，为投资者、债权人、社会公众及政府宏观调控部门提供真实、准确的会计资料，维护社会经济秩序。

实施会计监督必须健全和完善与新形势要求相适应的，包括单位内部监督、社会监督和国家监督在内的“三位一体”的会计监督体系。要突出单位内部会计监督，健全内部控制和内部约束机制，强化单位负责人的会计责任，加强会计人员职业道德纪律的约束；要在加强政府部门对注册会计师及其会计师事务所再监督的基础上，发挥注册会计师及其会计师事务所在维护会计监督中的作用，要发挥社会公众的检举、监督作用；由政府部门行使的国家监督，应当明确主体，权责统一，并不断转变监管职能和监督方式。

（一）单位内部会计监督

单位内部会计监督制度是一个单位为了保护其资产的安全完整，保证其经营活动符合国家法律、法规和内部规章要求，提高经营管理效率，防止舞弊，控制风险等目的，而在单位内部采取的一系列相互联系、相互制约的制度和方法。其本质是一种内部控制制度，或者说是吸收和借鉴了内部控制制度的基本精神和内容。

《会计法》对各单位建立内部会计监督制度问题做了原则性规定：“各单位应当建立、健全本单位内部会计监督制度。”并指出，单位内部会计监督制度应当符合 4 项要求：一是记账人员与经济业务事项和会计事项的审批人员、经办人员、财物保管人员的职责权限应当明确，并相互分离、相互制约；二是重大对外投资、资产处置、资金调度和其他重要经济业务事项的决策和执行的相互监督、相互制约程序应当明确；三是财产清查的范围、期限和组织程序应当明确；四是对会计资料定期进行内部审计的办法和程序应当明确。

在实施内部会计监督中，单位负责人有责任和义务保证内部会计监督制度的建立健全并发挥有效作用；要对本单位的会计工作和会计资料的真实性和完整性负责；要支持、保证会计机构、会计人员依法履行职责，帮助会计人员解决履行职责中遇到的困难和问题，在单位内部为会计人员实行有效监督创造一个良好的环境。在内部会计监督中，会计机构和会计人员有权拒绝办理或纠正违法会计事项，有权监督会计资料和财产物资。单位负责人要以身作则，带头执法，不得干预、阻挠会计机构、会计人员依法履行职责，更不能授意、指使、强令会计机构、会计人员违法办理会计事项。

会计工作是一项涉及面很广的经济管理工作，对会计工作的监督，固然需要单位内部监督、社会监督和国家监督共同发挥作用。但对会计工作的监督仅依靠会计人员、注册会计师和政府有关部门的力量是不够的，必须发挥社会各方面的力量。任何单位和个人都有权检举违法会计行为，这是宪法赋予每个公民的权利和义务。为了使检举人所检举的违法会计行为得以及时处理，维护社会经济和会计秩序，收到检举的部门有权处理的，应当依照有关法律规定和部门的职责分工及时处理；超出该部门职责权限不能处理的，应当及时移送其他有权处理的部门进行处理。为了保护检举人的合法权益，避免因将检举人及检举情况泄露而使被检举人借机打击报复检举人，收到检举的部门、负责处理的部门应当为检举人保密，不得将检举人姓名和检举材料转给被检举单位和被检举人个人。

（二）会计工作的社会监督

社会监督，主要是指社会中介机构，如会计师事务所的注册会计师依法对受托单位的经济活动进行审计，并据实做出客观评价的一种外部监督形式。社会监督以其特有的中介性和公正性而得到法律的认可，具有很强的权威性、公正性。为了加强会计工作的社会监督，保证注册会计师审计工作得以顺利开展，根据有关法律、行政法规规定，凡需经注册会计师进行审计的单位，应当向受托的会计师事务所如实提供会计凭证、会计账簿、财务会计报告和其他会计资料及有关情况。注册会计师承担的职责，要求其必须按照法定规则和职业判断做出客观、公正的审计结论，不受外界的干扰和左右，外界也不应违法干预注册会计师的审计业务。

另外，在不干预注册会计师独立、公正地开展审计业务的前提下，财政部门要根据管理要求，采取重点抽查的方法，对会计师事务所出具审计报告的程序和内容进行监督。

（三）会计工作的国家监督

会计工作的国家监督主要是指政府有关部门依据法律、行政法规的规定和部门的职责权限，对有关单位的会计行为、会计资料进行的监督检查。在社会主义市场经济条件下，加强对各单位会计行为的国家监督，是成熟的市场经济国家的通行做法。

根据《会计法》的规定，财政部门实施会计监督的内容包括 4 项：①是否依法设置会计账簿；②会计凭证、会计账簿、财务会计报告和其他会计资料是否真实、完整；③会计核算是否符合本法和国家统一的会计制度的规定；④从事会计工作的人员是否具备专业能力、遵守职业道德。

在对审计工作的国家监督中，除财政部门的普遍性监督外，其他有关部门按照法律、行政法规的授权和部门的职责分工，从行业管理、履行职责的角度出发，也有对有关单位会计资料实施监督检查的职权：审计机关在对国家机关、国有金融机构、国有企业、事业单位进行审计时，有权检查被审计单位的会计凭证、会计账簿、会计报表及其他与财政收支或财务收支有关的资料和资产，被审计单位不得拒绝；税务机关有权检查纳税人的账簿、记账凭证、报表和有关资料；中国人民银行有权依法对商业银行的存款、贷款、结算、呆账等情况进行监督，商业银行应当按照中国人民银行的要求，提供财务会计资料、业务合同和有关经营管理方面的其他信息；国务院证券监督管理机构依法对证券发行人、上市公司、证券交易所、证券公司的证券业务进行监督管理，依法监督检查证券发行和交易的信息公开情况，有权查阅、复核当事人和与被调查事件有关的单位和个人的证券交易记录、登记过户记录、财务会计资料及其他相关文件和资料。

第二节　会计工作组织概述

一、组织会计工作的意义

会计工作是指运用一整套的会计专门方法，对会计交易事项进行处理的活动。会计工作是一项综合性、政策性较强的管理工作，也是一项严密细致的工作，它是企业经营管理的重要组成部分，同时又与统计业务工作及其他各项管理密切相关。会计工作的好坏，直接影响着各个基层企业生产经营的好坏，也关系到国家的政策、法令、法规能否顺利贯彻执行。因此，为了协调会计工作同其他管理工作的关系，监督财经政策和制度的贯彻执行，加强经济责任制，正确处理各方面的经济关系及协调会计工作内部各环节之间的关系，就要合理、科学地组织会计工作，以便具体实施对会计工作的有效管理。

会计工作组织就是为了适应会计工作的综合性、政策性和严密细致性的特点，对会计机构的设置、会计人员的配备、会计制度的制定与执行等项工作所做的统筹安排。科学地组织会计工作，具有十分重要的意义。

1）正确地组织会计工作，使会计工作按照事先规定的手续和处理程序有条不紊地进行，可以防止错漏或及时纠正发生的错漏，提高会计工作的质量和效率。

2）正确地组织会计工作，可以使会计工作同其他经济管理工作更好地分工协作，相互配合，确保与其他经济管理工作协调一致，共同完成经济管理工作的任务。

3）正确地组织会计工作，可以促使会计单位内部各部门更好地履行自己的经济责任，管好和用好资金，厉行节约，增产增收，提高经济管理水平，讲求最佳经济效益。各事业、机关、团体等单位，虽然其业务性质与企业不同，但也需要实行经济责任制，也需要组织好会计工作，促使各部门少花钱、多办事，努力增收节支。

二、组织会计工作的要求

会计工作的组织，必须符合下列要求。

1）遵守国家的统一规定，是组织和处理会计工作居于首位的要求。为了充分发挥会计的作用，国家对会计工作的重要方面都做了统一的规定，各企业、事业、机关团体等单位必须贯彻执行《会计法》，遵照《企业会计准则》的要求和会计制度的规定，制定本企业、本单位的会计制度，从而保证提供能够为加强国民经济宏观调控所需要的重要指标。

2）根据会计主体经营管理的特点组织会计工作，适应各单位行业特点、规模大小、经营特色，做出切合实际的安排并制定具体实施办法。

3）加强内部控制，实行内部牵制制度。为了保护社会主义财产的安全完整，维护投资人、债权人及其他与企业利害关系人的利益，在组织财务会计工作中，应执行内部控制，建立内部牵制制度。凡经济活动中涉及财物和货币资金的收付、结算及其登记的任何一项工作，都应由两人或两人以上分工掌管，以加强工作人员之间的相互核对，相互牵制，防止差错和作弊行为。

4）协商会计工作与其他经济管理工作的关系。会计工作是一项综合性很强的经济管理工作，与其他经济管理工作有着十分密切的联系。会计工作只有与其他经济管理工作紧密配合，才能完成会计对经济活动的反映和监督，从而顺利地完成会计的任务。

5）在保证工作质量的前提下，尽量节约耗用在会计工作上的时间和费用。会计账、证、表的设计，各种程序、措施的规定，会计机构的设置和会计人员的配备等，都要符合精简节约的原则，既要把工作做好，又要减少人、财、物的耗费。

三、会计工作的组织形式

会计工作的组织形式一般分为集中核算和非集中核算两种。

集中核算就是在厂部一级设置专门的会计机构，把整个企业的主要会计工作都集中在会计部门进行。企业内部各部门对本部门所发生的经济业务不进行全面核算，只填制或取得原始凭证，并对原始凭证进行适当的汇总，定期将原始凭证和汇总原始凭证送交会计部门，由会计部门审核，并据以登记有关账簿。

集中核算组织形式由于核算工作集中，便于会计人员进行分工，便于实行核算工作的现代化，因而简化和加速了核算工作，有利于提高会计工作的效率，减少核算费用，集中掌握和了解各单位生产经营活动情况。但由于这种组织形式的核算工作不是直接在单位内部各部门进行的，因而不便于各部门的领导随时利用核算资料检查本部门的经济活动情况。

非集中核算，又称分散核算，是对企业内部各部门所发生的经济业务，由各级部门设置并登记账簿，进行比较全面的核算。各部门可以单独计算盈亏，编制内部会计报告，定期报送给企业会计部门，以便汇总编制整个企业的会计报表。

非集中核算组织形式可以使各部门经常地利用核算资料来领导和检查本部门的工作，但该组织形式不便于采用合理的凭证整理方法，会计人员的合理分工受到一定的限制，核算工作量较大，核算成本较高。

在实行非集中核算制的情况下，企业所属各部门，特别是业务部门，都由企业核给一定数量的资金，都有一定的业务经营和管理权利，负有完成各项任务的责任，并可按照工作成果取得一定的物质利益。这些部门为了反映和考核各自的经营成果，可以进行比较全面的核算，单独计算盈亏，按期编报各种内部会计报表。但这些部门不能单独与企业外部单位签订交易合同，也不能在银行开设结算户，企业对外部单位发生的债权债务的结算，要统一由企业会计部门负责办理。因此，这些部门通常被称作半独立核算单位。

企业对其内部各部门所发生的经济业务是采取集中核算还是采取非集中核算方式，或两者相互渗透，主要取决于该企业单位的特点及管理要求，要从有利于加强经营管理，加强经济核算的目的进行。

应该说，集中核算与非集中核算是相对的。在一个单位内部，对各个业务部门可以根据管理上的要求，分别采用集中核算或非集中核算形式，集中核算或非集中核算的具体内容和方法也不一定完全相同。但是，无论采取哪一种组织形式，各单位对外的货币资金收付和债权债务结算等，都应由会计部门集中办理。

第三节 会计机构和会计人员

一、会计机构的设置

为了科学合理地组织会计工作，保证本单位正常的经济核算，各单位原则上应设置会计机构。从有效发挥会计职能作用的角度看，实行企业化管理的事业单位，大中型企业（包括集团公司、股份有限公司、有限责任公司等），业务较多的行政单位、社会团体和其他组织应设置会计机构；而对那些规模很小的企业、业务和人员都不多的行政单位等，可以不单独设置会计机构，可以将业务并入其他职能部门，或者进行代理记账。为了提高工作效率，明确岗位责任，考虑到会计工作专业性、政策性强等特点，根据《会计法》的规定，对于不能单独设置会计机构的单位，应当在有关机构中设置会计人员并指定会计主管人员，负责组织管理会计事务、行使会计机构负责人的职权。

随着我国经济的迅速发展，经济组织形式发生了很大变化，民营经济、个体经济得到大力发展。这些经济组织的经营规模较小，人员不多，不可能也没有必要设置专门的会计机构或者配备专职的会计人员。对于这些不具备设置会计机构和会计人员条件的，应当委托经批准设立从事会计代理记账业务的中介机构代理记账。代理记账机构根据委托人的委托和国家统一会计制度的规定，按照委托人提供的原始凭证和其他资料，进行会计核算，编制并定期向政府有关部门和其他会计信息使用者提供财务会计报告，定期向税务机构提供税务资料，办理委托人委托的相关经济业务。

二、总会计师的设置

随着我国社会主义市场经济的发展和国有企业改革的深化，国有企业尤其是国有大中型企业组织形式不断发展变化，在发挥国有经济活力的优化资源配置的前提下，通过改组、改制和改造，有的成了国有独资公司，有的成了国有控股公司，国有企业的组织结构日趋完善，国有企业在我国国民经济中的控制力、影响力也日益增强。国家作为国有企业的投资者，为了有效行使所有者的权利，必须依法加强对国有企业资产管理、财务管理和主要负责人员的监管，完善法人治理结构，发挥会计职能作用，保护所有者权益。鉴于此，国有的和国有资产占控股地位或者主导地位的大中型企业必须设置总会计师。国有大中型企业以外的其他单位可以根据业务需要，视情况自行决定是否设置总会计师。

（一）总会计师的地位和任职条件

总会计师是在单位负责人领导下，主管经济核算和财务会计工作的负责人。

总会计师是单位领导成员，协助单位负责人工作，直接对单位负责人负责。总会计师作为单位财务会计的主要负责人，全面负责本单位的财务会计管理和经济核算，参与本单位的重大经营决策活动，是单位负责人的参谋和助手。

按照《总会计师条例》的规定，担任总会计师，应当具备以下条件：一是坚持社会主义方向，积极为社会主义市场经济建设和改革开放服务；二是坚持原则、廉洁奉公；三是取得会计师专业技术资格后，主管一个单位或者单位内部一个重要方面的财务会计工作的时间不少于 3 年；四是要有较高的理论政策水平，熟悉国家财经纪律、法规、方针和政策，掌握现代化管理的有关知识；五是具备本行业的基本业务知识，熟悉行业情况，有较强的组织领导能力；六是身体健康、胜任本职工作。

（二）总会计师的职责和权限

总会计师的职责主要包括两个方面：一是由总会计师负责组织的工作，包括组织编制和执行预算、财务收支计划、信贷计划，拟订资金筹措和使用方案，开辟财源，有效地使用资金；建立健全经济核算制度，强化成本管理，进行经济活动分析，精打细算，提高经济效益；负责本单位财务会计机构的设置和会计人员的配备，组织对会计人员进行业务培训和考核；支持会计人员依法行使职权等。二是由总会计师协助、参与的工作，主要有协助单位负责人对本单位的生产经营和业务管理等问题做出决策；参与新产品开发、技术改造、科学研究、商品（劳务）价格和工资、奖金方案的制订；参与重大经济合同和经济协议的研究、审查。

总会计师有以下权限：一是对违法违纪问题的制止和纠正权，即对违反国家财经纪律、法规、方针、政策、制度和有可能在经济上造成损失、浪费的行为，有权制止和纠正；制止或者纠正无效时，提请单位负责人处理。二是建立、健全单位经济核算的组织指挥权。三是对单位财务收支具有审批签署权。四是有对本单位会计人员的管理权，包括本单位会计机构设置、会计人员配备、继续教育、考核、奖惩等。

三、会计机构内部稽核制度和内部牵制制度

（一）会计机构内部稽核制度

稽核即稽查和复核。内部稽核制度是内部控制制度的重要组成部分。会计稽核是会计机构本身对于会计核算工作进行的一种自我检查或审核工作。建立会计机构内部稽核制度的目的在于防止会计核算工作上的差错和有关人员的舞弊，是规范会计行为，提高会计信息质量的重要保证。

会计机构内部稽核制度的基本内容包括稽核工作的组织形式和具体分工；稽

核工作的职责、权限；审核会计凭证和复核会计账簿、会计报表等。从会计工作实际情况看，会计机构内部稽核工作一般包括以下主要内容：①审核财务、成本、费用等计划指标项目是否齐全，编制依据是否可靠，有关计算是否正确，各项计划指标是否互相衔接等。对审核结果提出建议和意见，以便修改和完善计划与预算；②审核实际发生的经济业务或财务收支是否符合现行法律、法规、规章制度的规定。对审计中发现的问题，及时予以制止或者纠正；③审核会计凭证、会计账簿、财务会计报告和其他会计资料内容是否真实、完整，计算是否正确，手续是否齐全，是否符合有关法律、法规、规章制度的规定；④审计各项财产物资的增减变动和结存情况，并与账面记录进行核对，确定账实是否相符。账实不符时，应查明原因，并提出改进措施。

内部稽核制度不同于内部审计制度，前者是会计机构内部的一种工作制度，而后者是单位在会计机构之外另行设置的内部审计机构或者审计人员对会计工作进行再检查的一种制度。

（二）内部牵制制度

内部牵制制度，也称账款分管制度，是内部控制制度的重要组成部分。内部控制制度是指凡涉及款项和财物收付、结算及登记的任何一项工作，必须由两人或两人以上分工办理，以起到相互制约作用的一种工作制度。例如，在支付现金和银行存款时，应由会计主管人员或其授权的代理人审核、批准，出纳人员付款，记账人员记账；单位购入材料物资，应由采购人员办理采购、报账手续，仓库人员验收入库，记账人员登记入账；发出材料时，应经使用单位领导批准，经办人员领用，仓库人员发料，记账人员记账；单位发放工资时，应由工资核算人员编制工资单，出纳人员向银行提取现金和发放工资，记账人员记账等。

实行内部牵制制度，主要是为了加强会计人员之间相互制约、相互监督、相互核对，提高会计核算工作质量，防止会计事务处理中发生失误和差错及营私舞弊等行为。

四、会计人员应具备的专业能力

《会计法》规定，会计人员应当具备从事会计工作所需要的专业能力。

《会计法》规定了会计人员不得再从事会计工作的情形：因有提供虚假财务会计报告，做假账，隐匿或者故意销毁会计凭证、会计账簿、财务会计报告，贪污，挪用公款，职务侵占等与会计职务的有关违法行为被依法追究刑事责任的人员，不得再从事会计工作。

《会计法》还规定了会计人员五年内不得再从事会计工作的情形：①伪造、变造会计凭证、会计账簿，编制虚假财务会计报告，构成犯罪的，依法追究刑事责任。有前款行为，尚不构成犯罪的，由县级以上人民政府财政部门予以通报，可以对单位并处五千元以上十万元以下的罚款；对其直接负责的主管人员和其他直接责任人员，可以处三千元以上五万元以下的罚款；属于国家工作人员的，还应当由其所在单位或者有关单位依法给予撤职直至开除的行政处分；其中的会计人员，五年内不得从事会计工作。②隐匿或者故意销毁依法应当保存的会计凭证、会计账簿、财务会计报告，构成犯罪的，依法追究刑事责任。有前款行为，尚不构成犯罪的，由县级以上人民政府财政部门予以通报，可以对单位并处五千元以上十万元以下的罚款；对其直接负责的主管人员和其他直接责任人员，可以处三千元以上五万元以下的罚款；属于国家工作人员的，还应当由其所在单位或者有关单位依法给予撤职直至开除的行政处分；其中的会计人员，五年内不得从事会计工作。

五、会计机构负责人（会计主管人员）的任职资格

会计机构负责人（会计主管人员），是在一个单位内具体负责会计工作的中层领导人员。在单位负责人的领导下，会计机构负责人（会计主管人员）负有组织、管理本单位所有会计工作的责任，其工作水平的高低、质量的好坏，直接关系到整个单位会计工作的水平和质量。如果会计机构负责人（会计主管人员）的政治素质好、业务水平高，具有较强的组织领导能力，不仅对领导和组织本单位的会计工作十分有利，而且对加强经营管理等也十分有益。可以说，会计机构负责人（会计主管人员）任用是否得当，对一个单位会计工作的好坏关系重大，对能否保证国家的财经政策在一个单位正确得以贯彻执行关系重大，对能否有效地维护广大投资者、债权人等的合法权益关系重大。因此，《会计法》规定，担任会计机构负责人（会计主管人员）的，应当具备会计师以上专业技术职务资格或者从事会计工作三年以上经历。概括起来，会计机构负责人（会计主管人员）的任职资格和条件应当包括以下主要内容。

（一）政治素质

会计机构负责人（会计主管人员）必须具备较好的政治素质，即遵纪守法，廉洁奉公，具备良好的职业道德。财务会计工作是经济工作的基础，国家的许多法律、法规，尤其是财经方面的法律、法规的贯彻执行，都要通过会计工作来体现，会计人员，特别是会计机构负责人如不能遵纪守法，必将给国家造成经济损失。会计工作直接处理经济业务，经济上的问题必然会在会计处理中反映出来，不能坚持原则，就不能大胆地去维护国家的财经纪律，不可能大胆地坚持单位的规章制度，就不会去纠正违反财经纪律和财务会计制度的行为。会计工作时时要与“钱”“物”打交道，没有廉洁奉公的品质和良好的职业道德，就可能经不住“金钱”的诱惑，甚至还可能犯下通同作弊的错误，走上犯罪的道路。

（二）专业技术资格条件

会计工作具有很强的专业技术，要求会计人员必须具备必要的专业知识和专业技能。对会计机构负责人或会计主管人员来说，要全面组织和负责一个单位的会计工作，对其专业技术方面的要求也就更加必要。从目前来讲，考核和确认会计人员的专业知识和业务技能，主要是通过设置会计专业职务和会计专业技术资格考试来进行。

1. 会计专业职务的种类

根据《会计专业职务试行条例》的规定，会计专业职务分为高级会计师、会计师、助理会计师、会计员。高级会计师为高级职务，会计师为中级职务，助理会计师和会计员为初级职务。

2. 会计专业职务任职条件及其基本职责

《会计专业职务试行条例》对不同级别会计专业职务的任职条件（区分专业技能、工作能力、学历、工作经历等）及基本职责等作了明确规定。

例如，担任会计师的基本条件是，较系统地掌握财务会计基础理论和专业知识；掌握并能正确贯彻执行有关的财经方针、政策和财务会计法规、制度；具有一定的财务会计工作经验，能担负一个单位或管理一个地区、一个部门、一个系统某个方面的财务会计工作；取得博士学位并具有履行会计师职责能力，或者取得硕士学位并担任助理会计师职务二年左右，或者取得第二学士学位或研究生结业证书并担任助理会计师职务二至三年，或者大学本科或大学专科毕业并担任助理会计师职务四年以上；掌握一门外语。

会计师的基本职责是，负责草拟比较重要的财务会计制度、规定、办法，解释、解答财务会计法规、制度中的重要问题；分析检查财务收支和预算的执行情况；培养初级会计人才。

3. 会计专业技术资格考试

会计专业技术资格考试是一种通过实行全国统一考试确认担任会计专业职务任职资格的制度。该考试级别分初级会计资格和中级会计资格两个档次，初级资格考试科目包括初级会计实务和经济法基础；中级资格考试科目包括中级会计实务、财务管理和经济法。自 1992 年以来实行的会计专业技术资格考试制度，对于建立科学、合理、公正的会计人才评价和选拔机制，调动广大会计人员学习专业知识的积极性，提高会计人员素质，加强会计工作等，都发挥了十分重要的作用。

（三）工作经历

会计工作的专业性、技术性强的特点，要求作为会计机构负责人（会计主管人员）必须具有一定的实践经验。关于会计机构负责人（会计主管人员）工作经历的要求，《会计法》规定的从事会计工作三年以上经历，是对会计机构负责人（会计主管人员）的最低要求。

（四）政策业务水平

作为会计机构负责人（会计主管人员），在政策业务水平上，要熟悉国家财经法律、法规、规章制度，掌握财务会计理论及本行业业务的管理知识。

首先，市场经济是法制经济。在市场经济中，任何单位的经济业务都要直接或间接地受到有关法律、规章制度的影响。从事财务会计工作，尤其是作为会计机构的负责人（会计主管人员），必须熟悉和掌握国家有关的法律、法规、规章制度，否则，非但不能很好地完成本职工作，还会使单位的经营管理工作走入法律的“误区”，给单位和个人带来不必要的损失。

其次，会计工作又是技术性很强的工作。随着我国社会主义市场经济制度的建立，经济改革和对外开放不断深入，经济生活中提出了许多过去不曾遇到过的新问题，会计也面临着许多全新的课题，会计理论、会计知识都以前所未有的速度更新。作为一个单位会计工作具体组织领导者的会计机构负责人（会计主管人员），如果没有过硬的会计理论知识和专业水平，将很难适应会计工作发展的需要和做好本职工作的要求。

（五）组织能力

作为会计机构的负责人（会计主管人员），不仅应要求自己是会计工作的行家里手，更重要的是要领导和组织好本单位的会计工作，因此要求其必须具备一定的领导才能和组织能力，包括协调能力、综合分析能力等。

（六）身体条件

会计工作劳动强度大、技术难度高，作为会计机构负责人（会计主管人员），必须有较好的身体状况，以适应和胜任本职工作。

六、会计人员培训与教育

前已述及，会计人员作为特殊从业人员，既要有良好的业务素质，也要有较强的政策观念和职业道德水平。在我国目前会计学历教育还不十分发达、会计人员业务素质较低、法制观念不强的情况下，应当借助必要的外部力量，促进各地区、各部门、各单位重视和加强会计人员职业道德水平和业务培训，督促会计人员提高政治和业务素质。对此，《会计法》《会计基础工作规范》《会计人员继续教育暂行规定》都分别对会计人员职业道德规范和会计人员继续教育问题做出了规定。

（一）会计人员职业道德

按照《会计基础工作规范》的规定，会计人员职业道德的内容主要包括以下几个方面。①敬业爱岗。热爱本职工作是做好一切工作的出发点，只有这样，才会勤奋、努力钻研业务技术，使自己的知识和技能适应会计工作的要求。②熟悉法规。会计工作不只是单纯的记账、算账、报账工作，它时时、事事、处处涉及执法守规方面的问题。会计人员应当熟悉财经法律、法规和国家统一的会计制度，做到自己在处理各项经济业务时知法依法、知章循章，依法把关守口，同时还要进行法规的宣传，提高法制观念。③依法办事。会计人员必须依法办事，树立自己的职业形象和人格尊严，敢于抵制歪风邪气，同一切违法乱纪的行为做斗争。④客观公正。会计人员在办理会计事务中，应当实事求是、客观公正，这是一种工作态度，也是会计人员追求的一种境界。做好会计工作，不仅要有过硬的技术本领，也同样需要实事求是的精神和客观公正的态度。⑤搞好服务。会计工作的特点决定了会计人员应当熟悉本单位的生产经营和业务管理情况，会计人员要积极运用所掌握的会计信息和会计方法，为改善单位的内部管理、提高经济效益服务。⑥保守秘密。会计人员由于其工作性质的原因，有机会了解本单位的财务状况和生产经营情况，有可能了解或者掌握重要商业机密，因此，会计人员应当确立泄露商业秘密为大忌的观念，保守本单位的商业秘密，除法律规定和单位负责人同意外，不能私自向外界提供或者泄露单位的会计信息。

在明确会计人员职业道德规范的基础上，财政部门、业务主管部门和各单位还要加强对会计人员职业道德的监督和检查工作，通过正反典型案例的宣传，帮助会计人员提高职业道德水平，逐步树立遵守职业道德的良好风尚。

（二）会计人员继续教育

为了规范会计专业技术人员继续教育，保障会计专业技术人员合法权益，不断提高会计专业技术人员素质，国家机关、企业、事业单位以及社会团体等组织（以下称单位）具有会计专业技术资格的人员，或不具有会计专业技术资格但从事会计工作的人员（以下简称会计专业技术人员）都要参加继续教育。

最新《会计专业技术人员继续教育规定》由财政部、人力资源和社会保障部印发，自 2018 年 7 月 1 日起施行。规定明确，具有会计专业技术资格的人员应当自取得会计专业技术资格的次年开始参加继续教育，并在规定时间内取得规定学分。不具有会计专业技术资格但从事会计工作的人员应当自从事会计工作的次年开始参加继续教育，并在规定时间内取得规定学分。

会计专业技术人员继续教育内容包括公需科目和专业科目。公需科目包括专业技术人员应当普遍掌握的法律法规、政策理论、职业道德、技术信息等基本知识，专业科目包括会计专业技术人员从事会计工作应当掌握的财务会计、管理会计、财务管理、内部控制与风险管理、会计信息化、会计职业道德、财税金融、会计法律法规等相关专业知识。

会计专业技术人员参加继续教育实行学分制管理，每年参加继续教育取得的学分不少于 90 学分。其中，专业科目一般不少于总学分的三分之二。会计专业技术人员参加继续教育取得的学分，在全国范围内当年度有效，不得结转以后年度。

七、会计人员工作交接

会计人员工作交接，是会计工作中的一项重要内容。会计人员调动工作或者离职时，与接管人员办清交接手续，是会计人员应尽的职责，也是做好会计工作的要求。做好会计交接工作，是保证会计工作连续进行的必要措施；可以防止因会计人员的更换出现账目不清、财务混乱等现象；也是分清移交人员和接管人员责任的有效措施。

（一）需办理交接的情况

根据《会计法》和《会计基础工作规范》的规定，下列情况需要办理交接。

1）临时离职或因病不能工作、需要接替或代理的，会计机构负责人（会计主管人员）或单位负责人必须指定专人接替或者代理，并办理会计工作交接手续。

2）临时离职或因病不能工作的会计人员，恢复工作时，应当与接替、代理人员办理交接手续。

3）移交人员因病或其他特殊原因不能亲自办理移交手续的，经单位负责人批准，可由移交人委托他人代办交接，但委托人应当对所移交的会计凭证、会计账簿、财务会计报告和其他有关资料的真实性、完整性承担法律责任。

（二）会计工作交接程序

1）办理会计工作交接前的各项准备工作。具体包括：①已经受理的经济业务尚未填制会计凭证的应当填制完毕；②尚未登记的账目应当登记完毕，结出余额，并在最后一笔余额后加盖经办人印章；③整理好应该移交的各项资料，对未了事项和遗留问题要写出书面材料；④编制移交清册，列明应该移交的会计凭证、会计账簿、财务会计报告、公章、现金、有价证券、支票簿、发票、文件、其他会计资料和物品等内容；实行会计电算化的单位，从事该项工作的移交人员应在移交清册上列明会计软件及密码、会计软件数据盘、磁带等内容；⑤会计机构负责人（会计主管人员）移交时，应将财务会计工作、重大财务收支问题和会计人员的情况等向接替人员介绍清楚。

2）实施移交点收。移交人员离职前，必须将本人经管的会计工作，在规定期限内全部向接管人员移交清楚。接管人员应按照移交清册认真逐项点收，具体要求：①根据会计账簿记录余额，对现金进行当面点交，不得短缺。接替人员发现不一致或“白条抵库”现象时，移交人员必须在规定期限内负责查清处理；②有价证券的数量要与会计账簿记录一致。有价证券面额与发行价不一致时，按照会计账簿余额交接；③会计凭证、会计账簿、财务会计报告和其他会计资料必须完整无缺，不得遗漏。如有短缺，必须查清原因，并在移交清册中说明，由移交人负责；④银行存款账户余额要与银行对账单核对相符，如有未达账项，应编制“银行存款余额调节表”并调节相符；各种财产物资和债权债务的明细账户余额，要与总账有关账户的余额相对相符；对重要实物要实地盘点，对余额较大的往来账户要与往来单位、个人核对；⑤公章、收据、空白支票、发票、科目印章及其他物品等必须交接清楚；⑥实行会计电算化的单位，交接双方应在电子计算机上对有关数据进行实际操作，确认数字正确无误后，方可交接。

3）专人负责监交。为了明确责任，会计人员办理工作交接时，必须有专人负责监交。通过监交，保证双方都按照国家有关规定认真办理交接手续，保证会计工作不因人员变动而受影响，保证交接双方处在平等的法律地位上享有权利和承担义务。移交清册应当经过监交人员审查和签名、盖章，作为交接双方明确责任的证件。对监交的具体要求：①一般会计人员办理交接手续，由会计机构负责人（会计主管人员）监交；②会计机构负责人（会计主管人员）办理交接手续，由单位负责人监交，必要时主管单位可以派人会同监交。需由主管单位监交或者主管单位认为需要参与监交的通常有 3 种情况：一是所属单位负责人因单位撤并等原因不能监交，需要由主管单位派人代表主管单位监交；二是所属单位负责人有意拖延而不能尽快监交，需要由主管单位派人监督监交；三是不宜由所属单位负责人单独监交，而需要主管单位会同监交。

4）会计交接后的有关事宜。会计工作交接完毕后，交接双方和监交人员在移交清册上签名或盖章，并应在移交清册上注明单位名称、交接日期、交接人和监交人、移交清册页数及需要说明的问题和意见等。接管人员应继续使用移交前的账簿，不得擅自另立账簿，以保证会计记录前后衔接，内容完整。移交清册一般应填制一式三份，交接双方各执一份，存档一份。

第四节　会计职业道德

一、会计职业道德的含义

会计职业，顾名思义，是指会计工作或会计活动，包括 3 个方面：第一，各种类型的会计师事务所从事的会计工作；第二，公司（营利性组织）内部的会计工作；第三，政府及非营利组织内部的会计工作。道德是指一定社会调节人际关系的行为规范的总和。道德的本质是由一定社会的经济基础所决定的社会意识形态，属于上层建筑的范畴。道德具有历史的继承性、广泛的社会性和自律性。职业道德是指人们在职业生活中应遵循的基本道德，即一般社会道德在职业生活中的具体体现，是职业品德、职业纪律、专业胜任能力及职业责任等的总称，属于自律范畴，它通过公约、守则等对职业生活中的某些方面进行规范。职业道德既是本行业人员在职业活动中的行为规范，又是行业对社会所负的道德责任和义务。不同职业的人员在特定的职业活动中形成了特殊的职业关系、职业利益、职业活动范围和方式，由此形成了不同职业人员的道德规范。职业道德具有职业性、实践性和继承性。会计职业道德是指会计职业活动中应遵循的、体现会计职业特征的、调整会计职业关系的职业行为准则和规范。会计职业道德作为意识形态范畴其影响因素是多方面的，如民族文化、传统习俗、价值标准等，因此会计职业道德规范的作用也是其他会计规范所不能取代的。会计职业道德贯穿会计工作所有领域和整个过程，其作用力无所不在、无时不在。会计职业道德同其他职业道德一样，其基本要求是忠于职守，所有从事会计工作的人员在其会计岗位上，应当恪守职业道德，履行自身所承担的工作职责，完成会计工作所应完成的各项任务。

会计职业道德是一种非强制性的规范，与会计法律等强制性规范不同，它是依靠会计人员乃至全体国民的信念、习俗、传统、教育和素质的力量来维持的，是依靠会计职业界自身及社会舆论来实行监督的。与此同时，会计职业道德又具有一定程度的强制性，是旨在维护社会经济秩序的职业规范，而不是仅仅去追求内在精神世界的高尚和完善。在我国有很多会计职业道德的内容直接纳入了法律规范，如《会计法》中明确规定：“会计人员应当遵守职业道德，提高业务素质”。会计人员在其工作过程中，会计职业道德规范和其他会计规范相互补充、相互联系，共同构成会计规范体系，规范着会计工作。我国的会计工作历史悠久，会计职业道德源远流长，但对会计职业道德的研究却远未达到同会计法律相适应的程度，因此在一定程度上影响着会计人员的工作及其质量。所以，加强会计职业道德的研究和对会计人员进行会计职业道德的教育，对发挥会计的作用，保证会计工作的质量特别是保证会计信息的质量都具有现实的意义，会计职业道德是对会计法律制度的重要补充，是规范会计行为的基础，是实现会计目标的重要保证，也是提高会计人员素质的内在要求。

二、会计职业道德的基本内容

会计职业道德的基本内容是对会计人员有关职业道德方面所提出的具体要求。关于会计人员的职业道德，应该说在不同的历史时期，其内涵有所不同。财政部会计司原司长魏克发在 20 世纪 80 年代曾提出“顾大局、讲效益、求实际、遵法纪、身廉正”作为会计职业道德的一般规范。为了适应经济发展的需要，我国财政部在 1996 年 6 月发布的《会计基础工作规范》中对会计职业道德规范作了具体的规定。在新的历史时期，根据我国会计工作、会计人员的实际情况，结合《公民道德建设实施纲要》和国际上会计职业道德的一般要求，我国财政部前任部长项怀诚同志在其所著的《会计职业道德》一书中将我国会计职业道德规范的主要内容归纳为以下几个方面。

（一）爱岗敬业

爱岗就是会计人员应热爱本职工作，安心本职岗位，并为做好本职工作尽心尽力、尽职尽责；敬业就是会计人员对其所从事的会计职业或行业的正确认识和恭敬态度，并用这种严肃恭敬的态度认真地对待本职工作，将身心与本职工作融为一体。爱岗和敬业相互支持，相辅相成，爱岗是敬业的基础，敬业是爱岗的升华。爱岗敬业应做到，正确认识会计职业，树立爱岗敬业精神；热爱会计工作，敬重会计职业，安心会计工作，任劳任怨，严肃认真，一丝不苟，忠于职守，尽职尽责。

（二）诚实守信

诚实是指言行与内心思想一致，不弄虚作假、不欺上瞒下，做老实人、说老实话、办老实事；守信就是遵守自己所做出的承诺，讲信用，重信用，信守诺言，保守秘密。朱镕基同志提出的“诚信为本，操守为重，坚持准则，不做假账”实际上就是对会计人员诚实守信的基本要求。诚实守信应做到：做老实人，说老实话，办老实事，不搞虚假；保密守信，不为利益所诱惑；执业谨慎，信誉至上。

（三）廉洁自律

廉洁就是不收受贿赂、不贪污钱财；自律就是自律主体按照一定的标准，自己约束自己、自己控制自己的言行和思想的过程，其核心是用道德观念自觉地抵制自己的不良欲望，包括会计人员自律和行业自律。廉洁自律应做到，树立正确的人生观和价值观；公私分明，不贪不占；遵纪守纪，尽职尽责。

（四）客观公正

客观是指以客观事实为依据，真实地记录和反映实际经济业务事项，会计核算要准确、记录要可靠、凭证要合法；公正就是公平正直，一是国家统一的会计制度要公正；二是执行会计准则、制度的人，即公司、企业单位管理层和会计人员不仅应当具备诚实的品质，而且应公正地开展会计核算和会计监督工作。客观是公正的基础，公正是客观的反映。客观公正应做到，端正态度，依法办事，实事求是，不偏不倚。

（五）坚持准则

坚持准则就是要求会计人员在处理日常业务的过程中，要严格按照会计法律制度办事，不为主观或他人意志所左右。这里的准则不仅指会计准则，而且包括会计法律、国家统一的会计制度及与会计工作相关的法律制度。坚持准则应做到，熟悉准则，遵循准则，执行准则。

（六）提高技能

提高技能就是要求会计人员提高职业技能和专业胜任能力，以适应工作的需要。这里的职业技能是人们进行职业活动、承担职业责任的能力和手段。对会计职业而言，它包括会计理论水平、会计实务能力、职业判断能力、提供会计信息的能力、自动更新知识能力、沟通交流能力及职业经验。提高技能应做到，具有不断提高会计专业技能的意识和愿望；具有勤学苦练的精神和科学的学习方法。

（七）参与管理

参与管理就是间接参加管理活动，为管理者当参谋，为管理活动服务。会计的管理是以商品价值运动为管理对象，以货币计量为主要形式，以核算、监督为基本职能，通过收集、处理和利用经济信息，对经济运行过程进行组织、调节和指导工作，促使人们权衡利弊，比较得失，讲求经济效益。参与管理应做到，努力钻研业务，熟悉财经法规和相关制度，提高业务技能，为参与管理打下坚实的基础；熟悉服务对象的经营活动和业务流程，使参与管理的决策更具针对性和有效性。

（八）强化服务

强化服务就是要求会计人员应具有文明的服务态度、强烈的服务意识和优良的服务素质。强化服务应做到，强化服务意识，提高服务质量。

会计职业道德规范的内容与会计职业活动有着紧密的联系，随着社会经济的不断发展，会计职业活动的内容也不断丰富，社会对会计工作的职业技能的要求也越来越高，会计职业道德规范的内容也在扬弃中不断地丰富和发展。在这个漫长的过程中，某些会计职业道德的内容被提升为会计法律制度的内容，而有的会计职业道德的内容由于不合时宜而被淘汰。

会计行为的规范化不仅要以会计法律、法规作保障，还要依赖会计人员的道德信念、道德品质来实现。可以说，要从根本上治理假账问题，规范会计行为，就必须把依法治理与以德治理紧密结合起来。会计职业道德准则只有转化为人们的内在信念和内在品质，才能使会计行为在正确的轨道上运行。这就要求在规范会计行为、维护社会主义市场经济秩序中，既要坚持不懈地加强会计法制建设，依法规范会计行为，又要坚持不懈地加强会计职业道德建设，以德治理会计行为。为了充分发挥会计职业道德的作用，健全会计职业道德体系，应在建立会计职业道德规范和加强职业道德教育的基础上，强化对会计人员职业道德规范遵循情况的检查，并根据检查的结果进行相应的表彰和惩罚，建立起会计职业道德的奖惩机制。如果会计人员违反了上述职业道德的要求，将会受到相应的处罚。对此，《会计基础工作规范》中明确规定，由财政部门、业务主管部门和各单位定期检查会计人员遵守职业道德的情况，并将此作为会计人员晋升、晋级、聘任专业职务、表彰奖励的重要依据。如果会计人员违反了职业道德的要求，将由其所在单位给予处罚；情节严重的，还要由会计证的发证机关吊销其会计证。

三、会计职业道德与经济发展

会计是一个反映经济活动的信息系统，这个系统的正常运行对社会经济的发展特别是市场经济发展的促进作用是人所共知的，应该说这一点从复式记账理论产生之后就已经表现出来了。而实际上，会计这个信息系统对经济环境的作用存在着两种可能性：科学、良好、能适应经济环境发展要求的会计系统，会促进经济健康、稳定、有序发展；而混乱的会计系统在一定程度上必定妨碍经济的发展，助长经济发展的无序化状态。而会计人员职业道德的建设无疑是会计系统正常建立的一个关键因素。

“经济越发展，会计越重要。”这样一句简单的话表达了会计与经济发展之间的密切关系。我国从 20 世纪 80 年代开始打破传统的计划经济体制，着手建立市场经济体制，在新旧体制转换时期，传统的会计理论和方法已不能适应新经济体制的要求，亟须建立全新的会计理论和会计方法，以适应经济发展的需要。在新的会计理论和方法尚未完全构建完成之前，遇到的一个非常大的问题就是会计信息失真。由于会计人员是会计信息加工、生成和传递的直接承担者，因此，他们对会计信息失真应当负有直接的责任。当然，这也不否认不健康的外部经济环境对会计信息失真应承担的责任。正因为会计信息失真是由多方面的原因造成的，所以说治理会计信息失真是一个庞大的系统工程，需要各个方面的有效配合，如重塑良好的外部经济环境、建立约束企业家行为的有效机制、建立国有资产管理体制等。但会计人员毕竟是这个失真现象中的主体，应该从其自身寻找原因，特别是从会计职业道德出发，对自身提出更严格的要求；会计人员应从做人的品格出发，尽最大可能保证会计信息客观、可靠。会计职业道德中极为重要的内容就是实事求是，不弄虚作假，把国家利益、企业利益和社会公众利益的全面维护作为工作的最高要求。

第五节　会 计 法 规

一、会计法规体系

会计法规是国家和地方立法机关及中央、地方各级政府和行政部门制定颁布的有关会计方面的法律、法规、准则和制度等。会计法规以一定的会计理论为基础，根据国家的财经方针、政策，将会计工作所应遵循的各项原则和方法用法规的形式肯定下来。会计法规是以会计为对象的约定俗成或明文规定的标准、法式，它既是人们对长期会计工作实践评价会计质量标准的历史总结，又是对当前会计工作进行约束和检验的现行标准，也是未来会计法规不断完善的基础。

会计法规体系是指由调整会计活动中所发生的社会关系的各种法律规范所形成的有机联系的统一整体。会计法规按其内容不同所做的分类，构成了会计法规体系，包括会计法律、会计行政法规、会计部门规章和地方性会计法规 4 个部分。

建立和完善适应社会主义市场经济需要的会计法规体系，对于充分发挥会计的应有职能，保证其按照一定的目标进行，更好地完成会计工作的任务，推动社会主义市场经济的发展等方面都具有十分重要的意义。

二、会计法律

会计法律是指由国家最高权力机关——全国人民代表大会及其常务委员会制定的会计法律规范。在会计领域中，《会计法》属于国家法律层次。它是会计法规体系中权威性最高、最具法律效力的法律规范，是制定其他各层次会计法规的依据，是会计工作的基本法。

现行的《会计法》是 1985 年 1 月 21 日第六届全国人民代表大会常务委员会第九次会议通过、根据 1993 年 12 月 29 日第八届全国人民代表大会常务委员会第五次会议《关于修改〈中华人民共和国会计法〉的决定》修正、1999 年 10 月 31 日第九届全国人民代表大会常务委员会第十二次会议修订，2017 年 11 月 4 日第十二届全国人民代表大会常务委员会第三十次会议修正，主要对会计核算、会计监督、会计机构和会计人员、法律责任等做出了规定，新修订的会计法自 2018 年 1 月 1 日起施行。

会计法是适应经济管理需要和经济体制改革要求的一项重要经济立法，是新中国成立以来会计工作经验和会计理论研究成果的集中体现，是会计工作的准绳、依据和总章程。制定和修订会计法，对加强会计工作，保障会计人员依法行使职权，充分发挥会计在经济管理中的作用具有十分重要的意义。

我国目前有两部会计法律，除了《会计法》，另一部是《中华人民共和国注册会计师法》，它是规范注册会计师及其职业行为规范的最高准则。

三、会计行政法规

会计行政法规是指由国家最高行政机关——国务院制定的会计法律规范。会计行政法规根据会计法律制定，是对会计法律的具体化或某个方面的补充。

在我国现行的会计法规中，属于会计行政法规的有《企业财务会计报告条例》《总会计师条例》《国家统一会计准则体系》等。

（一）《企业财务会计报告条例》

《企业财务会计报告条例》是国务院于2000年6月21日发布的，自2001年1月1日起施行。它共分为六章四十六条，主要对企业财务会计报告的构成、编制、对外提供和法律责任等做出了规定。

（二）《总会计师条例》

《总会计师条例》由国务院发布于1990年12月31日，共分为五章二十三条。该条例主要对总会计师的职责、总会计师的权限、任免与奖惩等做出了规定。

（三）国家统一的会计核算制度

国家统一的会计核算制度主要包括会计准则和会计制度。

1. 会计准则

会计准则是反应经济活动、确认产权关系和进行收益分配的会计技术标准，是生成和提供会计信息的系统，是政府干预经济活动、规范经济秩序和从事经济管理的重要手段。我国已颁布的会计准则有《企业会计准则》《小企业会计准则》《事业单位会计准则》《政府会计准则》。

（1）企业会计准则

我国的企业会计准则体系包括基本准则、具体准则、应用指南和解释公告等。2006年2月15日，财政部发布《企业会计准则》，自2007年1月1日在上市公司范围内施行，并鼓励其他企业执行，之后财政部于2014年和2017年又对会计准则体系进行了修订和补充完善。其中，基本准则主要内容有财务会计报告的目标、会计基本假设、会计基础、会计信息质量要求、财务会计报告等。具体准则是根据基本准则的要求，主要就各项具体业务事项的确认、计量和报告做出的规定，分为一般业务准则、特殊业务准则和报告类准则。企业会计准则应用指南是根据基本准则、具体准则规定的，用以指导会计实务的操作性指南，是对具体准则相关条款的细化和对有关重点难点问题提供操作性规定。企业会计准则解释，主要针对企业会计准则实施中遇到的问题做出的相关解释。

（2）小企业会计准则

2011 年 10 月 18 日，财政部发布《小企业会计准则》，要求符合适用条件的小企业自 2013 年 1 月 1 日起执行，并鼓励提前执行。《小企业会计准则》一般适用于在我国境内依法设立、经济规模较小的企业，具体标准参见《小企业会计准则》和《中小企业划型标准规定》。

（3）事业单位会计准则

2012 年 12 月 5 日，财政部修订发布了《事业单位会计准则》，自 2013 年 1 月 1 日施行。该准则对我国事业单位的会计工作予以规范，共九章，包括总则、会计信息质量要求、资产、负债、净资产、收入、费用、支出或者费用、财务会计报告和附则等。

（4）政府会计准则

我国的政府会计准则体系由政府会计基本准则、具体准则和应用指南三个部分组成。2015 年 10 月 23 日，财政部发布了《政府会计准则——基本准则》，自 2017 年 1 月 1 日起，在各级政府部门、各部门、各单位施行。

2. 会计制度

（1）企业会计制度

企业会计制度是直接指导各个企业办理会计业务、实施会计核算的重要规范，是从事生产经营业务并以盈利为目的的企业法人进行会计核算的规范。

2000 年 12 月 29 日，财政部以财会[2000]25 号文的形式发布了《关于印发〈企业会计制度〉的通知》，正式颁发了《企业会计制度》，它是一套跨行业、跨经济成分的统一的、通用的会计核算制度。2004 年 4 月财政部又制定了《小企业会计制度》，从 2005 年起施行，后随着《小企业会计准则》的发布而废止。这些制度的出台，进一步规范了企业的会计核算工作，提高了会计信息的质量。

（2）非企业会计制度

非企业会计制度是指除企业以外的其他单位适用的会计制度，主要包括《行政单位会计制度》《财政总预算会计制度》《事业单位会计制度》等。

除了会计准则和会计制度之外，财政部还根据会计实务的需要，对会计准则和会计制度中没有规定或者虽有规定但已经不能适应新的情况的会计问题，做出了暂行规定或补充规定，它们也属于国家统一的会计核算制度的范畴。

四、会计部门规章

会计部门规章是指国家主管会计工作的行政部门——财政部及其他相关部委制定的会计方面的法律规范。制定会计部门规章必须依据会计法律和会计行政法规的规定，如会计监督制度、会计机构和会计人员管理制度、会计基础工作规范、会计档案管理办法等。

（一）国家统一的会计监督制度

国家统一的会计监督制度是在会计部门规章中有关会计监督的规定，如《会计基础工作规范》中对于会计监督的规定等。

（二）国家统一的会计机构和会计人员管理制度

国家统一的会计机构和会计人员管理制度主要包括《会计人员继续教育暂行规定》等。

（三）国家统一的会计工作管理制度

国家统一的会计工作管理制度主要包括《会计档案管理办法》《会计电算化管理办法》《代理记账管理暂行办法》等。

五、地方性会计法规

会计法规体系中除了上述 3 个层次之外，各省、自治区、直辖市也可以根据会计法律、会计行政法规和会计部门规章的规定，结合本地区的实际情况，制定一些在本行政区域之内实施的地方性会计法规。

第六节　会 计 档 案

为了加强会计档案的科学管理，统一全国会计档案制度，做好会计档案工作，财政部和国家档案局联合制定和颁布了《会计档案管理办法》，统一规定了会计档案的立卷、归档、保管、查阅和销毁等具体规定，各单位应按国家统一规定，建立健全具体的管理制度和使用办法。本节根据财政部部务会议、国家档案局局务会议修订通过的，2016 年 1 月 1 日起施行《会计档案管理办法》编制。

一、会计档案的概念

会计档案是指单位在进行会计核算等过程中接收或形成的，记录和反映单位经济业务事项的，具有保存价值的文字、图表等各种形式的会计资料，包括通过计算机等电子设备形成、传输和存储的电子会计档案。具体包括：①会计凭证，包括原始凭证、记账凭证；②会计账簿，包括总账、明细账、日记账、固定资产卡片及其他辅助性账簿；③财务会计报告，包括月度、季度、半年度、年度财务会计报告；④其他会计资料，包括银行存款余额调节表、银行对账单、纳税申报表、会计档案移交清册、会计档案保管清册、会计档案销毁清册、会计档案鉴定意见书及其他具有保存价值的会计资料。

会计档案是国家经济档案的重要组成部分，是记录和反映经济业务的重要史料和证据，因而也是检查遵守财经纪律情况的书面证明和总结经营管理经验的重要参考资料。各单位要认真做好会计档案的管理工作，必须妥善保管并予充分利用。

二、会计档案的归档要求

单位的会计机构或会计人员所属机构（以下统称单位会计管理机构）按照归档范围和归档要求，负责定期将应当归档的会计资料整理立卷，编制会计档案保管清册。

当年形成的会计档案，在会计年度终了后，可由会计管理机构临时保管一年，再移交单位档案管理机构保管。因工作需要确需推迟移交，应当经单位档案机构同意。单位会计管理机构临时保管会计档案最长不超过三年。临时保管期间，会计档案和保管应当符合国家档案管理的有关规定，且出纳人员不得兼管会计档案。

单位会计管理机构在办理会计档案移交时，应当编制会计档案移交清册，并按照国家档案管理的有关规定办理移交手续。

纸质会计档案移交时，应当保持原卷的封装。电子会计档案移交时，应当将电子会计档案及其元数据一并移交，且文件格式应当符合国家档案管理的有关规定。特殊格式的电子会计档案，应当与其读取平台一并移交。单位档案管理机构接收电子会计档案时，应当对电子会计档案的准确性、完整性、可用性、安全性进行检测，符合要求的才能接收。

会计档案应分类保存，并建立相应的分类目录或卡片，随时进行登记，要严格执行安全保密制度，不得随意销毁、散失和失密。会计档案的保管期限分为永久和定期两类。定期保管的会计档案期限分为10年和30年两类。会计档案的保管期限，从会计年度终了后的第一天算起。具体规定如表7.1所示。

表7.1　企业和其他组织会计档案保管期限表

序号	档案名称	保管期限	备注
一	会计凭证		
1	原始凭证	30年	
2	记账凭证	30年	
二	会计账簿		
3	总账	30年	
4	明细账	30年	
5	日记账	30年	

续表

序号	档案名称	保管期限	备注
6	固定资产卡片		固定资产报废清理后保管 5 年
7	其他辅助性账簿	30 年	
三	财务会计报告		
8	月度、季度、半年度财务会计报告	10 年	
9	年度财务会计报告	永久	
四	其他会计资料		
10	银行存款余额调节表	10 年	
11	银行对账单	10 年	
12	纳税申报表	10 年	
13	会计档案移交清册	30 年	
14	会计档案保管清册	永久	
15	会计档案销毁清册	永久	
16	会计档案鉴定意见书	永久	

经鉴定可以销毁的会计档案，应当按照以下程序销毁：

①单位档案管理机构编制会计档案销毁清册，列明拟销毁会计档案的名称、卷号、册数、起止年度、档案编号、应保管期限、已保管期限和销毁时间等内容。②单位负责人、档案管理机构负责人、会计管理机构负责人、档案管理机构经办人、会计管理机构经办人在会计档案销毁清册上签署意见。③单位档案管理机构负责组织会计档案销毁工作，并与会计管理机构共同派人员监销。监销人在会计档案销毁前，应当按照会计档案销毁清册所列内容进行清点核对；在会计档案销毁后，应当在会计档案销毁清册上签名或盖章。电子会计档案的销毁还应当符合国家有关电子档案的规定，并由单位档案管理机构、会计管理机构和信息系统管理机构共同派人员监销。

保管期满但未结清的债权债务会计凭证和涉及其他未了事项的会计凭证不得销毁，纸质会计档案应当单独抽出立卷，电子会计档案单独转存，保管到未了事项完结时为止。单独抽出立卷或转存的会计档案，应当在会计档案鉴定意见书、会计档案销毁清册和会计档案保管清册中列明。

单位之间交接会计档案时，交接双方应当办理会计档案交接手续。移交会计档案的单位，应当编制会计档案移交清册，列明应当移交的会计档案名称、卷号、册数、起止年度、档案编号、应保管期限和已保管期限等内容。交接会计档案时，交接双方应当按照会计档案移交清册所列内容逐项交接，并由交接双方的单位有关负责人负责监督。交接完毕后，交接双方经办人和监督人应当在会计档案移交清册上签名或盖章。电子会计档案应当与其元数据一并移交，特殊格式的电子会计档案应当与其读取平台一并移交。档案接受单位应当对保存电子会计档案的载体及其技术环境进行检验，确保所接收电子会计档案的准确、完整、可用和安全。

习　题

1. 简述会计工作的监督体制。

2. 简述组织会计工作的意义、要求和组织形式。

3. 简述总会计师的职责和权限。

4. 取得会计从业资格的条件是什么？

5. 什么是职业道德？什么是会计职业道德？会计职业道德的基本内容是什么？为什么要加强会计职业道德建设？

6. 试论会计信息失真与会计职业道德建设。

7. 会计法规体系包括哪些内容？

8. 什么是会计档案？会计档案的归档要求是什么？

参 考 文 献

陈国辉，迟旭升．2007．基础会计．大连：东北财经大学出版社．

李海波，蒋瑛．2017．新编会计学原理：基础会计．18 版．上海：立信会计出版社．

刘峰，潘琰，林斌．2009．会计学基础．3 版．北京：高等教育出版社．

刘永泽，陈文铭．2012．会计学．3 版．大连：东北财经大学出版社．

吴国平．2011．基础会计．3 版．上海：上海财经大学出版社．

夏冬林．2011．会计学．3 版．北京：清华大学出版社．

薛跃，严玉康．2016．基础会计学教程习题集．5 版．上海：立信会计出版社．

张捷．2015．基础会计．4 版．北京：中国人民大学出版社．

周小芬．2012．基础会计．3 版．北京：清华大学出版社．

全国人大常委会．2018．中华人民共和国会计法．上海：立信会计出版社．

中华人民共和国财政部. 会计准则实施[EB/OL]. [2020-01-21]. http://kjs.mof.gov.cn/zhuantilanmu/kuaijizhuanzeshishi/index.html.